本书由维西傈僳族自治县人民政府
四川省盐边县金谷煤业有限责任公司　资助出版

云南民族大学傈僳学研究中心学术文库

傈僳学研究
[二]

鲁建彪 主编

民族出版社

图书在版编目（CIP）数据

傈僳学研究（二）/鲁建彪主编．—北京：民族出版社，2011.11
（云南民族大学傈僳学研究中心学术文库）
ISBN 978－7－105－11880－9

Ⅰ.①傈… Ⅱ.①鲁… Ⅲ.①傈僳族—民族历史—中国—文集
Ⅳ.①K285.6－53

中国版本图书馆 CIP 数据核字（2011）第 238345 号

傈僳学研究（二）

主　　编：鲁建彪
策划编辑：欧光明
责任编辑：张义军
出版发行：民族出版社
社　　址：北京市东城区和平里北街 14 号　邮编：100013
电　　话：010－64228001（编辑室）
　　　　　010－64211734（发行部）
网　　址：http：//www.mzcbs.com
印　　刷：北京市迪鑫印刷厂
经　　销：各地新华书店
版　　次：2011 年 11 月第 1 版　2011 年 11 月北京第 1 次印刷
开　　本：787 毫米×1092 毫米　1/16
字　　数：314 千字
印　　张：18
定　　价：30.00 元
ISBN 978－7－105－11880－9/K·2085（汉 1161）

《傈僳学研究》（二）编委会

目　录

经济社会发展

文化研究

文化传承

婚姻家庭

哲学与伦理思想

调查报告

学术交流与学术活动

序

白庚胜[①]

傈僳族是中华民族之一脉，傈僳文化是华夏文化之一支，开展对傈僳族及其文化的系统研究、直至创立傈僳学，对实现中华民族的伟大复兴、促进人类社会的发展进步具有重要意义。这项事业，尤其对正确认识傈僳族及其文化、增强傈僳族的自尊心与自信力、自豪感，实现傈僳族社会的跨越式发展作用无穷。

对傈僳族及其文化的关注于 19 世纪即已开始，先有一些西方军事人员、旅行者的零星见闻录见诸报刊，后有部分英法传教士及我国内地学者所撰文章、专著相继出笼。到新中国成立后，有关傈僳族及其文化的调查研究全面启动，有关傈僳族及其文化的学术成果纷纷问世，有关傈僳族及其文化研究的人才茁壮成长。这一切都为傈僳学的诞生奠定了一定的基础，但傈僳学的学科体系建设于近年才提上议事日程，傈僳学的大幕刚刚拉开。它表明，经过长期的积累与准备，傈僳族及其文化的历史自觉已经开始，一个傈僳族及其文化大发展大繁荣的时代正向我们走来。滇西北乃至云南各民族都应为此而兴奋、鼓舞，云南乃至中国学术界都应展开双臂去迎接这一支队伍加入到民族学大军中来。

一个学科的形成需要有其基本的条件：高素质、多层次、多领域的学术

① 白庚胜，男，纳西族，云南省丽江市人，文学博士，研究员，中国社会科学院研究生院教授。先后担任中国社会科学院少数民族文学研究所研究员、副所长，中国少数民族文学学会理事长，中国民间文艺家协会副主席、分党组书记，国际纳西学学会会长，国际萨满学会副主席，云南民族大学傈僳学研究中心总顾问。

队伍；具雄力、富创新、有影响的学术权威；体制健全、机制灵活、凝聚力量的学术团体；实事求是、自由探索的学术刊物；自由平等、包容开放的学术气氛；丰富全面、真实可靠的学术资料积累；科学严谨、精致厚重的学术成果。我们有理由期待这样的傈僳学学科标志将在不久的将来一一呈现。

一个学科的建设既有学术的使命，也有社会的责任。确定学术的主体、架构学术的本体、提炼学术的精神、育成学术的方法、梳理学术的历史等乃学术的天命，关注学术对象的生命状态、推动现实社会的发展进步更是学科建设所义不容辞。抽象的理论演绎与具体的社会实践都是学科腾飞的双翼，对历史的梳理和对现实的认知同为学术进步的引擎。重要的是真正从理论到实践回答自己是谁及其从哪里来、向哪里去的问题。

傈僳学建设虽然起步较晚，但已经展示出灿烂的前景：因为它方向正确、目标明确、推进有序、参与广泛、实力雄厚……首届中国傈僳学学术研讨会的成功召开，正说明傈僳学在不断成长。所以，我们有义务参加到她的发展之中，我们有希望享受她的成果。

傈僳学完全有可能在开放的心态与广阔的视野下，秉持独立、自由、科学之精神，广纳百川，尊重前人，勤于探索，勇于创新，在我国百家争鸣的学术园地中“譬如积薪、后来居上”。

我真诚地希望年轻的傈僳学茁壮成长：坚持正确的学术方向，坚持精良的学术品质，以学术的形式关注全人类的命运，服务全中国的利益，并承担起傈僳族发展进步的责任，在理论建设与社会参与两个方面大放异彩。是为序。

前　言

为庆祝云南民族大学建校60周年，云南民族大学傈僳学研究中心于2011年8月3—6日在丽江隆重举行校庆系列学术活动之一——首届中国傈僳学学术研讨会。

首届中国傈僳学学术研讨会由云南民族大学傈僳学研究中心主办，丽江傈僳文化研究会主要资助承办。共有来自国家民委、中国社会科学院、中央民族大学、北京师范大学、云南大学、台湾大学、民族出版社以及云南省怒江、丽江、迪庆、楚雄、德宏、大理、保山和四川盐边、德昌等州市县专家学者和傈僳族同胞300多人参会。

本次研讨会是云南民族大学傈僳学研究中心在国际人类学与民族学联合会第16届世界大会上成功举办“傈僳学创建与傈僳族发展”专题会议之后的又一次傈僳学学术盛会。

新中国成立60多年来，在中国共产党民族理论政策的光辉照耀下，傈僳族地区经济社会发展有了翻天覆地的变化，这是有目共睹的。但是，傈僳族相对于其他发展较快的兄弟民族而言，仍然还有很大的差距。

傈僳族专家学者奇缺、傈僳族企业家凤毛麟角、傈僳族领导干部严重偏少，已经成为制约傈僳族发展的三大瓶颈。究其原因，有客观因素，也有主观方面的自身因素。客观原因，大家谈得很多，如历史的原因、生存环境恶劣等等，而主观方面的自身因素却很少有人去研究和正视。过多地找客观原因，就会导致自甘落后，不思进取；发现和研究自身的不足不是要自暴自弃，而是要取长补短，更好地发展自己。邓小平说：“首先承认我们的落后，老老实实承认落后就有希望。”纵观傈僳族经济社会发展滞后的状况，首先要承认我们自己主观上存在着问题，去寻找问题的根源并且找到正确解决问题的方法，这样才有利于傈僳族的发展。

作为制约傈僳族发展的三大瓶颈，虽有客观因素，但我认为主观因素也不能忽视。傈僳族专家学者奇缺，这不仅仅是经济落后引发的教育落后，更主要的是因为傈僳族知识分子缺乏对傈僳族文化认知的自觉和担当；傈僳族企业家凤毛麟角，主要是我们缺乏开拓创新精神和对市场经济大潮的把握；傈僳族领导干部严重偏少，主要是因为傈僳族领导干部之间团结协作不够，导致凝聚力被削弱。

傈僳族作为中国56个民族大家庭中的一个重要成员，有70多万人口，位居全国民族人口第20位，处在全国56个民族人口的中上位置。而且，傈僳族有一个自治州、一个自治县、23个民族乡。但迄今为止，全国具有正高职称的傈僳族专家学者仅十余人；真正意义上的傈僳族企业家不足5人；现任厅级领导干部20余人，部级领导干部至今为零。这一现状必须引起我们的深刻反思和反省。

凝聚力问题，通俗地讲就是民族内部的团结问题。居于傈僳族精英层的傈僳族领导干部、傈僳族专家学者、傈僳族企业家以及傈僳族民间知名人士等首先要讲团结，要做表率。毛主席说过“团结就是力量”。只有团结才能培养出更多的傈僳族专家学者，只有团结才能把傈僳族企业做大做强，只有团结才能涌现出更多的傈僳族领导干部，只有团结才能促进傈僳族经济社会发展，也只有团结才能早日摘掉戴在傈僳族头上这顶“特困民族”的帽子。同时，我们还要团结其他各兄弟民族，做民族团结的表率，为实现中华民族的伟大复兴做出自己的贡献！

云南民族大学傈僳学研究中心自成立以来，秉承“整合资源，合力做事，文化立族”的理念，希望通过对傈僳族文化的研究，一方面让傈僳族文化得以传承保护和弘扬；另一方面带动更多的傈僳族同胞来关注本民族的发展问题，并以此增强傈僳族人民的民族自信心和民族凝聚力。

首届中国傈僳学学术研讨会的举办，正是中心“整合资源，合力做事，文化立族”理念的具体体现。本次学术研讨会共收到学术论文近60篇，我们将选择部分优秀论文，先后编辑出版《傈僳学研究》第二辑和第三辑，以飨读者。

鲁建彪

2011年8月21日昆明清水木华寓所

历史与史料

清代傈僳族社会概述[1]

古永继[2]

一、族源与分布

唐代南诏时，始见“粟粟两姓蛮，雷蛮、梦蛮……皆乌蛮、白蛮之种族”的记载，[3] 说明其为古代氐羌族系乌蛮中的一支。元代丽江路的傈僳族称为“卢蛮”，与么些、白、罗落、冬闷、峨昌、撬、吐蕃参错而居。[4] 或言“卢蛮”，即南诏时与么些及西部的一部分乌蛮杂居在一起的“施蛮”、“顺蛮”，元以后称之为“傈僳”。[5] 明代称为栗些、力些；清代沿之，另有栗粟、傈亻敕、傈苏、傈僳等称，总体上以力些、傈僳之称最常见，均为同音异写之别。

傈僳族先民，早期分布于金沙江两岸及今四川西南木里、盐源、盐边一带，明代时因不堪战争及纳西族木氏土司的压榨，在头人木必扒的带领下，

---

① 本文为笔者参与的国家社科基金特别项目“国家清史纂修工程”《典志·民族志·南方少数民族篇》之阶段性成果，涉及傈僳族的族源分布、政治和社会组织、经济、文化、社会生活等，其体例要求与通常论文有异，一切以史料为基础，较完整地反映了清代傈僳族的社会概貌。

② 古永继，男，云南建水人，云南大学民族研究院暨西南边疆少数民族研究中心教授，博士研究生导师。

③ （唐）樊绰：《云南志》卷4《名类第四》。

④ 《元一统志》丽江路风俗。

⑤ 尤中：《中国西南的古代民族》，320页，昆明，云南人民出版社，1979。

渐向云南西北部的澜沧江、怒江一带迁徙。清代主要分布于云南，散居于丽江、大理、永昌、姚安四府，而以丽江、大理、永昌三府交接地带（即今怒江州境内）为主；西部涉及腾越厅属地，东部及于武定直隶州属，西北部及于曲江（今独龙江）、怒江上游，北部及于永北直隶厅及四川盐源等地，即整体上分布于今怒江、澜沧江、金沙江流域。

大理府云龙州的栗粟，“于诸彝中最悍”；浪宋之地，栗粟居多，壤据丽江兰州之石门关。[①] 丽江傈僳，有生熟二种，居澜沧江边者，称为熟傈；[②] 维西厅近城四山、康普、弓笼、奔子栏皆有之，与其他民族相杂居；[③] 中甸的傈僳，居处江山头，打牲为食。[④] 永昌府傈僳，居高山极冷之地，凡江外深山之间皆有。[⑤] 腾越厅傈僳，居六库山谷者强悍，居赤石崖、金江边者迁徙无常。[⑥] 武定州之傈苏，主要散居于元谋、禄劝。[⑦] 大姚县北界丙海、班别一带的力些，性狂悍，不通汉语。[⑧] 姚安的傈傲，有生、熟二种。[⑨] 永北直隶厅之力些，或住高山，或居山崖箐岭之中。[⑩] 四川盐源县之傈傲，居于雅砻江之峻岭，刀耕火种，迁徙不常。[⑪]

道光七年（1827年），腾越厅于边境一带设立河西（今梁河县曼东街）外围香柏岭十五卡，由靠内地区招募傈僳375户分驻守卫，官府支给口粮盐菜，限满听其种地守卡，成为今德宏地区傈僳族的由来。[⑫]

---

① （康熙）《大理府志》卷12《风俗》。

② （乾隆）《丽江府志略》上卷《官师略·种人》。

③ （乾隆）余庆远：《维西见闻记·夷人》。

④ （光绪）《新修中甸志书稿本·风俗》。

⑤ （光绪）《永昌府志》卷57《群蛮志·种人》。

⑥ （光绪）《腾越厅志稿》卷15《诸夷志·种人》。

⑦ （光绪）《武定直隶州志》卷2《风俗》；康熙《元谋县志》卷2；民国《禄劝县志》卷3《种人志》。

⑧ （道光）《大姚县志》卷7《种人志》。

⑨ （乾隆）倪蜕：《滇小记·滇云夷种》。

⑩ （光绪）《永北直隶厅志》卷7《人物志下·土司种人附》。

⑪ （清）《盐源县志·种人》。

⑫ （道光）《云南通志稿》卷106《武备志二之六·戎事六》。

二、政治和社会组织

（一）社会结构

存在氏族组织残余，各氏族有自己的名称。怒江地区傈僳族有虎、熊、猴、蛇、羊、鸡、鸟、鱼、鼠、蜂、荞、竹、菜、麻、柚木、犁、霜、火18个氏族，这些名称同时又是各氏族崇拜的图腾。

在社会生活中，家族及村社组织起着重要作用。家族的姓氏称号，或沿袭早期以动植物命名的氏族名，如虎、熊、鱼、蜂之类；或沿用最早的家族长名，如木必家族、括弟家族等。某些氏族图腾后来转化为姓氏，如“蜂”氏族改为“风”或“蜜”姓，“竹”氏族改为“祝”姓，“菜”氏族改为“蔡”姓。①

取名多无规律。如：北胜州土州同所属力些一种，无姓氏。② 云龙州老窝土司辖下傈僳，以拉等为字（姓）；六库土司辖下傈僳，因子取名。③ 有的则受汉文化影响而具汉族姓氏特征。乾隆、嘉庆、道光、光绪间，怒江、澜沧江一带傈僳族多次发生反抗土司及官府的起义，史载重要人物姓名者，即有云龙州秤戛之祝老四、黑坎、黑夺扒、祝长脚，丽江府维西之恒乍绷、腊者布、念谷、家施、腊泥兴、黑苴、秃树、出亨、别的扒、西诛、岩池、乌恒布、赤线叭、黑片亥度，永北厅之唐贵、傅添贵、陈添培、毕得秀、丁洪贵、傅添贵妻傅谷氏等。④ 其中永北唐贵、傅添贵、陈添培、毕得秀、丁洪贵均为当地土司高氏、章氏属下土目，地位较高，其姓名明显受汉文化影响而与汉族类似。

不同地区间社会发展水平相异。永北府北胜州力些，居处山崖箐岭之中，

---

① 《傈僳族简史》编写组：《傈僳族简史》，106～109页，昆明，云南人民出版社，1983。

② （光绪）《永北直隶厅志》卷7《人物志下·土司种人附》。

③ （光绪）《云龙州志》卷5《秩官志附夷地风俗人情》。

④ 《清高宗实录》卷321；《清仁宗实录》卷97；《清史稿》卷358《觉罗琅玕列传》；《清仁宗实录》卷119、120；（嘉庆八年）觉罗琅玕撰《平彝碑记》；（光绪）《续云南通志稿》卷84《武备志·戎事杂记》；（光绪）《永北直隶厅志》卷3《武备志·戎事》。

猎獐麂以易食，网鸟雀以资生，不通汉语。① 大理云龙州栗粟，依山负谷，射猎为生；祭赛则张松棚燃炬，剥獐鹿诸兽而已；亦事耕种，饶黍稷荞稗。② 各地傈僳，多有“生、熟”或“家、野”之分。澜沧江外生傈僳，岩居穴处，或架木为巢，囚首跣足，身着麻布披毡，猎取禽兽为食，居无定所，食尽即迁，③ 生产力水平低下，狩猎采集尚据经济生活中相当比重。江内家傈僳，耕田住屋，各有村寨头人，能通汉语，服官管束，交纳钞粮，与民人无异，④ 已进入封建领主制阶段，农业生产居主要地位。怒江地区傈僳，清末进入家长奴隶制阶段，出现了中小奴隶主。如辛亥革命前后，碧江三村差拉大村 7 户都养奴，其中王阿开之祖父有奴隶 25 人，福贡一区设阿字、普阿字弟兄二人有奴 60 多人。⑤

（二）统治制度

傈僳族未形成统一而有权威性的权力机构，多受不同地区的土司管理。澜沧江内家傈僳，有耕田住屋，有村寨头人，通汉语，服官管束，交纳钞粮；江外野傈僳，则居山硐密箐，无村寨头人，不通汉语，亦不服官约束，惟种有青稞、苦荞，并无钞粮。⑥ 丽江府维西厅近城四山、康普、弓笼、奔子栏等地傈僳，与其他民族杂处，出入常佩利刃，被认为性刚狠嗜杀，为滇省各族中最劣者，但受制于么些头目土官，听从管理，年奉头目麦黍五升，新春必率众而拜。⑦ 永北厅傈僳，则受白族土司高氏、蒙古族土司章氏管辖，族中人有在土司手下任职土目者。

土司辖下的傈僳族，常因不堪盘剥而奋起反抗。如嘉庆七年（1802 年）爆发的维西傈僳恒乍绷领导的起义，其时因雪灾饥荒借粮无着，遂率众劫掠而起；道光元年（1821 年）的永北唐贵、傅添贵起义，则因土司高善及手下

---

① （乾隆）《永北府志》卷 25《土司种人附》。

② （康熙）《大理府志》卷 12《风俗》。

③ （乾隆）《丽江府志略》上卷《官师略 · 种人》。

④ 嘉庆七年云贵总督觉罗琅玕奏折，见《傈僳族简史》编写组：《傈僳族简史》，21 页，昆明，云南人民出版社，1983。

⑤ 《傈僳族和勒墨人（白族支系）蓄奴资料》，见中国少数民族社会历史调查资料丛刊《民族问题五种丛书》云南省编辑委员会编：《傈僳族社会历史调查》，141 页，昆明，云南人民出版社，1981。

⑥ 嘉庆七年云贵总督觉罗琅玕奏折，见《傈僳族简史》编写组：《傈僳族简史》，21 页，昆明，云南人民出版社，1983。

⑦ （乾隆）余庆远：《维西见闻记 · 夷人》。

目把以所属傈僳田土售与汉人，致其生计日艰而振臂。[①] 怒江自腊早以下傈僳较多，原有土司管理，早先因收粮之人过于苛扰，傈民聚众逐杀之，自此不服管束，不安耕凿，相率以抢劫为生，甚至估拉人口，勒索重赎，卖入藏区为奴，至光绪时仍如此，对鹤庆、丽江、剑川、维西各地影响甚大，官府无计可施。[②]

（三）习惯法

借贷以木刻为券，相互间通信联系亦用木刻。[③] 不敬佛而信鬼，负约则以神判方式解决，延请巫祝，置油于锅，烈火熬沸，相互面对发誓后置手于锅内，不沃烂者为受诬。有失物，令巫师卜查其人，亦以此法解决。双方矛盾激化，则弩刃俱发；若被毒矢射中，每自执刀刃剜去中毒之肉。[④]

某些受汉文化影响较深地区，在土地买卖等与民事法律有关的经济活动中已使用契约文书。如：同治十三年（1874 年）十一月初三日，腾越厅盏达土司辖下崩林寨朱老二，因家中应用不敷，情愿将自己本田一段，立约出卖与李应忠名下，实受净纹银五十两整。契约中注有其田坐落四至，并申明此田自出卖之后，任随授主管业耕种，永为世代子孙之耕业；卖主子孙，永远有力不得取赎，无力不得加找，此系两厢情愿，于中并无私债准折等情。另光绪三十三年（1907 年）三月初八日，刘世发、申朝芳二人因有围墙田一段长期争执，鸣官理论也未能解决，后在傣族土司刀思鸿主持下达成协议，将田均分为二，各领一份。其后又出现问题，刘姓田难以放水，经请亲族人等于中说合，申姓愿意将自己面分田让与刘姓开沟放水，刘姓则将自己面分田河边二丘交换与申姓为业。双方立据承诺，此后二姓不得异言争论反悔，如有悔者，罚银三十六两。[⑤] 但以上契约最后仅标有日期，而无立约双方及证人姓名、签字等内容，可知尚未发展到成熟完整的契约阶段。

军事方面，战力强悍，善用弓弩。每令其妇负小木盾径三四寸者前行，

① （光绪）《续云南通志稿》卷 84《武备志·戎事杂记》。

② （光绪）夏瑚：《怒俅边隘详情》，见民国《永昌府文征》纪载卷 23《清十二》。

③ （光绪）《云龙州志》卷 5《秩官志附夷地风俗人情》。

④ （乾隆）余庆远：《维西见闻记·夷人》。

⑤ 《盈江地区清代及民国时期部分档案史料选》之《傈僳族地区土地买卖典当契约 7 件》，见德宏州史志编委会办公室编：《德宏史志资料》第 11 集，芒市，德宏民族出版社，1988。

自后发弩中其盾而妇无伤，以此制服西番。[①] 依山负谷，射猎为生，长刀毒弩日不离身；父子兄弟有隙，辄相仇杀；闲常出为盗，颇为旅途行人之患。[②] 多事劫杀，登山陟石，捷如猿猱，其凶悍闻名于诸族，而以宾川州赤石崖、永北金沙江边为甚；亦有毙人以弩，哑然而笑，以杀人为戏，并不攫夺财物者。[③]

清末散居于滇缅北段未定界地区岔角江、拉打阁、恩梅开江上游沿岸者，刚强好斗，男子出入佩刀负弓弩，百步内百发百中；箭头有药者，无论人畜，射中出血即死。[④] 片马地区小江之茶山傈僳，与汉族交往较多，男子多通汉语且讲汉礼，狩猎中使用药弩鸟铳，百发百中。[⑤]

三、经济生活

（一）种植业

傈僳族多居住于高寒山区，自然条件恶劣，生产力水平低下，狩猎采集为主要谋生手段，辅以部分耐寒旱地作物种植。

大理府云龙州栗粟，依山负谷，射猎为生，长刀毒弩，日不离身；亦事耕种，饶黍、稷、荞、稗。[⑥] 同属云龙州的老窝土司辖地傈僳，虽耕种，惟有荞、麦、高粱；六库土司辖地傈僳，概系刀耕火种，射猎为生。[⑦]

丽江府维西厅康普、弓笼、奔子栏等地栗粟，喜居悬崖绝顶，垦山而种，地瘠则去之，迁徙不常；粒食罄尽，则执劲弩药矢狩猎，登危峰石壁，疾走如狡兔。[⑧] 丽江府属曲江（亦称俅江，今怒江州贡山县西部独龙江上游）沿岸，傈僳与曲人（即俅族，今独龙族）杂处，每村有多至二三十户者，农器

① （雍正）《云南通志》卷24《土司附种人》。

② （乾隆）《滇南志略》卷2《大理府》、康熙《姚州志》卷1《风俗》。

③ （乾隆）谢圣纶：《滇黔志略》卷15《云南·种人》。

④ 尹明德：《滇缅北段界务调查报告》，见民国《永昌府文征》纪载卷30《民四》。

⑤ （宣统）李根沄：《滇西兵要界务图注抄·下》乙线，见民国《永昌府文征》纪载卷26《清十五》。

⑥ （康熙）《大理府志》卷12《风俗》。

⑦ （光绪）《云龙州志》卷5《秩官志附夷地风俗人情》。

⑧ （乾隆）余庆远：《维西见闻记·夷人》。

无犁锄，所种之地惟以刀伐木，纵火焚烧，用竹锥地成眼，点种苞谷。若种荞、麦、稗、黍等类，则撒种于地，用竹帚扫匀，听其自生自实，名为刀耕火种。今年种此，明年种彼，将住房之左右前后地土分年种完，则将房屋弃之，另寻地方居住垦种；其已种之地，须荒十年八年，必待其草木畅茂，方行复垦复种。①

永北直隶厅北胜州力些，居处山崖箐岭之中，男子持弓射猎，妇女挖地种荞；羊坪土千总所属力些，住居高山，刀耕火种，采樵营生。② 永北厅傈傈，向来不善耕作，惟以打牲糊口，间于山头土脉稍厚地方撒种青稞、苦荞，或在山箐撒种苞谷和放牧为业；因地瘠不能年年成熟，以致迁徙无常。③ 武定直隶州之傈苏，潜居深山，板片为屋，种荞稗为食。④ 永昌府傈傈，居高山极冷之地，种火麻以为衣，猎野兽以为食。⑤

少数与汉族接触较多而所居环境条件优越者则有不同。如澜沧江内之“家傈傈”，耕田住屋，各有村寨头人，能通汉语，服官管束，交纳钞粮，与汉民无异。⑥

（二）畜牧业与养殖业

畜牧养殖甚少。姚州铁锁箐傈傈，畜牛一二头，即称极富。⑦ 曲江上游与独龙族杂处的傈傈，六畜惟鸡犬豕三项，马牛羊则无。⑧ 条件较好者，大理云龙州浪宋之栗粟，架木为楼，人畜分处。⑨ 清末宣统时片马地区小江之茶山傈傈，人尽楼居，牲畜宿其下；其食品以牛为贵，遇婚丧、祭祀或酬神、报赛，必杀牛，牛头悬之大门或中庭，愈多愈荣耀。⑩

生活所需肉食，主要源于渔猎。不少地区傈傈，依山负谷，射猎为生，

---

① （光绪）夏瑚：《怒俅边隘详情》，见民国李根源辑：《永昌府文征》纪载卷23《清十二》。

② （光绪）《永北直隶厅志》卷7《人物志下·土司种人附》。

③ 嘉庆八年十月二十三日觉罗琅玕奏折：《查明傈傈逆党并无缘坐家属及叛产由》，中央档案馆藏档案。

④ （光绪）《武定直隶州志》卷2《风俗》。

⑤ （光绪）《永昌府志》卷57《群蛮志·种人》。

⑥ 嘉庆七年云贵总督觉罗琅玕奏折，见《傈傈族简史》编写组：《傈傈族简史》，21页，昆明，云南人民出版社，1983。

⑦ （康熙）《姚州志》卷1《风俗》。

⑧ （光绪）夏瑚：《怒俅边隘详情》，见民国《永昌府文征》纪载卷《清十二》。

⑨ （康熙）《大理府志》卷12《风俗》。

⑩ 李根沄：《滇西兵要界务图注抄·下》乙线，见民国《永昌府文征》纪载卷26《清十五》。

猎取禽兽为食，居无定所，食尽即迁；祭赛之类重要活动，亦仅剥獐鹿诸兽庆祝；有的在粮食罄尽或闲暇之时，则劫掠行旅，抢夺牛羊，成为地方祸患。① 维西厅倮倮，获禽兽，或烹或炙，对坐共食，虽猿猴亦炙食，烹俟水一沸即食，不尽无归。② 北胜州力些，崖居穴处，猎獐麂以易食，网鸟雀以资生。③ 居水边者，擅长捕鱼。姚州江边倮倮，利用垂藤，入江取鱼。④

维西倮倮，在狩猎实践中积累了丰富的经验。如利用熊力大而喜拔木桩之习性，多伐巨木，劈其半，撞木桩插于开处；群熊游见而争骑巨木，力拔桩脱，雄则夹肾囊，雌亦夹臀肉，少能幸免。捕猿则用栅栏，于山脚挖深五六寸、宽尺许之坑，内置果实，外插木楞为栅，空隙仅容猿手出入；猿至见果，以手探坑握果，拳不能出而狂啸，人闻声至，猿惊惶却不知放弃，最后为人捕获。又有地弩，穴地置数弩，张弦控箭，缚羊于弩下为诱饵，线系弩机，绊于羊身；虎豹至而抓羊，线动箭发，尽中虎豹之胸，不出数步即倒毙。⑤

（三）手工业与商业

手工业发展程度低下，惟能以所收获粮食酿酒，种火麻以为衣，削竹为矢、采毒熬膏作箭头之药等。⑥

有一定商业活动。邻近丽江府盐井之倮倮，与巴苴（即今普米族）、俅人、怒人等类，无附近街市，买卖不惯用钱，常以米粮、柴薪向盐井灶丁交换食盐。⑦ 楚雄白盐井倮倮，每获取山禽野兽及松明、苦片等物，即入市货卖，购买生活用品。⑧ 丽江、维西、中甸等处倮倮地区产黄连，质量上乘，常有江西商人携细布、绒线等物而来，与之交换。⑨ 滇缅北界独龙江上游的倮

---

① （康熙）《大理府志》卷12《风俗》；（雍正）《云龙州志》卷5《风俗附种人》；（乾隆）《丽江府志略》上卷《官师略·种人》；（乾隆）《滇黔志略》卷15《云南·种人》。

② （乾隆）余庆远：《维西见闻记·夷人》。

③ （光绪）《永北直隶厅志》卷7《人物志下·土司种人附》。

④ （康熙）《姚州志》卷1《风俗》。

⑤ （乾隆）余庆远：《维西见闻记·器物》。

⑥ （乾隆）余庆远：《维西见闻记·夷人》；（光绪）《永昌府志》卷57《群蛮志·种人》；（光绪）《云龙州志》卷5《秩官志附夷地风俗人情》。

⑦ （乾隆）《丽江府志略》上卷《财用略·行盐》。

⑧ （乾隆）《白盐井志》卷1《户口·种人》。

⑨ （乾隆）张泓：《滇南新语》。

僳，到处抢劫，亦到处贸易，凶横霸道，倘被人殴死或即病死，则集众往其所死之一带地方抢劫烧杀，逼使当地曲民（即独龙族）世代上纳骨尸钱粮。① 片马地区小江之茶山傈僳，汉人至此无投宿处，赠以盐、线、糖、针等物，即煮酒杀鸡，以美味暖糯笋等热情款待。②

（四）物产与贡纳

物产以黄连著名。丽江、维西、中甸等处傈僳地区所产黄连，枝壮刺疏，色深黄，吸引外地商贾而至。乾隆时云贵总督庆复曾得黄连数枝，皆重斤许，加工为念珠，妆饰以充贡；代理鹤庆知府张泓亦曾见有人持重十二两一枝售卖，要价高昂。③ 丽江府属地曲人、傈僳杂处之曲江江尾，则出产麝香、黄连、皮革、毛货等物。④

四、文化

（一）语言文字

傈僳语属汉藏语系藏缅语族彝语支。居偏远地区者，使用本族语言，多不懂汉语。如北胜州、云龙州傈僳，老于深山，大半不履城市，不通汉语。⑤ 分布于靠内地区常与汉人交往者，如永北厅羊坪土千总所属力些，稍通汉语，略知礼节；澜沧江内家傈僳，通汉语，服官管束，交纳钞粮，与民人无异。⑥ 散居于滇缅北段未定界地区岔角江、拉打阁、恩梅开江上游沿岸栗粟，别有语言，多与汉人来往，故晓汉语者较多。⑦ 片马地区小江之茶山傈僳，男子多

① （光绪）夏瑚：《怒俅边隘详情》，见民国《永昌府文征》纪载卷23《清十二》。

② 李根沄：《滇西兵要界务图注抄·下》乙线，见民国《永昌府文征》纪载卷26《清十五》。

③ （乾隆）张泓：《滇南新语》。

④ （光绪）夏瑚：《怒俅边隘详情》，见民国《永昌府文征》纪载卷23《清十二》。

⑤ （乾隆）《永北府志》卷25《土司种人附》；（光绪）《云龙州志》卷5《秩官志附夷地风俗人情》。

⑥ （光绪）《永北直隶厅志》卷7《人物志下·土司种人附》；嘉庆七年云贵总督觉罗琅玕奏折，见《傈僳族简史》编写组：《傈僳族简史》，21页，昆明，云南人民出版社，1983。

⑦ 尹明德：《滇缅北段界务调查报告》，见民国《永昌府文征》纪载卷30《民四》。

通汉语，且知汉族礼节。[①]

傈僳无文字。以木刻记事，借贷刻木为契，遇事木刻为券，通信联系同样如此。[②]

（二）文学艺术

傈僳族文学，主要为耳闻口授中流传了若干朝代的民间文学，有神话、传说、诗歌、民间故事、寓言等；因无文字记录，不少作品在20世纪50年代后的调查整理中才得以面世。如反映洪荒年代人类繁衍生息愿望的创世史诗《创世纪》，反映人类征服自然愿望的神话《木布扒的故事》、《神弩》、《常生不老药》，表现古老婚姻习俗的叙事长诗《种竹歌》、《出嫁歌》等。[③]

傈僳喜歌舞，男女携手顿足，吹芦笙、弹响篾、打铜鼓以为乐。[④] 响篾或称口弦、口琴，镂竹为之，衔放齿间，弹之成声，喑咿可听。[⑤]

（三）教育娱乐

光绪三十三（1907年）、三十四年（1908年），丽江府分驻阿墩子（今迪庆州德钦县）弹压委员兼办怒江事宜夏瑚，在奉命处理教案后两次巡察怒、俅两江边隘民情，上书云贵总督，提出十项建议，其第五条为“宜筹费设学，以广教育”，主张在傈、怒杂处之地设立学堂；并于先期付诸实行，挑选晓畅国文、兼通傈语之剑川童生尹佐汤、张自铭二人为教员，分别在慈开、菖蒲桶充公寺庙各设学一堂，于三十四年正月二十二日开学，传谕沿江伙甲僧俗百姓，届期务送子弟入堂读书，只须自备伙食，一切应用书籍笔墨纸张，概由公家发给。[⑥]

节日欢庆，举行祭赛活动，张松棚，燃火炬，剥烹猎物獐鹿诸兽而

---

① 李根沄：《滇西兵要界务图注抄·下》乙线，见民国《永昌府文征》纪载卷26《清十五》。

② （乾隆）余庆远：《维西见闻记·夷人》；（光绪）《云龙州志》卷5《秩官志附夷地风俗人情》。

③ 杨春茂：《傈僳族民间文学概论》，昆明，云南教育出版社，2002。

④ （乾隆）《白盐井志》卷1《户口·种人》；李根沄：《滇西兵要界务图注抄·下》乙线，见民国《永昌府文征》纪载卷26《清十五》。

⑤ （乾隆）谢圣纶：《滇黔志略》卷15《云南·种人》；（光绪）《云龙州志》卷5《秩官志附夷地风俗人情》。

⑥ （光绪）夏瑚：《怒俅边隘详情》，见《永昌府文征》之纪载卷23《清十二》。

共食。①

（四）医学科技

已掌握一定医药知识。嘉庆七年（1802 年），带领维西傈僳族反抗土司而遭官兵镇压的恒乍绷（或作藤鲊蚌），即知医药，以端公身份为人占卜治病，病愈后只收取酒食而拒却钱币，人称沙泥（即活佛）。②

维西傈僳族，取山中草木，制作“能变荡子之耳目，视奇丑之物美若西施，香如苏合，终身不解”的和合药，男女相悦时，暗投其衣，遂奔而从，跬步不离。③

有一定天文知识。云龙州傈僳，以冬月初一为元旦，用栗叶为年树。④

五、社会生活

（一）衣食住行

1. 衣饰

大理云龙州力些，男子蓬头垢面，不栉不沐，赤足，穿麻布衣，披羊皮毡衫，以兽毛编织为带束其腰，妇女裹白麻布。⑤ 云龙老窝土司属下傈僳，男以麻布为衣，包大头，饰以蚌壳；六库土司属下傈僳，不穿鞋，不洗脸，男以麻布为大领衣，女人剃发，戴海肥小帽，大耳环，着五色衣，每人头挂五色料珠十数串。⑥

居宾川赤石崖、永北金沙江边者，男人裹头，穿麻布衣，披毡衫，佩短

① （乾隆）谢圣纶：《滇黔志略》卷 15《云南 · 种人》。

② （道光）《云南通志稿》卷 105《武备志二之五 · 戎事五》；（嘉庆）师范：《滇系三之一 · 事略》。

③ （康熙）刘崑：《南中杂说 · 和合》；（乾隆）余庆远：《维西见闻记 · 夷人》。

④ （光绪）《云龙州志》卷 5《秩官志附夷地风俗人情》。

⑤ （康熙）《云南通志》卷 27《土司 · 种人》；（雍正）《云龙州志》卷 5《风俗附种人》。

⑥ （光绪）《云龙州志》卷 5《秩官志附夷地风俗人情》。

刀，善用弩；妇女短衣长裙，赤足，负竹筐出入。[①] 楚雄白盐井倮倮，披羊皮褂，左插。[②]

丽江府倮倮，蓬头赤足，高鼻深眼，男女皆穿麻布披毡，佩弩带刀，虽寝息不离。[③] 维西厅倮倮，男挽髻戴簪，编麦草为璎珞缀于发间，黄铜勒束额头，耳带铜环。乐舞艺人旧衣，改削后售予富人穿戴；平时装束则杂以麻布、棉布、织皮，色尚黑，裤及膝，衣齐裤，小腿裹白布，出入常佩利刃。妇女挽髻束箍，耳带大环，盘领衣，系裙曳裤。男女常打赤足。[④]

永北直隶厅所辖北胜州力些，男子赤足包头，持弓射猎，女人短衣筒裙，挖地种麦。羊坪土千总属地力些，身穿麻布衣。[⑤]

滇缅北界独龙江上游倮倮，男子衣裤与汉人相似，头留发辫，以巾束之，潞江沿岸者多带小帽。妇女穿花布缀成之长衣，上身着短裤，贮贝、砗磲装饰满身；头以布一块，两端缀花线围绕之，称为花粟粟，耳贯大银环一对。[⑥]

片马地区小江之茶山倮倮，妇女两耳穿洞，缀戴大若手镯之银环或铜环；蓄发长三四寸，上衣长及腹，袖长及肩，下体着裙甚长，在家时有及地者；无裤，跣足。男子穿左耳，戴径寸许之竹筒。无论男女，均佩长刀一柄，寝息不卸。衣服与汉制之短衫同，多用麻。[⑦]

2. 饮食

除少数农业生产较稳定地区外，多系刀耕火种，饮食以猎物为主，荞稗等杂粮为辅。

澜沧江内家倮倮，耕田住屋，各有村寨头人，能通汉语，服官管束，交纳钞粮，食以粮为主。江外野倮倮，山硐密箐，无村寨头人，不通汉语，亦不服官约束，惟种有青稞、苦荞，并无钞粮，每遇冬季江水浅涸之时，即过江在山后一带，打牲为食。[⑧]

---

① （道光）《云南通志稿》卷184《南蛮志三之三·种人三》。

② （乾隆）《白盐井志》卷1《户口·种人》。

③ （乾隆）《丽江府志略》上卷《官师略·种人》。

④ （乾隆）余庆远：《维西见闻记·夷人》。

⑤ （光绪）《永北直隶厅志》卷7《人物志下·土司种人附》。

⑥ 尹明德：《滇缅北段界务调查报告》，见民国《永昌府文征》纪载卷30《民四》。

⑦ 李根沄：《滇西兵要界务图注抄·下》乙线，见民国《永昌府文征》纪载卷26《清十五》。

⑧ 嘉庆七年云贵总督觉罗琅玕奏折，见《倮倮族简史》编写组：《倮倮族简史》，21页，昆明，云南人民出版社，1983。

云龙州栗粟，刀耕火种，射猎为生，长刀毒弩日不离身，有时得兽即生吃；祭赛活动，剥獐鹿诸兽而食；间事耕种，多黍稷荞稗。①

维西厅傈僳，喜居悬崖绝顶，垦山而种，地瘠则去之，迁徙不常。粒食罄，遂执劲弩药矢猎，男女登危峰石壁，疾走如狡兔。获禽兽，或烹或炙，对坐共食，虽猿猴亦炙食，烹煮俟水一沸即食，不尽无归。餍，复采草根木皮食之。②

中甸厅傈僳，为数无几，居处江山头，打牲为食。③

永北直隶厅北胜州力些，猎獐麂以易食，网鸟雀以资生，不通汉语，男女衣食相同。④

永昌府傈僳，居高山极冷之地，种火麻以为衣，猎野兽以为食。⑤

姚州铁锁箐傈僳，居江边，取鱼以食。⑥

多食生。有的地方以土和蜜充饥，得野兽即生食；中甸、维西傈僳，有吃生蛇者。⑦ 四川盐源县力些，逐兽捕鱼，男女皆猥捷，物多生啖，有茹毛饮血之风。⑧

茶山傈僳，食品以牛为贵，遇婚丧、祭祀或酬神、报赛，必杀牛，牛头悬之大门或中庭，愈多愈荣耀。嗜芦子、撒鲝、草烟，一日不离口。⑨

喜饮酒。维西傈僳，收获粮食多酿为酒，昼夜酖酣，数日尽之；粒食罄，执劲弩药矢猎禽兽。⑩ 楚雄白盐井傈僳，多嗜酒，醉辄狂荡。⑪

3. 住宿

多处于高山深箐，居所原始简陋。

---

① （康熙）《大理府志》卷12《风俗》；（雍正）《云龙州志》卷5《风俗附种人》；（光绪）《云龙州志》卷5《秩官志附夷地风俗人情》。

② （乾隆）余庆远：《维西见闻记·夷人》。

③ （光绪）《新修中甸志书稿本·风俗》。

④ （光绪）《永北直隶厅志》卷7《人物志下·土司种人附》。

⑤ （光绪）《永昌府志》卷57《群蛮志·种人》。

⑥ （康熙）《姚州志》卷1《风俗》。

⑦ （明）杨升庵编辑、（清·乾隆）胡蔚订正：《南诏野史》，下卷《南诏各种蛮夷》；（乾隆）张泓：《滇南新语》。

⑧ （光绪）《盐源县志》卷12《风俗志·夷俗》。

⑨ 李根沄：《滇西兵要界务图注抄·下》乙线，见民国《永昌府文征》纪载卷26《清十五》。

⑩ （乾隆）余庆远：《维西见闻记·夷人》。

⑪ （乾隆）《白盐井志》卷1《户口·种人》。

丽江府生傈僳，岩居穴处，或架木为巢，居无定所，食尽即迁。[1] 赤石崖、金江边傈僳，依树木岩穴，迁徙无常。[2] 姚州铁锁箐近白井者，渐知居处，多以树皮障风雨，庄稼完毕，随即迁离。[3]

永北厅力些，山崖箐岭之中，崖居穴处。[4] 腾越厅傈僳，依树木岩穴，迁徙无常。[5] 武定直隶州傈苏，板片为屋。[6] 云龙州浪宋栗粟，架木为楼，人畜分处。[7] 澜沧江内家傈僳，耕田住屋，居有定所，与汉人已无大差别；江外野傈僳，有潜入江内山硐密箐，搭盖草蓬居住者。[8]

独龙江上游与俅人杂处之傈僳，以竹木建房，盖以茅草，房中烧火一堂，家人父子围炉歇宿，人多之户，有烧火二三堂者。家有粮食、布饰等件，则于附近山林密处，另结茅屋数处，分别储存，日需若干，临时始往取用。亦有住房有如“野人”式，有长椽者，有加盖耳房如汉族房屋式样者。[9]

4. 出行

出入佩利刃，男女常赤足，登危峰石壁，疾走如飞。妇女常负竹筐出入。[10] 维西傈僳族分布区之澜沧江边，有溜筒江渡，春冬设船，夏秋以篾索悬夹岸，用溜筒系人以渡江。[11]

（二）宗教信仰

信奉原始宗教，崇巫信鬼。维西傈僳，不敬佛而信鬼；有纠纷或查找失物，每请巫祝仲裁，以捞油锅等神判方式解决。[12] 云龙州傈僳，不烧香拜佛，

---

① （乾隆）《丽江府志略》上卷《官师略·种人》。

② （道光）《云南通志稿》卷184《南蛮志三之三·种人三》。

③ （康熙）《姚州志》卷1《风俗》。

④ （光绪）《永北直隶厅志》卷7《人物志下·土司种人附》。

⑤ （光绪）《腾越厅志稿》卷15《诸夷志·种人》。

⑥ （光绪）《武定直隶州志》卷2《风俗》。

⑦ （康熙）《大理府志》卷12《风俗》。

⑧ 嘉庆七年云贵总督觉罗琅玕奏折，见《傈僳族简史》编写组：《傈僳族简史》，21页，昆明，云南人民出版社，1983。

⑨ （光绪）夏瑚：《怒俅边隘详情》；（民国）尹明德：《滇缅北段界务调查报告》。

⑩ （乾隆）余庆远：《维西见闻记·夷人》；（道光）《云南通志稿》卷184《南蛮志三之三·种人三》。

⑪ （乾隆）《滇南志略》卷3《维西厅》。

⑫ （乾隆）余庆远：《维西见闻记·夷人》。

以蓍草三十七根作卦问卜。[①] 茶山傈僳，信鬼，以鸡骨问卜。[②]

民间巫师，以行医占卜受人欢迎。嘉庆时维西傈僳恒乍绷，以通阴阳、知祸福为民占卜治病，人称活佛，得民众拥护，官方则视为邪教。[③]

维西、中甸傈僳，与藏人、么些杂处交往，受藏传佛教、纳西东巴教影响，为死者送葬时，有请喇嘛、刀把（东巴）或擦妈向尸诵经咒而行仪式者。[④]

亦受西方宗教影响。光绪十四年（1888 年），法国天主教神甫任安收在维西白汉罗、茨菇两地修建天主教堂各一，吸收了当地部分傈僳族、怒族入教。[⑤]

（三）婚姻家庭

婚姻较自由。维西傈僳，取山中草木制作和合药，男女相悦，暗投其衣，遂奔而从，跬步不离，婚以牛为聘礼。[⑥] 居于云龙偏僻地区而不通汉语者，男女自合为婚。[⑦] 茶山傈僳，男女以歌跳恋爱而成婚媾，父母不能做主。[⑧]

在与外界交往中，婚姻观念逐渐变化。永北厅力些，乾隆时婚配不论尊卑，不分同族；至光绪时，已有婚姻必论尊卑，稍通汉语、略知礼节的现象出现。[⑨]

（四）风俗观念

丧葬。有弃尸、火化、棺葬等方式。维西傈僳，丧则弃尸，不敬佛而信鬼。[⑩] 永北厅力些，乾隆时死后普遍火化，抛弃骸骨；光绪时，有通汉语者，

---

① （光绪）《云龙州志》卷 5《秩官志附夷地风俗人情》。

② 李根沄：《滇西兵要界务图注抄·下》乙线，见民国《永昌府文征》纪载卷 26《清十五》。

③ （嘉庆）师范：《滇系三之一·事略》；（嘉庆八年）觉罗琅玕：《平彝碑记》；（光绪）《续云南通志稿》卷 84《武备志·戎事杂记》。

④ （乾隆）张泓：《滇南新语》。

⑤ 《怒江文史资料选辑》第四辑，8 页，昆明，云南人民出版社，1985；（民国）《新纂云南通志》卷 108《宗教考八》。

⑥ （康熙）刘崑：《南中杂说·和合》；（乾隆）余庆远：《维西见闻记·夷人》。

⑦ （光绪）《云龙州志》卷 5《秩官志附夷地风俗人情》。

⑧ 李根沄：《滇西兵要界务图注抄·下》乙线，见民国《永昌府文征》纪载卷 26《清十五》。

⑨ （乾隆）《永北府志》卷 25《土司种人附》；（光绪）《永北直隶厅志》卷 7《人物志下·土司种人附》。

⑩ （乾隆）余庆远：《维西见闻记·夷人》。

效法汉族礼节，死后实行棺葬。[①] 维西、中甸倮倮，受藏族、纳西族影响，父母死，必请刀把（东巴）或擦妈，向尸诵经咒送葬。[②] 中甸倮倮，采用棺葬，有一定墓地，立有碑墓；重视祭扫，虽历数十百年仍能辨认。[③]

礼仪。各地倮倮性多刚狠嗜杀，但维西与么些杂处者，服其头目土官管理，每年须向么些头目奉献麦黍五升，新春之际必率众拜见问候。[④]

① （乾隆）《永北府志》卷25《土司种人附》；（光绪）《永北直隶厅志》卷7《人物志下·土司种人附》。

② （乾隆）张泓：《滇南新语》。

③ （民国）段绶滋：《中甸县志稿》卷下。

④ （乾隆）余庆远：《维西见闻记·夷人》。

傈僳族迁居缅甸的历史[①]

史富相[②]

从傈僳族老人们的口传中得知：傈僳族迁徙到怒江流域一带的历史有400多年了。在这400多年的时间里，傈僳族以做生意、逃荒、逃婚、逃难等形式，翻越高黎贡山，进入缅甸居住。其中，绝大部分人过去是迁居在中国和缅甸还没有正式划界的未定界范围内。1960年中缅正式划界后，这部分傈僳族也就成为缅甸国民了。

新中国成立前，历代统治阶级对少数民族的歧视和压迫以及新中国成立后政策上的一度失误，是大批边民外流的重要原因。如1935年，福贡县的傈僳族举行了反暴政的武装起义，杀死了设治局长施国英后，国民党政府从大理、下关、丽江、维西、贡山、泸水等地调集常备队和陆军官兵1600多人，对福贡县的傈僳族进行了残酷的镇压，使得福贡的百姓700多户、6000多人离乡背井，逃往缅甸。1958年，由于执行政策上的失误，致使福贡、碧江两县的傈僳族、怒族11700多人流亡国外。

中国和缅甸是山水相连的国家，自从1960年划定国界后，两国之间的友好情谊得到了进一步的加深和发展，两国人民之间的友好往来更加频繁。从民族的族源来说，缅甸的缅族和克伦族与中国的傈僳族有着相同的族源。古代的羌族是其共同的祖先，他们都是从羌族分支出来，从中国西北迁徙到缅

① 本文选自《史富相文集》，少数地方如原文“密支那花傈僳族服饰，其男女服饰与中国腾冲古永、盈江、苏典的花傈僳服饰几乎一致”，编者做了修改，去掉了“花”字，统一用“傈僳族”。

② 史富相，云南省福贡县人，原福贡县县长。

甸，迁徙的路线和方向都是相同的，只不过缅族和克伦族早迁入缅甸1000多年而已。

从贡山、福贡、碧江迁徙到未定界的傈僳族，开始时住在恩梅开江流域的拉打搁、七通怕、迪蛮、壳腊配、恰各、膳驳、老色等地方，后来他们的后裔翻越施空山，进入迈立开江流域，在坎底坝的门腊施底、南木德可、勒墨王京、南木线各以及孙把驳、施干驳、付谷等地居住。据戛门底傈僳族缅全国人大代表王益加说，现在戛门底城及附近的人口共7万多人，其中傈僳族就有4万人。

1958年从福贡古泉及俄夺底村迁出去的人，到缅甸戛门底坝后，跟着当地的傈僳族一起继续往西前进，最后进入了印度国叫马鲁施底的地方。1965年，从贡山县出去住在戛门底坝门膳施底的外国传教士莫尔士及其三个儿子约伯、约秀、约瑟，加上贾色共四家人，把居住在戛门底的傈僳族两三千人准备领进印度国去住，但是到了印缅国界时，印度人不准他们入境，就在边界上滞留了一段时间。当时，印度政府向缅甸政府询问后，缅甸政府派飞机专人调查此事，知道是莫尔士等四家洋传教士所为，于是把莫尔士夫妇用飞机带到仰光，三个儿子和其家属及贾色一家全部让他们上路，走到密支那以后由火车运到仰光，最后把他们驱出缅甸。留在边界上的傈僳族群众，一部分因饥饿而死亡，一部分回到戛门底坝，一部分沿着宽阔的河谷平原到付谷去了，剩下的那一部分人最后还是到了印度的马鲁施底，与早先进去的傈僳族住在一起，后来便成了傈僳族聚集的一个地方，人口发展到3000多人。由于印度政府非常重视英语教学，所以那里的傈僳族外语水平比其他国的傈僳族高。据说有一个叫舒桑的傈僳人，他大学毕业后到国外留学，回来后任一个大学的校长。从印度回到密支那巴门底布张村的陆钱四，现在到美国圣经学院留学就读，1992年他来北京、天津神学院讲学时，由于不懂汉语，所以都以流利的英语讲经，中国人谁也不知道他是傈僳族，都认为他是英国人。

自从缅甸首脑昂山将军被人暗杀以后，十四个帮（省）的局势一直都处于动荡之中。除缅族以外，以少数民族为主的各省都组织起自己的反政府武装，向不让各帮（省）自治独立的缅政府军开战。以克钦族为主的缅北克钦邦也从1963年起就建立民族独立武装组织，跟政府宣战。散居于缅北各地的傈僳族也卷入了内战的漩涡。缅政府为了削弱反政府军的力量，截断独立军的后勤来源，就下令和强迫恩梅开江和迈立开江流域的傈僳族，离开高山丛林村寨，把他们全部赶到城市附近的坝子上住。这样，从20世纪60年代后期起，除了居住于戛门底坝子上的人不动外，其余所有住在高山密林的人全部被政府军赶下来，散居在密支那城市周围的坝子上，客观上为傈僳族的生存和发展提供了有利的条件。现在居住于密支那城市北部、西部和中部的傈僳族和怒族，他们的祖先绝大多数是怒江中上游出走的人。怒江下游的泸水、保山、腾冲、盈江的傈僳族，迁居缅甸的历史早于上游傈僳族外迁的历史，因此，他们受缅语和缅文化的影响也比较早和比较深。在未划界时期，他们也住在片马、拖角、坝弯、亚巴地、昔董、色那、塞洛、格主亚、南巴亚等地方，后来逐渐地向密支那坝子迁移。现在密支那城北的阿腊、俄兵、迈施、巴腊言、康马、古母、施最、马开等寨的傈僳族，是早先迁居密支那坝的傈僳人。他们的祖先主要是从泸水、腾冲等地来的。依洛瓦底江东岸坝子上，如门那、旺茂、吾牙、打根牙、奴安、旺秀、灯加言、甲木戛等地的傈僳族，也属从腾冲、盈江迁来人的后裔。这样，密支那大坝子上，以伊洛瓦底江为界的东岸居住着12个大村寨，约1500多户；西岸居住着27个村寨，约3700多户。两岸共居住着39个傈僳族村寨，大约5200多户，5万余人。此外，密支那坝子以西30公里外的南丁坝下游的新兴城市孟拱及其附近，也有很多傈僳族人居住。往西的高原坝如甘马因以及矿山区隆肯、帕敢等小坝子也住有很多傈僳族。拍敢矿山以北的付谷坝，也住有很多从戛门底下来的傈僳族。

从陇川、潞西、永德、镇康、耿马出去的傈僳人，多数居住于八莫、抹谷、腊茂等地方，近几十年来，随着宝石业的开发，在抹谷出现了以木欧丁和茶约瑟为首的宝石巨富。他们为了更进一步开发矿业，扩大采矿队伍，木欧丁和茶约瑟在抹谷和妹秀等矿区，购买了几百公顷的土地，并盖了不少房子，叫傈僳族迁居安住，以吸引各地的傈僳族加入采矿的行列。这样，缅北的傈僳族随着南部宝石业的进一步开发，出现了纷纷向南迁徙的趋势，并且近几年来生意有起色的商贾也开始向曼德勒、东枝、妹秀等大中城市转移。据缅甸原傈僳族同心会负责人勒墨吴讲，在缅甸的傈僳族总人数大约有30万~35万。这是估计数字，因为缅甸各省尚未统一，政府也无法精确地进行统计。

从目前的情况来看，傈僳族居住于缅甸的文字记载，是从1902年开始的。1902年美国浸礼会牧师柯生从仰光来到密支那市传教时，发现在市郊北面的马丌村住有很多傈僳族。他吸收了傈僳族男青年旺打和女青年谷那都入

教，并给予了洗礼。（《密支那浸礼会简史》）

1908年，阿墩子弹压委员夏湖代表中国政府率领庞大的队伍到未定界内的戛门底视察时，发现在驼洛江一带有“曲、傈杂居”，从拉打阁到石灰卡一带也有“曲、傈杂居”。（《怒江文史资料》第二集）

1911年，云南讲武学堂总办李根源采巡查片马回归途中，委派景尚武、潘万成、王秉忠三人到怒、曲两地进行调查，他们三人到恩梅开江流域时，发现在江南的步果、莪窝、花寨等地方住着30多户傈僳族。（《片马历史资料》第一集）

1919年，成立了灯加言村傈僳族浸礼会。1932年成立了著董傈僳族浸礼会（《密支那傈僳族浸礼会简史》）。从以上的材料来看，早在100多年前，从戛门底到密支那中缅未定界这一带就住有很多傈僳族了。

在缅甸的傈僳族大部分以农业为主。不论在北部的戛门底平原，或是在中部的密支那坝子，绝大多数农民都有自己的田地，从事农业生产。主产品是水稻，还有少量的苞谷、荞子和芋头、洋芋、木薯等产品。在缅甸的傈僳族农民只要掌握节令，勤奋劳动就能达到自给自足或自给有余的生活。

除了种粮食作物以外，傈僳族村寨的房前屋后及园子周围，家家户户都种上芒果、荔枝、椰子、牛肚子果等作物，有的还种着成片的菠萝、胡椒、香蕉等经济作物，作为家庭副业收入。

在缅甸，狩猎也是一项主要的经济来源。缅北的克钦邦，百分之七八十的土地是遮天蔽日的原始大森林，是人类尚未开发的处女地，也有纵横交错的大江河流。在那里栖息着种类繁多的珍稀动物，成群的野象在树林中寻食，成行的水獭在江河中游动，独行的老虎跟在野牛群后盘算。傈僳族的毒箭在这里充分发挥了它的功能。每到冬季，傈僳猎人挎着大刀带着弩弓相继入山，猎取象、水獭、老虎等。把猎得的象牙、水獭皮、虎骨虎皮作为高价商品进行买卖，得到令人满意的收入。

缅甸是资源丰富的国家。居住在缅甸的傈僳族，根据市场行情的变化，不断地寻找致富的门路。在20世纪50年代黄连价格上涨的时候，傈僳族人都进入密林深处寻找黄连；60年代，当黄金价格猛涨的时候，所有傈僳族男男女女下江河、走箐谷，轰轰烈烈地淘金挖矿；到70年代，当木乃尹（一种在树内像松脂一样具有芳香味的树肉）价格很高的时候，傈僳族男子们又佩着锋利的长刀进入密林找宝。他们翻过一座座山梁、一棵树一棵树地查探，从密支那到戛门底，从昔董坝到户拱平原，没有哪一棵树不留下傈僳人的刀痕；到了80年代开发宝玉石业的时候，又有数以万计的傈僳族男女青年加入到了开发矿业的行列。在密支那以西200多公里的玉石开发的6个矿区60多个矿点中，到处都有傈僳族男女矿工和买卖玉石的傈僳商人。在曼德里省的抹谷红蓝宝石矿区，到处可以看到傈僳族矿工，以红、蓝宝石业为生的抹谷山城6万市民当中，傈僳族就占了2万多人。就在这个城市里，诞生了两个傈僳族亿万富翁，一个是欧丁，一个是茶约瑟，他们俩是从宝玉石开发过程中发财致富的，在缅甸有很高的声誉。

最近几年，在掸邦的妹秀，发现红石榴石矿区，成千上万的傈僳族男女潮水般地涌入那里开矿。有钱财的傈僳族老板，在妹秀、抹谷等矿区购买大片土地，并盖了房屋，鼓励和吸引众多的傈僳人在那里居住，加入自己开发的矿业队伍。在帕敢玉石矿点附近，有见识的傈僳族当权人士，也号召和鼓励建立傈僳族新村，在开发玉石业当中寻找新的门路。

随着矿业的开发，刺激了第三产业的发展。矿区一般都在深山老林之中，那里只产矿，不产粮，几万乃至十几万人的吃穿问题都得依靠其他地方的人来供给。这给傈僳族同胞提供了加入市场竞争的机会，成千上万人加入了这个竞争的队伍。没有本钱的傈僳族农民，他们到矿点附近开垦成片的土地，种上青白菜、萝卜、红薯、芋头、南瓜之类的蔬菜，专门提供给市场，销量很好，收入可观。有点小本钱的人，从密支那买了柑桔、黄果、苹果之类的水果到矿区卖，可以收到高出成本十倍的价钱，有车子的，把大米、面粉拉到矿区，没有几天就全部卖光。资本稍微雄厚一点的妇女，专门做服装生意，她们从密支那、曼德勒等城市批发不同规格和颜色的衣料，带到矿区后，批发给各处开铺子的坐商老板，这样，渐渐形成一支妇女商人队伍。密支那市的傈僳族女强人阿你金就是从这支商人当中发展成为百万富翁的。

随着第三产业的发展，数以万计的人川流不息地在矿区流动，他们既要吃也要睡。这样，傈僳人看到了房地产的价值，于是在矿区人集中的地段，建盖不同类型的房子，租给需要的人。有的开茶铺、饭店，以薄利多销的形式吸引顾客的光临。在帕敢、在抹谷、在妹秀，傈僳族开始跨入这个行业并有所发展。

有一定经济实力的傈僳族老板也在试开宝玉石矿洞。要开洞必须向当地军管会上交2000元缅币才可以开一个矿洞，运气好的，一下锄就挖着玉石而发了财，但大部分人，挖数月、数年也不见好的玉石，失财破产的也不少。只有当中间介绍人或是替人卖货的人赚钱的机会就多些。总之，在缅甸的傈僳族除了经营农业外，也经营商业、饮食业、运输业、矿业和房地产业。

缅甸傈僳族房子几乎都是立柱式结构的房子。经济宽裕的人家，上盖铁皮，下层是砖木结构、玻璃窗。普通家庭一般是竹片或竹篾楼，无窗户，四周用篾笆围着。无论家境贫富，家家都有睡床。由于缅甸气候炎热，所以下层一般不住人，而搞成空荡荡的，以便于通风。缅甸傈僳族习惯于把畜厩盖在离住房较远的地方，同时，他们把食宿分开，人住在楼上，烧火煮饭的厨房盖在住房的附近，一般都在厨房吃饭，决不能在睡房吃饭。不论家境如何，桌、凳、锅、盘、碗、茶具、杯壶都是具备的，用具绝大部分都是中国货。

他们每一家、每一户都有自己的园子，并把住房和园子用竹栅栏或用铁丝围起来，其内家家都有自己的厕所，一般是自己用，一家不到另一家厕所去。住宿楼一般都搞得很清洁干净，一般的习惯是人不准穿鞋子上楼，所以，上楼前把鞋子、拖鞋都脱在楼梯下，赤脚或穿着袜子上楼，以保护住房的清洁卫生。吃饭很少用碗筷，尤其是年轻一代及娃娃们不会使用碗筷吃饭，而是把饭盛在盘上，每人用一把汤匙，把菜用匙勺舀入饭盘后，用手指拌匀后抓吃。同时，吃饭时喝汤也不许端着碗喝，只许用匙一勺一勺地舀着喝。这样，饭前饭后必须洗手，否则就不干净，这成了他们的一种卫生习惯。由于他们都身处气候炎热的地方，所以自然而然地养成了一种洗澡、洗脸、漱口及常换衣服的好习惯。另外，他们一般都住在平坝，住在城市附近，所以出门上路、赶街串亲戚都使用自行车，拉粮、拉柴、拉炭都使用牛车或马车，交通是很方便的。

在缅甸的傈僳族当中，正宗的傈僳族服装只是到了盛大的节日时才能看到，在平时是看不到的，服装已经缅化了。不论在街上，在集市里，或是在田间劳动的时候，男女都穿筒裙，男戴帽子，女围头巾，只有说傈僳话的时候，才知道他们是傈僳族。这个问题在抹谷城就很突出，那里的傈僳族，生活富有，文化较高，语言和服装、平时的生活习惯都已缅族化了，与密支那、戛门底的傈僳族有较大的差异。缅甸傈僳族除了节假日以外都穿缅服，就像在中国的傈僳族除了节假日以外都穿汉服一样。缅服一般是：男女都围长筒裙，女的颜色鲜艳些；男的一般是青、蓝、黑而较为暗淡的围裙；上衣一般是女的穿花红、橙、黄、白的上衣，头扎各色花巾；男的却不讲颜色和形式，所以，在平常的日子里，傈僳族服装是很难看到的。从节假日的服饰来看，缅甸的傈僳族服饰有五种。

第一种是戛门底傈僳族服饰，其男女服饰与中国福贡县的傈僳族男女服饰完全相同。第二种是密支那傈僳族服饰，其男女服饰与中国腾冲古永、盈江、苏典的傈僳服饰几乎一致。第三种是抹谷傈僳族服饰，妇女穿上红下蓝的红蓝分明的服饰，与戛门底傈僳妇女服饰一样，工艺不很复杂，男戴黑头套、白衬衣、黑褂子，下身着青、黑等各种裤子。第四种是腊戍傈僳族服饰，是以蓝、黑两种颜色为主的傈僳族服饰。女式服装是：头绕黑布包头，上身穿黑褂子衣服，里面穿以红色袖子为主，其间有淡绿、淡红、白相接起来，袖端是一节黑布，在红黑相接处有两条白线，两条白线中间以淡绿色布相间。下身穿蓝色裤子，腰间系两块绣腰，其中一块是以蓝色为主，边沿有方格的围腰，其另一块是比较小的长绣围腰，这一块绣得特别精致，三分之二以上是蓝色为主的花格腰，三分之一是镶着四行白纽扣及无数条白线构成的绣腰，这一节是红布做底色的，脚杆上套着脚套，不穿鞋，男女都打赤脚。妇女腰间系着一根较宽的红黄白线织成的带子，胸前从脖上挂下来成串的银质装饰物，垂于黑褂对襟口上。妇女后腰上垂有红、白、黄、蓝相杂的线串饰。男式服装是：头系白布块，上身穿浅蓝色衬衣，黑色对襟褂，胸前对襟处和两旁钉有三行银圆扣。下身穿青色长裤，裤脚镶着三条红线。这一套服饰是缅甸傈僳族服饰中较为简单和低调的服饰。第五种是以黑色为主的花傈僳服饰：女式服饰，头戴白蓝红三色布相接的套筒。上身穿黑色长褂衣，袖子也是全黑色，只是在袖端接有白、红色布料。黑衣外穿有绿褂，胸前挂有白银串珠，腰系黑围腰，底边三分之一处是红白黄布相接着。腰部系着红、白色组成的花带，左右两腰上垂吊着两端花带子，脚杆套着脚筒，穿白鞋。男式还是白衣蓝褂，头戴黑布套筒、黑襟，脚杆穿套筒；穿鞋。

缅甸行政村里有村长，以傈僳族为主的村里，一般由傈僳族担任村长。政府要百姓负担的劳役和一切杂税，都由村长负责派收缴纳。相当于区乡一级的负责人，缅语叫“俄克唐”，相当于县一级的首长叫“的摸”。

傈僳族迁入缅甸的历史已经有 100 多年了，但是缅政府从来没有承认傈僳族是缅甸国的合法民族，把傈僳族当作从中国来的华侨对待。20 世纪 60 年代大搞排华的时候，傈僳族也被卷进漩涡之中。到了 70 年代，部分傈僳人在商界有了抬头的机会，并且开始接触缅政界重要人物。从那时起，缅政府开始重视傈僳族。80年代开始，缅政府派专家学者到密支那，召集傈僳族中有威望、有见解、会讲理的老人和知名人士，对傈僳族的族称、来源、风俗习惯、语言等各个方面专门调查研究了四五年。经过调查证明：傈僳族在族源、习俗、语言、迁徙等几个方面，与缅甸的缅族有许多相似之处。最后得出的结论是：缅族与傈僳族是亲兄弟的关系。这样，缅政府才开始承认傈僳族是缅甸国的合法民族，获得了合法权利。从1989年开始，向缅甸的傈僳族颁发了居民身份证。在傈僳族争取合法权利过程中，抹谷的傈僳族欧丁、茶约瑟，戛门底的王益加，密支那的旦友斯、杨大才扒、王自邓、勒墨四等人作出了很大的努力，其中贡献最大的是欧丁、茶约瑟、王益加三位先生。

1989年，缅甸政府因缅币大票宣布作废而引起全民骚动。奈温政府下台，军人维持秩序，并向全国宣布：可以成立不同党派和组织，通过议会选举产生缅甸新政府。当时，傈僳族当中的有识之士，与各地的傈僳族互相联络后，成立了傈僳族同心会，主席由大学毕业生勒墨吴担任。同心会的会徽是在广阔的平原上，根深叶茂地生长着的一颗榕树，她象征着获得合法权利的傈僳族像榕树一样，富有无限的生机和活力。全国参与选举活动的共有200多个党派和组织，最后，昂山索季当选为国家首脑。随着选举工作的结束，傈僳族同心会也随之停止了活动。但是傈僳族中有见识的人认为：尽管同心会没有了，但对傈僳族的研究工作不应停止，反映傈僳族历史和现状的工作，还应该继续进行。这样就成立了一个傈僳族习俗研究会，具体由密支那市的王自邓、勒墨四负责，成员是勒墨约翰、阿开博、开四相、密谷邓等人。他们一面收集傈僳族过去生活的图片和纪录文字，另一方面把傈僳族过去使用过的生产生活用具集中起来，进行展览，同时，用柚木雕刻了傈僳族男女雕像，穿上傈僳族服饰后，展览于缅政府为各个民族建盖的傈僳馆内，为观看和研究傈僳族的观众和学者提供了翔实可见的具体实物。

缅甸的傈僳族是整个傈僳族当中信基督教最早、历史最长的民族。1902年美国浸礼会牧师到密支那市马开村传教时，傈僳族青年谷那都和旺打首先入了基督教，后来随着信教人数的不断增多，先后成立了马开傈僳族浸礼会、密支那傈僳族浸礼会和全缅傈僳族浸礼会总会等组织，到1992年底，总信教人数为3.5万多人，总负责人是杨约秀。

1948年，在福贡传教的神召会牧师马导明及其夫人，离开福贡县后到缅甸境内壳腊配一带进行传教，后来他们的传教势力发展到了戛门底、孙巴博、密支那等地，并以密支那为中心，向克钦邦上下进行传教，信徒以傈僳、怒族为主，其他如克钦、缅族等族都吸收入教，到 1992 年底，有信徒 10 万人左右，总负责人是旺阿友，他的祖父是上帕达友村人。

贡山县的摩尔士牧师是属于基督教基督会的人。20 世纪 50 年代初期，他率领木友毕、木约秀、木约瑟三个儿子，离开贡山到缅甸戛门底的木腊施底传教，后以木腊施底作为活动的重点，在缅北各地发展基督会，现在全缅基督会信徒共有 6.7 万多人。该会的总负责人是此阿迪，他的祖父是福贡利沙底人。

泸水县和原碧江县的基督教属于内地会。内地会是属于信教不喝酒、不抽烟的正统派。在中国，20 世纪 50 年代，宗教信仰政策受到破坏的时候，碧江、泸水的教徒纷纷流入缅甸。由于当时缅甸还没有内地会组织，所以他们加入了密支那阿普族（克钦族）浸礼会，直到 1968 年他们才与傈僳族浸礼会一起活动。由于内地会受阿普浸礼会的影响，信徒群众不禁烟酒，对信徒群众的管理也比较宽松，这与内地会传统的习惯差异很大，于是从 1977 年开始，他们从傈僳族浸礼会中分化出来，另起炉灶，成立缅甸傈僳族教会，恢复其原内地会的习惯和制度。他们的总负责人是巴那巴、四汉拉发（原碧江里吾底人）和打尼利（腊戍人）。1992 年底，内地会傈僳族信徒共有 10 万余人。

缅甸傈僳族基督教四个教派，都有自己的三年和四年制的神学院，三个月或六个月的培训中心。他们都很重视宗教理论教育和神职人员的培养。一般的培训中心是各教会的分会所在地，聘请高水平的牧师来进行培训，接受培训的人员比较多，比较广泛。读神学院的学生由各教会选送，学院审查后才能入学。

傈僳族教会有四年制的神学院，先是办在腊戍，后迁到密支那市。三个月的培训中心办在戛门底的木腊施底和密支那的闷那色村。

傈僳族基督会的三年制神学院是办在密支那的干拉村和戛门底的木腊施底。

神召会的三年制神学院是办在密支那的打哥村，三个月的培训中心在各地分会自己搞。

傈僳族浸礼会四年制神学院是办在密支那的古母村，三个月的培训点是办在抹谷、腊戍和密支那。

在缅甸的傈僳族子女，读完国家办的中学以后，停学两年，然后才能考大学。所以能考上大学的微乎其微，况且在缅甸读完大学也很难找到理想的工作。因此，在读完十年制中学后停学的这段时间里，他们往往进入神学院去攻读宗教神学理论。这样，从神学院毕业出来的人，既懂科学知识，也懂神学知识，所以，他们所掌握的理论知识是较为全面的。

傈僳族是勤劳勇敢的民族，是富有开拓进取精神的民族。他们通过自己不屈的努力和奋斗，在异国他乡立住了脚并取得了合法的权利。同时，他们还与其他的缅族和克伦族一起生活。

倮倮族史料及其作用与意义

鲁建彪[①]

倮倮族史料是倮倮族历史的真实记录，它反映倮倮族不同历史时期政治、经济、文化、教育、技术、民情风俗等状况，是研究倮倮族历史的资料，也是党和国家的宝贵财富。史料作为开发民族地区的重要资源，有其重要的作用。收集整理倮倮族史料是发展倮倮族地区经济，使倮倮族人民走上富裕道路的需要，也是继承倮倮族文化、发展文化教育和科学技术的需要，同时也是构建倮倮学的重要基础。

一、倮倮族史料及其内容

史料是研究历史的基础，民族史料丛刊的研究必须建立在全面、系统、真实的史料基础之上。这就要求我们必须要做好史料的收集与整理，这是一项长期而又艰苦的工作。倮倮族史料有一部分见于以往的书籍和县志中，绝大部分以民族风俗和口碑相传等方式存在于民间和宗教信仰当中。这就需要我们通过调查、走访、问卷等形式才能得到第一手资料。这种方式得到的资料也是最真实最具有参考价值的。

① 鲁建彪，倮倮名妈旁达马，男，倮倮族，云南省武定县人，现任云南民族大学倮倮学研究中心主任，教授、硕士生导师。

什么是傈僳族史料？傈僳族史料就是指傈僳族在发展过程中所遗留下来的帮助我们认识、解释和重构历史过程的痕迹。具体包括了以下几方面的内容：

（一）文字史料

史书：研究当时历史的重要史料。每一个时代和民族都有自己的历史，有关傈僳族的历史记录可以在其他民族的历史记录中找到。

地方志：傈僳族地区的县志和其他方式记载的志书以及其他民族史书中载有描写傈僳族的内容。

档案文书类：尤其对政治史、社会史的研究很有帮助。

思想或学术著作：反映当时人的思想、观念以及学术的发展。

文学作品：文学作品的内容虽有虚构之处，但常可反映当时人的生活、想法以及观念等，对于文化史、思想史、社会生活史的研究有所助益。

日常生活中的文字遗留：包括如傈僳族的农民历、商店的账本、土地契约，日记以及私人来往的书信等。由于这些大多不是刻意留传下来的东西，常能更真实地反映当时的实际生活及思想，是最有价值的资料。

报刊杂志：为近现代史的重要史料，一般性报纸有助了解一些事件的发展以及当时人们从不同观点对此事的了解，娱乐性的报刊则可以观察当时人们的文化和生活。

口述史料：多用于现代史的研究，借由对尚在人世的当事人访问口述而获得对历史更直接深入的了解。

其他：包括如碑刻、墓志、家谱等等。

（二）非文字史料

图像类：如绘画、壁画、刺绣图案等，有助于了解当时人们的生活及审美观等。

实物类：包括古代建筑、家具、衣物、器物、饰品、钱币和墓葬等。

风俗类：借由对于当今流传风俗文化的观察，可以了解当时人们的社会生活。

音乐制品及民间艺术类。

二、傈僳族史料收集的途径

（一）无文字记录的史料的收集

第一，历史文物类史料的收集：由于实物很难得，而且已经有记录，我们着重以历史文献为参考对象。如有实物则拍成照片以备编辑之用。

第二，口碑及风俗习惯等方面的史料：调查访问是搜集这方面史料的重要途径，尤其是亲历过某一历史事件的老人还健在的情况下，把他们口述的史料与文字记载的史料加以佐证，就成为很难得的第一手史料。如果亲历者已不在了，访问其亲属、至交亦可。这类史料的收集要尽量及时，还要事先做好计划。做计划的步骤如下：

第一，明确要得到的结果是什么；

第二，写好调查问卷或者明确访问提纲；

第三，组织人员进行走访调查进行记录或录音；

第四，整理，必要时与同组成员讨论或带回去后讨论。

（二）有文字记录的史料的收集

有文字记录的史料是历史上其他人已经记录过的，虽然方便可取，但是数量繁多，真假难辨。要全面地收集也要投入很多的物力和人力，并且要采用正确的方法。

首先做目录索引。目录索引是茫茫书海的航标。“它能把所需资料的出处、作者与年代告诉我们，是寻找资料的重要途径，为治学的入门，是读书学习、科学研究不可缺少的工具书。”

其次是摘抄卡片。目录索引编好后，就按图索骥，借阅有关的图书，使用资料卡片从所阅读的图书中作摘要或抄录史料的全文。摘录卡片应注意的是：第一，必须忠于原文。摘录时要从整体上把握史料的内容，摘录部分必须忠于原文，不可望文生义，随意理解，更不能断章取义，任意改动。若史料过长而不能整段摘录时，可以节录，但删节处必须加省略号，以保持原文的面貌。第二，要分类摘抄，并在卡片上方写明分类标题。使用时只要一看标题，就可以知道卡片的基本内容。如果卡片积累得多，还应写明类别号码，以免搞乱。第三，一张卡片只能摘录一条史料。即使是简单的一句话，也要单独抄在一张卡片上；如果一条史料过长，一张卡片抄不完，可以多抄几张，但要在各张上注明某项史料之一、之二、之三等序号，并注明共几张，以免错杂。这样做，便于使用时将史料分类排列，并可根据需要随时将史料调整组合。第四，摘录的每条史料后边都要注明出处，写明作者、书名（或篇名）、版本（哪个出版社、哪一年出版、第几版）、页数等等，以便核对原文。第五，每摘录完一条史料后，要将摘录后的内容与原文核对一遍，以免出现差错。

再次，写笔记、札记。写笔记、札记可以记下各家不同的认识、结论，随时摘录、积累史料，及时记下本人翻阅史。有些资料也可以剪切和复印。将自己订阅、搜集的报纸、刊物甚至拥有的图书上的有用史料随时剪下来，或将别人的此类史料复印下来，分类贴在不同的本子或卡片上，也是搜集史料的有效方法。该法多用于平时的史料积累，也可用于论题选定后的史料搜集。它既节约时间又可避免抄录中的错误。剪辑、复印下来的史料要严格分类，以免给使用带来麻烦。

（三）通过拍照、绘图、录像等方法收集史料

实物史料有些难以变成文字史料，或有些实物甚至重要文献原件限于时间、地点和条件，许多人不能看到，就必须采用摄影、绘图或录像等办法才能达到目的。所以，利用这些现代化的手段搜集史料，也是必不可少的。同时，制成的图片、缩微胶卷和音像制品等，本身就是重要的史料，甚至是文字难以表达的史料。

（四）文字史料收集中人员的安排

由于文字史料的内容很多有明显的地区性，最好能根据地区把人员进行分组，每一个人又负责某一方面的具体工作，在规定时间内完成。这样可以提高工作效率，又能收集得比较全面。

三、收集整理傈僳族史料，出版《傈僳族史料丛刊》的难点

第一是人员组织。

编写史料丛刊是一项系统而艰苦的工作，从收集史料开始就要做一个详细而可行的计划。史料的收集涉及具体的人和要调查的内容、用什么样的方式去调查、在哪些地区完成这项工作，要到哪里去寻找文字史料，人员如何组织及经费如何筹措等都是不能回避的问题。每一个参与者都有具体的任务和工作，还要和其他人员协调一致才可以完成，这对于每个人和整个组织是一项很有挑战性的工作。就是官方组织做也有较大难度，更何况是非官方做这么大的事，那是难上加难！但是，再难我们也要努力去做。

首先提出收集方案，争取各有关部门的支持，根据调查情况，提出收（征）集具体方案，报相关政府部门，引起政府对此项工作的重视，争取业务经费。同时把方案送各有关单位，取得他们的支持和合作。

其次配备素质较好的档案人员。由于民族地区的人员对县志类或地方的档案文献基本情况更了解，就由自治地方组织人员整理摘录。其他档案文献专门组织一个小组进行分类摘录。这里的成员可以是研究民族的专家、学生，也可以是政府工作人员或者是热衷于民族事业的各界人士。

最后组织力量深入村寨调查摸底，因为傈僳族有自己的语言，对傈僳族进行调查需要大量的沟通工作，由熟悉当地情况的当地人士完成更有优势，我们要充分调动地方民族工作者的积极性，特别是民族自治地方从政人员和村长的积极性。从历史、风土人情、宗教等情况，摸清各种寺庙和民间保存史料的种类、载体、数量等线索。我们还要广泛宣传动员捐献史料以及走访当地上层人士。

在史料收集过程中可能会遇到一些相互矛盾的情况，对此，我们应处理好收集工作中的几个关系：第一，原件与手抄本、复制本的关系。档案应是原件，但由于各种原因，尤其是历史久远的原件甚少，在没有原件的情况下，手抄本、复制考证后应作为档案收集、保存。第二，文字材料与实物材料的

关系。除文字材料，只要是历史和社会活动的实物也要作为档案收集。例如具有历史价值的印章物件等。

第二是经费筹措。

云南民族大学傈僳学研究中心自成立以来，一直立足于促进民族文化事业的发展和推广，也得到了各界人士尤其是热爱民族事业的同胞的支持与关注。《傈僳族史料丛刊》是傈僳学研究中心的重大项目，其收集整理和出版，耗资巨大，需要得到各级政府、企业家和热心人士的鼎力支持才能够完成。这是傈僳族的一件大事，是一件功德无量的大事。我认为，所有能够参与其中的人都应该感到自豪！

首先，我们傈僳族自己的领导干部、专家学者和企业家要积极参与、支持这项傈僳族的宏大工程。

其次，史料的收集特别是非文字史料主要在自治州、自治县和傈僳族乡以及所有傈僳族聚居地，涉及这部分的经费，有条件的地方可以自己解决本地方的史料收集经费。

再次，可以利用互联网收集文献材料，地方图书馆、高校图书馆或向个人借用相关书籍以降低成本。

最后，争取获得国家社科重大出版基金立项以解决出版经费。

四、傈僳族史料对创建傈僳学的作用和意义

历史对于任何一个民族都有着重要的作用，一位历史学家曾说过："我们如何知道历史，毫无疑问，后人纵观历史的具体对象就是史料。史学家常说，灭国不如灭史。灭国可复兴，灭史则无可挽回，破毁史料，是最大的犯罪。藐视史料，是最大的无知。如果没有代代相传的史料，历史就是空白。一个国家，一个民族，没有历史的借鉴就没有历史的继承和发展。中国古往今来，英雄辈出，史事浩瀚，积淀成中华民族的伟大根基和品格。这一切，都离不开成为世界之最的中国史料。当这些史料不断拓展利用的空间和渠道时，史料工作日积月累的潜在价值和永恒的地位将与日俱增，与历史共存。"这个结论并非言过其实。要想了解一个民族，就必须要先知道其历史，民族都是在长期的历史生活中形成并发展起来的。然而史料丛书对于历史是非常重要的。

编好史料丛书，是史料得以广泛利用的最佳选择，是史料征集、筛选、考证、归类的最终成果。

傈僳族史料是构建傈僳学学科体系的基础。学习一个民族从什么地方开始？当然是从学习它的独特文化和习俗开始。一个民族有别于其他民族的特点就是它特有的文化。如果要深入研究一个民族的形成、历史背景、变迁甚或探讨整个民族的发展，没有历史学作为背景是万万不能做到的。傈僳学研究的是整个民族的形成、变迁、文化风俗、生活状况和发展前景等等，只要是关于傈僳族的就是这个体系的研究内容，而傈僳族史料研究对象几乎涵盖了整个体系，它的史料内容包括从民族的形成到未来的发展，从文字记录到实物证据。研究史料可以搞清楚这个民族的一系列特征。史料涵盖了傈僳学体系的每一个部分，它和傈僳学体系交相呼应。学习傈僳族历史是研究傈僳族的开始，而要想更深入地了解和学习这个民族，傈僳族史料是一个开端。

傈僳族史料是构建傈僳学学科体系的基石，没有傈僳族史料就不可能建构傈僳学。没有傈僳族史料，傈僳学就成了无水之鱼，无本之木。只有打好了基础才能更深入的学习，就像在学习汉文化的同时，必须知道汉族的历史一样，不然只能停留在学科的边缘，不能正确地体会到表面现象和风俗所蕴含的本质和这个民族的精神所在。随着傈僳族研究的推进，我们迫切地需要搜集、整理和出版有关傈僳族的史料，其内容将涵盖傈僳族的各个方面，作为以后研究傈僳族的基本资料。

傈僳族在悠久的历史长河中，创造了丰富多彩的灿烂文化。但是，我们研究发现，在很多官方的典籍中，关于傈僳族的记载并不是很多，甚至可以说非常少。这虽然有些缺憾，但也是我们搜集傈僳族史料的优势所在。随着经济社会的发展，傈僳族领导干部、专家学者以及企业家不断成长壮大，保护傈僳族文化的意识大大加强，加之云南省一直着力建设民族文化强省，这些环境和优势对我们搜集整理出版《傈僳族史料丛刊》，可谓天时地利人和。

总之，《傈僳族史料丛刊》对整个傈僳族的发展和文化的传承有着重要的作用，也有助于民族的团结，特别是有助于傈僳族人民增强民族凝聚力，对于让其他民族了解傈僳族是不可多得的基础资料，对于傈僳族文化的发展和传播也将具有深远的意义。傈僳族地区的民族风俗、优美景色也将被更多的人知道，这对于地区知名度的提高也会有积极的作用，对地区经济发展和资源开发也会起到巨大的作用。

参考文献

[1] 周琼．非文字史料与少数民族历史研究．中国人民大学清史研究所

[2] 李云芬．浅谈傣族历史档案史料的收集，硕士论文

[3] 时维善．略述少数民族档案史料的收集整理．湘西土家族苗族自治州档案局藏

[4] 罗炳良．略谈中国少数民族史学史的定义、研究对象及史料范围．北京师范大学史学理论与史学史研究中心

[5] 鲁建彪主编．傈僳学研究（一）．北京：民族出版社，2010

民族认同与民族国家

傈僳族：一个跨界族群的演变与身份认同

李兴刚①

一、傈僳族人口概况

（一）中国的傈僳族概况

就语言学而言，傈僳族群使用的语言属于汉藏语系藏缅语族彝语支。一般认为，全世界有100多万傈僳人，而这其中大部分生活在中国境内。在1990年中国第四次人口普查中，统计有57万多人；第五次人口普查中，统计有63万多人；第六次全国人口普查中，统计有70万人左右。中国的傈僳族人口主要分布在云南省，此外四川省也有一小部分傈僳族人。

（二）东南亚、南亚地区的傈僳族概况

傈僳族人口的第二大居住地就是东南亚国家缅甸。尽管没有准确的人口统计数字，但一般估计缅甸的傈僳族人口在40万人左右。除此之外，泰国也生活着一些傈僳族。根据1995年泰国的人口统计，在泰国农村地区，有2.7

---

① 李兴刚，男，河南光山人。现任云南民族大学哲政学院副教授、博士，云南民族大学傈僳学研究中心学术研究部副部长。

万多傈僳人，另外，还有更多一些傈僳族生活在泰国的城市里。同样，在印度也生活着一些傈僳族，根据1981年印度的人口统计数字，生活在印度的傈僳族人口有1000多人。

二、傈僳族在不同国家中的政治身份与地位

（一）东南亚、南亚地区傈僳族的政治地位

傈僳族群在不同国家中的政治地位是不同的。泰国的傈僳族被认定为一个山区部族（落）；印度在20世纪90年代末期以前尚未视傈僳族为一个部族；缅甸的傈僳族被视为两个不同的民族：东掸邦的南部傈僳族，他们被称为傈绍（Lishaw or Lisaw），这种称谓是取自他们的掸/泰语名字，与之对应的，就是生活在北掸邦和克钦邦中的傈僳族，他们在缅语中被称为傈僳（Lisu）。虽然有关缅甸少数民族的文学作品中经常认为他们是两个明显不同的族群，虽然这两部分傈僳族在缅语称谓和相应的方言上的确存在着差异，但大多数缅甸傈僳族并不认同和承认这样的族群区分。

（二）中国傈僳族的政治地位

中国的傈僳族被认定为一个少数民族。新中国成立后，在少数民族聚居的地方实行民族区域自治，根据级别分为：自治区、自治州、自治县。在20世纪80年代中期，各省级人民政府又根据少数民族聚居的实际情况建立民族乡。根据民族区域自治政策，中国的傈僳族有一个自治州，即位于云南省西北部的怒江傈僳族自治州，一个自治县即怒江东部的维西傈僳族自治县。另外，还有23个民族乡，这其中，14个是单一傈僳族乡，9个是混合民族乡。特别需要指出的是，尽管缅甸的傈僳族也参加了缅甸的全国代表大会，但总体上讲，就政治地位而言，生活在其他区域的傈僳族远不及中国的傈僳族。

三、傈僳族的不同指称

（一）中国的傈僳族指称

中国在20世纪50年代开始对国内的民族进行识别和认定工作，在这场民族识别和认定工作中，傈僳族和彝族获得了少数民族的身份认定。在获得正式承认的56个民族中，彝族是第六大族群，傈僳族是第十九大族群。在历史上，对这两个族群的指称常常带有贬义，如傈僳族被称为“野人”，而指称彝族族群的则是带犬字旁的汉字猡猡（Lolo）。当然，指代傈僳族的“傈僳”一词在中国传统历史文献中使用得更早。20世纪50年代以后，在描述和指称这些民族时，一律由人字旁的汉字取而代之。这也是新中国对少数民族同胞尊重和平等相待的一个重要体现。

（二）东南亚、南亚地区的傈僳族指称

傈僳族先前的缅语指称为“瑶殷”（Yaw yin），其源于景颇和克钦名字，现已经被两个独立的词语傈僳或栗劭（Lishaw）取而代之。在有关印度傈僳族的一些文学作品中出现的词语“姚滨”（Yobin）的来源与前述相似。在泰国，指称傈僳族的官方用语是“傈僳”，不过在地方上，“栗劭”一词也被经常用来指称傈僳族。

（三）同属傈僳族群的里颇次族群

在彝族族群中，讲“彝语中部方言”的次族群——里颇次族群用几个不同的名词进行自称。在云南省中北部的元谋、武定和禄劝县的一些地区，他们自称为里颇。因为“-颇”是一个后缀，亦即“人”的意思，即“傈人”。不过，汉语中“傈”字和傈僳的第一个音节并不一样。在稍微偏西一点的另外一些地区，如永仁、姚安和大姚县，他们称自己为傈傈颇，即使用了先前带有贬义的自称，不过现在已经被新的词语“彝”加上后缀取而代之。自称为傈傈颇的族群喜欢称那些更加淳朴的彝语中部方言区次族群为栗颇，即他们视为带有某种贬义的称谓。但有时候情况也有所不同，如那些被傈傈颇称

为栗颇的次族群，也喜欢自称为傈僳颇。在武定、元谋、禄劝等地的里颇现在都被认定是傈僳族，其他如永仁、姚安、大姚等地的里颇都被认定为彝族，其中的原因与1958年楚雄彝族自治州的建立有极大关系。

在最早的欧洲语言当中，在提到彝语中部方言区的支系栗颇时，用东部傈僳来指代他们。欧洲人在语言学上的这种用法反映了这样一种事实，即在传教士的认识和传教活动中，傈僳和里颇都属于傈僳族。所以在传教士创立的傈僳族文字中，被称作东傈僳文的语音发音是以武定县滔谷村里颇方言创制而成。

四、傈僳族的身份认同变迁

20世纪80年代，随着我国少数民族身份识别和认定工作的继续和深入，很多少数民族兄弟的民族身份得以识别和确认，从而成为55个少数民族族群中的一员。这种身份识别和认定通常是在少数民族民众在年满18岁时，根据家庭出身和背景来予以确定。在这种大背景下，一些曾经被认定为彝族的栗颇人重新选择了傈僳族的身份认同。这也是为何禄劝、武定和元谋等地的傈僳族群人口在1982年和1990年的人口统计中出现明显增长的原因。

对于傈僳族到底来自何方，目前学界基本形成定论和共识，即傈僳族属于古氐羌人的后裔，是一个远距离迁徙的族群。一般认为，傈僳族是在18世纪中叶迁徙至萨尔温江流域，亦即现在我国云南省西北部的怒江傈僳族自治州和维西傈僳族自治县一带。

在随后的19世纪，有一些傈僳人又逐渐向西迁徙，进入缅甸最北部的葡萄地区。从葡萄地区，又有少许傈僳人继续向西迁徙。最终，这些傈僳人在1942年进入印度东北部地区。另外一些傈僳人则在1965年（也有人认为是在1974年）迁徙至毗邻的缅甸纳卡地区。尽管分属不同的国家，但这些傈僳族群之间仍然有定期的往来。

在傈僳支系向西迁徙的同时，傈僳族的南部支系则迁徙至缅甸的掸邦境内，并在1918年到达了泰国。这一运动在20世纪50年代进一步扩大。当时一些国民党军队，很多带着傈僳族妻子和家人离开云南，进入缅甸，后来又进入泰国。在傈僳族群向南迁徙的过程中，逐渐出现了语言的显著多样化，这其中便包含了大量云南汉族的外来语，即由傈僳族的妇女与当地汉族士兵通婚所生育的后代所持的语言。

位于四川省南部德昌、惠东和会理县境内的傈僳次族东北部支系是另外一支向北迁徙的傈僳人。他们的傈僳语发音与怒江和维西地区的傈僳族北部支系十分相似。四川省境内与这支傈僳次族群族源比较近的是位于金沙江南部的攀枝花市一些讲中部彝语方言的人，他们自称为傈傈颇。这些散居的栗颇也被认定为是远距离迁徙过程中傈僳族中的一员。

由于是一个跨界民族，所以生活在不同国家的傈僳族在使用傈僳语言的同时，也会讲一口流利的汉语、缅语或泰语。在缅甸接受教育的傈僳族在迁移至泰国后，既会讲缅语也会讲泰语。而且大部分南部傈僳族，甚至包括生活在缅甸和泰国的傈僳族，都会讲云南话。这样，很多傈僳人就会讲多种语言，甚至有些还会英语。因此操多种语言的傈僳族就比较常见。

无论傈僳族迁徙至哪里，他们都会向周围的新邻居学习他们的文化和技艺。例如，北傈僳次族群的妇女所戴的帽子与怒族当地妇女非常相似，缅甸境内的北部傈僳族群已经吸收和混杂了克钦人的文化，南部傈僳族的男性服饰则非常类似于周围的拉祜族服饰，而东部傈僳族女性服饰又与周围的彝族服饰非常相近。

五、基督教在傈僳族跨界交流中的作用

一般认为，傈僳族最近的跨界交流是傈僳族群基督教化的直接结果。20世纪50年代以来，随着政治的变迁，来自缅甸、印度，有时候也来自中国的不同地方的傈僳族开始在泰国清迈或其他地方的圣经学院进行访学。有些傈僳族开始与海外的传教士使团，即先前的中国内地传教团取得联系。这个传教团从20世纪初期起在中国傈僳族中间进行传教活动，并从20世纪50年代起开始和其他一些基督教使团一起在泰国传播基督教。

随着我国基督教“三自”爱国运动的本土化发展，中国的傈僳族基督教信徒逐渐断绝了与外部傈僳族基督教信徒的联系。这种现象在20世纪50年代和60年代表现得特别明显。从80年代早期起，傈僳族的傈僳文《圣经》开始出版。

有鉴于现实情况，亦即大部分傈僳族群民众，尤其是怒江州傈僳族自治州的傈僳人是基督徒，所以现在我国政府已经承认傈僳族群是一个信仰基督教的少数族群。

参考文献

[1] J. McKinnon & W. Bhruksasri（eds）. Highlanders of Thailand. Kuala Lumpur：Oxford University Press，1983

[2] A Dictionary of the Northern Dialect of Lisu（China and Southeast Asia）. Pacific Linguistics C－126. Canberra：Australian National University，1994

[3] A. Gomes（ed.）. Modernity and Identity：Asian Illustrations，Bundoora：Institute of Asian Studies. La Trobe University. pp. 192 － 205，1994

[4] Paul Lewis. Nerida Jarkey and Chris Court. Thai Hill Tribes Phrasebook. Melbourne：Lonely Planet，1991

[5] Lintner，Burma in Revolt：Opium anbd Insurgency since 1948. Boulder：Westview Press and Bangkok：White Lotus. Bertil，1994

[6] Smith ，Martin. Burma：Insurgency and the Politics of Ethnicity. London：Zed Books，1991

[7] Taylorg，Mrs Howard. Behind the Ranges：Fraser of Lisuland. London：China Inland Mission，1944

当代傈僳族民族认同与国家认同的人类学考察①

李智环②

2011 年 1—2 月，笔者分别在泸水、华坪、维西以及腾冲等傈僳族居住相对集中的地方进行了田野调查。其中就有关民族认同与国家认同的内容，随机选取了 100 名傈僳族同胞③，作为被调查对象来研究。在这次田野工作中笔者通过问卷兼深度访谈的方法，对现时期傈僳族民族认同和国家认同的状况有了一定程度的较为深入的了解和掌握。

一、传统的延续与变迁中的现实：傈僳族民族认同之现状

民族认同是民族意识的基本构成，简言之就是社会成员对自己民族归属

---

① 本文为 2010 年度教育部人文社会科学青年基金项目“云南贫困山地民族的民族认同与国家认同研究——以傈僳族为例”（项目批准号：10YJC850013）的阶段性成果。

② 李智环，女，辽宁丹东人，法学博士，云南民族大学云南省民族研究所副研究员，硕士生导师。

③ 在受访者的选择上，兼顾了年龄（即老、中、青三代人）、性别、城乡分布等因素，并且考虑到农村人口占傈僳族总人口将近 95% 的现实状况，本次调查也较为倾向于农村受访者。此外，由于问卷与深度访谈的方法是侧重于人类学的角度，而非社会学调查过程中所采用的大量问卷发放的情况，所以对于 100 名受访者的调查全部得到回收。

的认知和感情依附。鉴于“民族被定义为文化共同体，往往包括语言、传统和历史以及自我认同的主观观念”[①]，并且在事实上，民族认同的实质表现是，对内维持民族凝聚力的自我认同及对外区分我族与他族的相互认同两个方面。因而笔者对傈僳族民族认同的调查研究也是围绕这些方面而展开的。

（一）语言是傈僳族人认定本民族同胞的主要依据

笔者将“语言”、“共同祖先与历史”、“生活习惯”以及“相似的传统”等条件作为设定的选择范围，考察傈僳族人将陌生人认定为本民族同胞的标准或依据。在100名受访者中，有六成多人选择了语言，其中比较有代表性的回答是“语言相同，才是我们认定（为傈僳族）的最基本条件”[②]、“……能说傈僳族语言，那他就对我们民族有一定的了解，可以有足够的理由相信他……”[③]其次，近三成的受访者认为有“共同的祖先和历史”是认定为本民族同胞的重要依据，他们的理由是“现在许多傈僳人不会讲傈僳话，但拥有共同的祖先，那就可以肯定是一个民族了”[④]。除此之外，认为“生活习惯相似”、“传统相似”是认定本民族同胞主要依据的受访者也分别占到了11.6%和13%。这里需要说明的是，笔者所做的统计仅是按照选项的累计数量计算，而近一半的受访者同时选择了两到三个条件，这表明在他们看来这些同时被选择的条件是组合性的，缺乏其一即难以被认定为本民族同胞。这样看来笔者的统计似乎略显简单。但我们也可以肯定，这样的计算方法并没有影响得出语言是傈僳人认定本民族同胞的最为重要条件的结论。进言之，语言作为判定同一民族成员的最为直接的方法手段，依然被大多数傈僳人使用和认可。

（二）傈僳族人对本民族的群体认识状况

调查中，受访者将本民族的优秀品质归结为以下特点：“热情好客”、“勤劳勇敢”、“善良”、“豪爽”、“淳朴”以及“团结”等。而对于生活中本民族普遍存在的比较明显的缺点性特征，人们的看法也较为一致，即“文化素

---

① 菲利克斯·格罗斯著，王建娥、魏强译：《公民与国家——民族部族和族属身份》，87页，北京，新华出版社，2003。

② 受访人：余某，男，60岁，小学退休教师，住腾冲县界头乡大塘村。

③ 受访人：蔡某，男，25岁，大专，导游，住泸水县大兴地乡自扁王基村。

④ 受访人：海某，女，39岁，中专，农民，住华坪县龙洞傈僳族乡。

质低，对新事物接受能力差”、“浪费、嗜酒”、“容易满足”等。其他诸如“诚实”、“重感情”（优点方面）或“生活习惯不卫生”、“保守”、“居住地交通不便”、“经济落后”（缺点方面）等虽然有人提及，但其被人们认可的程度并不高。需要说明的是，以上词语事先笔者并没有明确列出供调查对象做选择参考，而是在他们回答之后，笔者按照其被提及的次数整理排序得出。由此我们看到，傈僳族人对于本民族的群体认识和态度不仅存在趋同性，而且还体现出了传统与现实相交织的特点状况：他们对于本民族优秀品质的认识延续着传统中的群体印象，而对于本民族存在的劣势则比较多地考虑到了现实生活因素——社会经济的快速发展令新事物层出不穷，因而会出现对后者接受能力的要求；生活场境亦随之变化，使“浪费、嗜酒”成为了凸现的缺点；而“保守”、“容易满足”等缺点则是傈僳族人在现实语境中的深刻体验——这也说明，民族认同至少部分地是可以重新建构的，正如费希尔所说，族群性要“由每一代、每个人重新发明和重新解释”①。对此，台湾学者王明珂也曾指出：“或许我们可将各种人类社会结群放在一根轴线上，一端是家庭，另一端是族群……愈靠近族群的一端，文化的亲近性愈强，凝聚人群的集体记忆择自更宽广的‘过去’之中，可选择性强，因此认同易随社会情景变化。”② 下表即为调查中傈僳族人对本民族群体认识的具体情况反映：

傈僳族人对本民族群体认识情况表

<table>
<tr><th>傈僳人的优秀品质</th><th>提及人次</th><th>傈僳人的普遍缺点</th><th>提及人次</th></tr>
<tr><td>热情好客</td><td>62</td><td>文化素质低
对新事物接受能力差</td><td>52</td></tr>
<tr><td>勤劳勇敢</td><td>58</td><td rowspan="3">浪费、嗜酒</td><td rowspan="3">18</td></tr>
<tr><td>善　良</td><td>55</td></tr>
<tr><td>豪　爽</td><td>36</td></tr>
<tr><td>淳　朴</td><td>30</td><td rowspan="2">容易满足</td><td rowspan="2">17</td></tr>
<tr><td>团　结</td><td>14</td></tr>
</table>

① 翟学伟、甘会斌、褚建芳编译：《全球化与民族认同》，75页，南京，南京大学出版社，2009。

② 王明珂著：《华夏边缘——历史记忆与族群认同》，33页，北京，社会科学文献出版社，2006。

（三）傈僳族民族意识较以往增强

安东尼·史密斯认为，“民族认同”（ethnical identity 或 national identity）这个术语取代了先前的两个术语：“民族特点”（ national character）和“民族意识”（national consciousness）。[①] 也就是说，民族意识是民族认同的重要组成部分。调查中近九成的受访者认为，较之以前傈僳族的民族意识是增强了。结合调查的实际情况，笔者认为国家的民族平等政策是导致傈僳族民族意识增强的主要原因：笔者将其中的原因归纳为三种，所占比例最大的回答是“不存在民族歧视，民族平等了”（58%），其次是“国家对少数民族的优惠政策”（占33%），最后一种为“旅游开发有利益”（12%）。这里，一位傈僳族大学生对此的表达很深刻：“国家对少数民族的优惠政策（是傈僳族民族意识增强的原因），但不是全部，国家对少数民族的优惠政策……只有那些有理想有智慧的少数民族才能得到享受，一般的（人）是得不到的……因为不存在民族歧视了，在人们看来作为一名傈僳族人并不是什么不光彩的事（才是最主要的）”[②]。而有学者对五落钟离山二十多年来在政府主导下发展旅游业，并导致村民土家族认同意识增强的事实的微观性研究揭示，该村村民在民族意识方面的变迁带有明显的功利性色彩[③]。由此对比所见，随着具体情境的改变，不同民族的民族认同状况反映出了不同层面的认同语境的变化。

这里有两个比较有趣的案例：其一，一位在校的傈僳族大学生，他本人表现出了强烈的傈僳族民族意识。他曾简单地向笔者讲述了自己的一些经历：“在我的记忆里，就比如小学时候吧，我的同学大部分是汉族，只有我是少数民族——傈僳族，在学校里好多时候我都不敢承认自己是傈僳族，因为我说了会引起其他同学的嘲笑和歧视，在小学里我的成绩很差，都是因为我不太敢去读书，不敢面对那样的嘲笑，就像我比别人差多少的感觉，走路都是在低头的，说话声音特别小，很自卑。但是到了初中我就比小学‘可以’多了，

---

① 安东尼·史密斯著，叶江译：《民族主义：理论，意识形态，历史》，18页，上海，上海人民出版社，2006。

② 受访人：密某，男，20岁，云南民族大学学生。

③ 参见莫代山：《国家在场与民族意识变迁——以廪君神话发源地“五落钟离山”为例》，载《贵州民族研究》，2008（4）。

至少敢每星期都去上学，但是不敢主动跟别人说我是傈僳族，别人问我也敢承认了。自从上了高中，书也读多了，少数民族的同学也多了，敢跟别人说自己是傈僳族了，听到别人说我们傈僳族的缺点也敢指出来维护我们的利益。在高中时有一件事我挺难忘：因为我们班的一个同学说到我们傈僳人穷，还喜欢拿别人的东西时，我跟他吵了，那是面红耳赤啊，只差动手脚了！可是到大学了，好多同学都说我是假傈僳族，我都跟他们争呀——我是真的傈僳族，只不过是被同化了，我爸是傈僳族，他会说傈僳语言，我妈是汉族，从而导致我们这一代被同化了。他们说什么都不信，我为了证明我是傈僳族，把我的身份证，还有户口簿都给他们看了，现在的我真的不愿意听到谁说我是假的傈僳族，我已经在学说我们民族的语言了，我会说了以后看谁再说我是假的傈僳人!"①

其二，有一名余姓9岁的傈僳族小女孩告诉笔者，她父母都在城里上班，父亲是傈僳族，虽然她现在并不怎么会说傈僳话，但一到寒暑假就会到乡下的奶奶家住，并学上几句傈僳话。②

此外，麻国庆在对呼和浩特市土默特左旗把什村的调查，也有与之相类似的例子，他曾指出："事实上，他们（指被汉化的蒙古族人）仅在文化上体现出汉族性的特点，但在民族的身份认同上，却有着非常强的民族意识。"③而这些都是很好的例子，恰好印证了格罗斯的论断"在文化上被同化了的人，并不一定在主观意识上也被同化"④。

（四）在面对被汉化的同胞的问题上

传统一些的傈僳人在面对被汉化的同胞的问题上，没有表现出强烈排斥的态度。据笔者之前了解到的情况，由于小聚居、大杂居的居住格局，加之历史上民族间的交往，特别是近些年来与汉族接触日益频繁，不可避免地使得部分傈僳人在生活习惯上日益接近于汉族，有的甚至失去了学习本民族语言的环境（这种情况在年轻人中比较容易出现）。然而实际的调查结果却有点

---

① 受访人：密某，男，21岁，大学生，住腾冲。

② 受访人：余某，女，9岁，小学生，住维西。

③ 麻国庆：《全球化：文化的生产与文化认同——族群、地方社会与跨国文化圈》，载《北京大学学报》，2000（4）。

④ 菲利克斯·格罗斯著，王建娥、魏强译：《公民与国家——民族部族和族属身份》，240页，北京，新华出版社，2003。

出乎意料：首先，在接受调查的100名傈僳族中生活在农村的占到了近九成，因而他们中的大部分人认为自己周边存在被汉化的傈僳族并不多（其中有82人这样认为）；其次，当被问到是否会将已被汉化的傈僳人看作是本民族同胞时，人们的回答情况是：7人表示“不知道”，49人表示不会将这样的人看作是傈僳人，而有44人认为自己可以接受这样的同胞[①]。——人们能否接受被汉化同胞的问题，是与自我的民族归属感相对的另一个问题，即对他人的民族认同。由此可见，较以前传统傈僳族社会的相对保守和封闭而言，现时期傈僳族的民族认同展现出了一定的开放性和包容性。笔者认为这一改变有着深刻的社会历史背景：近20多年来傈僳族生活的政治、经济环境改变颇多，以往的资源分配、分享关系也随之发生变化，因而造成了人们对他人民族认同的变迁。

二、当国家因素进入到民族认同之中

国家认同（National Identity），是个政治概念。国家认同是一个国家的公民对自己归属哪个国家的认知以及对这个国家的构成，如政治、文化、社会发展状况等要素的评价和情感，它是民族认同和文化认同的升华。国家认同实质上是一个民族确认自己的国族身份，将自己的民族自觉归属于国家，形成捍卫国家主权和民族利益的主体意识。

首先，一个与傈僳族国家认同密切相关的事实性问题——中国傈僳族与周边国家同源民族的往来状况。王明珂指出：“一个族群并非完全由文化传播与生物性繁衍所‘生成’，而是在特定的环境中，由人群对内对外的互动关系所‘造成’”。[②] 傈僳族是跨界民族，其在缅甸境内逐代繁衍，到2010年，缅甸傈僳族人口已经达到50万，加上通过缅甸到泰国、印度等地的傈僳族，国外傈僳族人口已约等同于中国傈僳族。[③] 调查中，除有10人表示“不清楚”

① 不可否认，这些受访者中包括个别其自身即是被汉化的傈僳人，笔者之所以认为是个别的，是基于近九成的受访者生活在农村，且多数人认为身边被汉化的傈僳人并不多的事实情况。

② 王明珂：《华夏边缘——历史记忆与族群认同》，44页，北京，社会科学文献出版社，2006。

③ 高志英：《傈僳族的跨界迁徙与生计方式变迁》，载《中国农业大学学报》（社会科学版），2010（3）。

中国傈僳族与国外傈僳族之间是否有往来之外，有超过半数的受访者认为“往来不多”，其中，又有近一半的人认为“基本没有往来”。表示二者“往来多”的受访者有42人，其中近七成的集中在“生意和亲戚往来”上（“生意往来”的20人，“亲戚往来”的9人），且这些受访者又以居住在边疆地带的泸水和腾冲两地的居多。事实上，我们有理由推论，表示“不清楚”的受访者其本身是不存在与国外同源民族交往事实的，因而可以归入到认为“往来不多”者的计算中，这样整体来看，选择二者没有往来的受访者占到了65%。这就说明，中国傈僳族与周边国家傈僳族之间的交往较为有限，而交往的地点与方式主要就是边境地区的经济联系。

其次，国家语境下傈僳族的民族认同状况。这里涉及两方面的问题，即傈僳族对国外同源民族的民族认同与自我的国家认同。笔者设计“在与国外同一民族接触时，你更看重民族因素还是彼此分属于不同国家?”的问题，意在考察在国家因素进入之后，被调查对象在对国外同源民族民族认同方面的反映情况。其中，32人表示自己更加在意国家。他们的回答可以分为三种类型，即第一，“国家至上型”，比如，“所有一切都比不上国家的概念”①、“如果没有国家就说不上民族的尊严”② 等。第二，“经历型”，如，“在我的记忆里是共产党把日本鬼子从我们家乡赶走，新中国使我们从仆人做回主人”③、“作为村里的老辈，我见证了村子的发展，我们的生活一天比一天好就是因为我们党我们国家”④ ——从内容上即可以看出，这类回答基本出自老年人。事实上笔者在后期的资料整理过程中也发现，在民族与国家二者的选择中，年纪较大的人更倾向于选择国家。第三，“对比型”，如，“我们中国是大国，政策好”⑤、“缅甸那边太穷了……”⑥ 等等。相形之下，更加看重民族因素的受访者在数量上则占据一定的优势，达到了63%。且这些受访者比较均匀地分布在笔者所调查的4个县的不同村寨中。他们更加在意民族因素的原因也趋于一致，“只要是傈僳族同胞，就不会在意分属不同的国家”⑦、“毕竟对自己

① 受访人：密某，男，16岁，高中生，住泸水县大兴地乡自扁王基村。
② 受访人：吴某，男，32岁，中专，农民，住泸水县大兴地乡自扁王基村。
③ 受访人：和某，女，77岁，文盲，农民，住华坪县船房乡嘎佐村。
④ 受访人：胡某，男，80岁，文盲，农民，住华坪县龙洞乡。
⑤ 受访人：和某，男，46岁，初中，农民，住维西县塔城镇塔城村。
⑥ 受访人：王某，男，35岁，初中，农民，住泸水县片马镇片马村。
⑦ 受访人：杨某，女，47岁，中专，小学教师，住泸水县上江乡。

的民族有一定了解，彼此接触时也就有了很多话题，更有可能成为好朋友”①等。此外，还有5人表示对于民族或国家，不会特别在意哪一个因素即会同等看待。总体而言，傈僳人对他人的认同在国家因素与民族因素之间更加看重后者。换言之，傈僳人对民族的归属感和关联感似乎更加强烈。

与之相对应的另一个问题是傈僳族自我的国家认同。调查中，56%的受访者认为，相对于“傈僳人”的民族身份，自己更在意“中国人”的国民身份，而44%的人则表示会更看重“傈僳人”的民族身份。这样看来，在这一问题上傈僳族的国家认同略高于其民族认同。

最后，交织民族因素的国家认同。调查中与此相关的两个问题展现得颇为模糊。一方面，受访者认为中国傈僳族与国外傈僳族的主要区别是（按提及次数渐次排序②）：“风俗习惯”（34）、“语言”（24）、“服饰”（21）、“国家间经济发展水平”（13）等方面的差别，零星被提到的还有：“中国傈僳人素质高”、“国家制度不同”、“思想意识不同”、“信仰不同”等等。其中需要指出的是，另有19人表示“没有区别”或“不知道”，这表明近五分之一的受访者并不认为傈僳族因为居住于不同国家而彼此存在较大差异。在此我们看到，“风俗习惯”、“语言”、“服饰”等因素均属文化范畴，而笔者事前曾设想“国家制度不同”或类似的回答会在受访者中形成共识，并且“风俗习惯”、“语言”、“服饰”等都是民族文化中的核心部分。这一调查结果同时也说明，正是因为分属于不同国家，傈僳族内部事实上正在发生文化上的分化——很显然，这一分化将为各自向不同民族的方向转化积累条件。周建新就跨界民族的未来发展曾做出这样的判断性论述：“在地理分布上的分散性和同一民族内部联系的松散性来看，两者的特点是有着内部的因果联系的，地理分布上的分散性，必然造成内部联系的松散性；而内部联系的松散性，将导致同一文化的异质性发展中，族群内部民族认同意识的弱化，彼此很难形成合力……”③

另一方面也是与之相对应的是，认为中国傈僳族与国外傈僳族的发展将“继续保持一个民族”和“朝着不同民族方向发展”的受访者各占一半。可

① 受访人：李某，男，51岁，高中，农民，住泸水县上江乡。

② 此项调查依然没有事先设计选项，由受访者自行填写，之后笔者按被提及词语的次数累计计算。

③ 周建新：《中越中老跨国民族及其族群关系研究》，159页，北京，民族出版社，2006。

见，尽管人们并未将国家因素看作是影响傈僳族整体民族发展的重要条件，但不同的国家制度与经济发展水平之间存在的差异，事实上已经并且正在深刻地影响着这一民族的未来走向。正如有学者对于边民之间交往的普遍形式所做的描述："只有在相互之间为了交易等目的套近乎时，边民才会问到对方的族属，这种对话表面就像认老乡，但实际目的是为了交易成功。双方彼此内心都十分清楚，我们是分属于不同国家的公民，族群文化只能便于我们彼此沟通，而不能给我们带来别的任何其他利益。一旦彼此国家关系不睦，彼此之间还可能成为敌人。"① ——国家发展和经济活动支持民族生活，三者之间的关联在此显现得更为紧密，同时这也印证了齐泽克的观点，即"民族是具有两面性的，它力图诉诸传统以矢志维护常常很脆弱的统一，同时致力于经济发展，但是经济发展形式会反复削弱传统力图维护的东西"。② 因此笔者认为，国家因素正是导致傈僳族民族文化分解与重构的深层原因。

三、结语

综上，围绕傈僳族民族认同与国家认同的主题，笔者在对受访对象的考察和研究的过程中发现：民族认同方面，语言依然是现时期傈僳族判定他人为本民族成员的重要依据；而现实环境中，傈僳人在对本民族的群体认识上基本维持着传统的印象与观念，但随着社会的发展与生活环境的改变，他们也开始意识到了本民族在发展过程中存在的诸多问题；而傈僳族在民族意识增强的同时，他们对待已被汉化的同胞，却能够表现出一定的开放胸怀。另一方面，事实上由于居住环境相对闭塞，作为跨界民族的中国傈僳族与国外同源民族的往来并不多。而在国家主权的语境下，中国傈僳族对待国外同源民族时比较看重民族因素，而其自身的国家认同在一定程度上是明确的并表现出略优于民族认同。同时，分属于不同国家的事实正在导致这一民族朝着异质性的道路和方向发展。由此可见，引导傈僳族实现其从民族认同到国家认同的明确转变，具有十分重要的紧迫性和现实意义。

---

① 周建新：《中越中老跨国民族及其族群关系研究》，310页，北京，民族出版社，2006。

② 翟学伟、甘会斌、褚建芳编译：《全球化与民族认同》，276页，南京，南京大学出版社，2009。

国家力量、民族政策与傈僳族跨界分布格局及国家认同的关系

高志英[①]

中国傈僳族人口有60多万，主要分布在怒江、澜沧江及金沙江流域；缅甸约有50万，主要分布在濒临中国云南西北部的缅北地区；泰国傈僳族有5万多人，主要分布于缅甸、泰国交界的泰国北部地区；印度傈僳族人口有5000多人，主要分布在与缅甸接壤的印度西南部地区。这种在多个相邻国家广泛分布的现代格局，是经过长期的民族迁徙之后形成的。在此过程中，国家力量、当政者民族政策对其迁徙以及国家认同自始至终产生着重要影响，主要表现一是国家政治力量深入过程中与傈僳族产生的矛盾与冲突，二是与此而来的国家大一统主流文化渗入过程中与傈僳族传统文化之间产生的文化偏见与隔阂，而且两者间是相辅相成的。

一、地缘与政缘：从云南地方政权属地到“中缅未定界”

从地缘来看，傈僳族西部的聚居地在唐代就属于唐代地方政权南诏之辖

---

① 高志英，云南大学民族研究院边疆学所所长，教授，云南大学历史学博士；北京大学人类学博士后，宗教学硕士生导师，民族学博士生导师。主要致力于藏彝走廊西部民族关系与文化变迁研究。

境。《册府元龟》卷九百四十六说："开元二十六年（738 年）九月，封西南大酋蒙归义（即皮罗阁，归义为唐朝对他的赐名）为云南王。"显然，南诏政权是隶属于唐代中央王朝的地方性政权。南诏强盛时期，它所能够支配的地方，其西部所达为《新唐书·南蛮传》所载其疆域，"西摩伽陀（今印度）、西北与吐蕃接，西南骠（今缅甸中部）"。最早记载傈僳族（栗粟）的唐代樊绰《蛮书》载："高黎共（贡）山在永昌西，下临怒江。""大雪山在永昌西北……阁罗凤尝使领军将于大赕中筑城，管制野蛮……大雪山，其高处造天。往往有吐蕃至赕货易，云此山有路，去赞普牙帐不远。"可知永昌（保山）之西部高黎贡山及西北至大雪山一带，属于南诏管辖地带。而大雪山当在高黎贡山更西之地，接近吐蕃属地，应该是今天缅甸与中国云南、西藏交界地带独龙江以西的担当力卡山，其北部为西藏察瓦龙地区。又依据该书中"大赕周回百余里"的记载，方国瑜推断"大赕"为今天缅甸北部地势平坦、地域广阔、气候炎热的坎底（戛门底）一带是可信的。[①] 这一带是唐代中央王朝地方政权南诏国在西南边境地区西南接缅甸、西部接印度、西北接吐蕃的最远辖境。

据《元史·地理志·云南行省》载："兰州，在澜沧水之东。汉永平中始通博南山道，渡澜沧水，置博南县。唐为卢鹿蛮部。至段氏时，至兰溪郡，隶大理。"说明从唐到宋代大理国时期，在洱海、丽江西部的澜沧江流域兰州（兰坪）一带有傈僳族先民"卢鹿蛮部"分布，属于宋代地方政权大理国管辖范围。元代，"元宪宗四年内附，隶察罕掌管民官。至十二年，改兰州"。属于丽江察罕掌管民官辖地，其上是元代中国十三行省之一的云南省，显然中央王朝的势力比前代深入，管理也比以往直接。

从《元一统志》记载看，傈僳族先民居住在碧罗雪山、怒江、高黎贡山甚至更西之地，即南诏国西部边地的历史已久。其书曰："丽江路，蛮有八种……曰撬、曰吐蕃、曰卢，参错而居。"当时丽江路西部辖境远及高黎贡山西境，"卢蛮"为今天傈僳族、怒族的先民，[②] 方国瑜考证说当时"卢在西部之南北多有之"，[③] 说明最迟在元代之前，傈僳族先民就已分布在当时丽江路西部泛及高黎贡山以西一带。那么，从文献记载看，他们在唐代以来就被中

① 方国瑜主编：《云南史料丛刊》第三卷，18 页，昆明，云南大学出版社，1998。
② 高志英：《唐至清代傈僳族、怒族流变历史研究》，载《学术探索》，2004（8）。
③ 方国瑜：《中国西南历史地理考释》（下册），846 页，北京，中华书局，1987。

央王朝在其地的代理者所管辖。

高黎贡山以西南段地区从明代万历四十八年（1620年）开始就属于泸水段氏白族土司管辖，其西部辖境包括恩梅开江流域浪速地区二十一寨；[①] 北段在明洪武十五年（1382年）至清代雍正五年（1727年）为丽江纳西族木氏土司属地，雍正五年开始由维西纳西族女土司禾娘及其后人管理，其辖境所及达今天缅甸的葡萄一带。[②] 其地傈僳族自然是隶属于中央王朝在地方的代理者——土司之属民，也即“天朝”国民。

英国于光绪十二年（1886年）正式宣布并吞缅甸，把缅甸划为英属印度的一个行省，接着英国把侵略矛头指向了与缅甸接壤的云南，目的是“为中国西南无限的市场打开一个后门”。[③] 强迫中国政府签订《中英缅甸条约》，光绪二十年（1894年）又签订《中英续议滇缅界务商务条款》，以外交讹诈的手段企图侵占高黎贡山西境中国领土片马以及全部中缅北界未定界地区。中缅关系于是演变成了中国与英属缅甸的关系。[④] 中缅2000多公里的边界，出现了北段、中段、南段三个地段的边界问题。其中中缅北段界务，即是以片马为中心的中国腾冲及其以北地区的中缅接壤地的界务问题，大约是从尖高山以北至江心坡一带，“为川、滇、藏之屏蔽，其形势诚所必争”。[⑤] 历史上属于中国中央王朝在边地所封的土司辖地成为“中缅未定界”之后，居住在此地带的傈僳族也变成了未定界民族。

1960年10月1日，中国和缅甸联邦政府在北京签订《中华人民共和国和缅甸联邦政府边界条约》。条约共12条，其中涉及傈僳族分布地区的条款是：双方同意从尖高山到中缅边界西端终点一段未定边界，除片马、古浪和岗房地区外，按传统习惯性定界，并且确认从尖高山到中缅边界东南端终点的划界原则；缅甸同意把属于中国的片马、古浪、岗房地区归还中国。该条约自1961年1月4日起生效之后，傈僳族就明确成为跨居缅甸与中国的跨界民族。

---

① 李道生：《泸水五土司史访》，见政协怒江文史资料委员会编：《怒江文史资料选辑》（上卷），230页，芒市，德宏民族出版社，1994。

② 高志英：《藏彝走廊西部边缘民族关系与文化变迁研究》，170页，北京，民族出版社，2009。

③ ［英］伯尔考维茨著，江载华、陈衍合译：《中国通与英国外交部》第1版，124～125页，北京，商务印书馆，1959。

④ 谢本书：《从片马事件到班洪事件——中缅边界历史沿问题》，载《云南社会科学》，2000（4）。

⑤ 《宣统政纪》卷53，见《清实录有关云南史料汇编》卷4，827页，昆明，云南人民出版社，1986。

与此前后，其中一部分傈僳族通过缅甸再迁徙到印度、泰国等国，成为跨居多国的跨界民族。

二、过程：傈僳族国家认同感发展演变历史

作为远离内地的边疆少数民族，傈僳族对于自己是“中国人”的概念并非与生俱来，一方面是在不断与其他民族的经济文化交往之后，从中日渐吸收汉文化，使自己归属到“中华民族”大一统经济文化系统中来的过程；另一方面是基于代表内地中央王朝的地方性政权与地方代理者统治力量的介入，而使得国家力量作用日渐彰显，导致其对国家政权的归属感逐渐增强。

（一）明代以前基于政治管理而萌发的国家认同

从上所述可知，在唐代以前，傈僳族先民就居住在中央王朝在云南的地方性政权南诏国所辖范围内，其中在其辖境西部也广有分布。《蛮书》所载“阁罗凤尝使领军将于大赕中筑城，管制野蛮”的记载，说明一是用军事行动明确了南诏国疆界所及；二是南诏国对此地采取了实际的军事管理措施。阁罗凤派兵筑城，对与此相邻的兰州（今天怒江州兰坪县）的经营措施是一致的，顾炎武《肇域志·云南志》记载：“蒙阁罗凤尝徙善阐杨城堡张、杨、李、赵、向、间、任七姓戍守之，以丽水节度领制之。”来自昆明一带受汉文化影响较多的南诏官兵进驻此区域，必然与该地居民包括傈僳族先民有一定的交往，也使其受到汉文化的影响。这显然是南诏以移民、建立城堡之举进行军事推进占领、文化传播。并且，可以以兰州作为一个向西推进管理的桥头堡，由此将南诏势力、南诏文化进一步传布到怒江以西地区。其结果，使其地居民不但产生了军事上、政治上的隶属感，同时也激发起他们对南诏政权的归属感。而从南诏政权与中央王朝的隶属关系而言，高黎贡山西麓到今天缅甸坎底（即戛门底）一带族群对南诏政权的归属感，也即是对中国内地中央王朝的认同感之萌芽。

高黎贡山西部地区族群的情况，在明代以前的史志中没有记载。但是，同样是“卢蛮”从金沙江流域到怒江以西地区分布的中间地带“兰州”，在宋代大理国时期，与大理地方政权的关系仍然较为紧密，体现在“宋大理段

氏始置兰沧郡，以董庆者治之，后周姓强盛，遂与董分为东西部，以江为界，各遣子入质于大理。元甲寅冬归附，至元十三年，于罗眉川置兰州，属丽江路。”（顾炎武《肇域志·云南志》）说明兰州隶属于宋代大理地方政权管辖，并且唐代所遣自内地的汉姓家族成为其代理者，也表明汉文化在此地有了进一步的发展。特别是“遣子入质于大理”之举，则意味着与具有相当汉文化成分的大理政权的关系的紧密程度。由此，政治隶属关系带来的文化交流对其地“卢蛮”的汉文化的影响也是必然的。那么，对于大理地方政权的归属感也应该比以往更进一步了。这对兰州以西的怒江、高黎贡山及其更西之地“卢蛮”分布地带的影响，也应该是或多或少存在的。

元代在云南建立行省，云南与中原内地的联系空前紧密。据《元史地理志·云南行省》载：“兰州，——元宪宗四年内附，隶察罕掌管民官。至十二年，改兰州。”兰州隶属于被元代中央王朝直接封任的丽江察罕掌管民官，与中央王朝的关系也比历代紧致。方国瑜说：“峨昌（阿昌族）、撬、卢则西部之南北多有之。从此民族分布，可知元代丽江路西界至怒江以西达俅江也。”①《元一统志》所载以上民族（族群）即在丽江路西部辖境范围之内，大约是唐代南诏所辖“大赕”一带，其地居民作为丽江路隶察罕掌管民官居民的归属感应该继续延续下来，而且是被中央王朝直接任命的“察罕掌管民官”势力所及范围之内。纳西族木氏土司雏形在元代的产生，得益于元王朝的支持。而元王朝在云南的各级官员中对于汉文化也有所传播，如此对于木氏土司先人也深有影响，必定又将汉文化直接或间接传播到所辖族群当中，其中当然就有“大一统”思想内容，这将会对其地族群的国家认同感产生潜移默化的作用。

（二）明清时期对中央王朝及其地方代理者的归属与疏离

明代被中央王朝赐姓木氏并被赐予土司职的纳西族木氏土司，是中央王朝经营管理其地的代理者。结果是，不惟是木氏土司家族，也包括其所辖居民都与明代中央王朝的势力比以前任何朝代紧密。对于木氏土司而言，为标榜其“忠义”、“诚信报国”、“辑宁边境”、“西北藩篱”、“益笃忠贞”思想

① 方国瑜：《中国西南历史地理考释》（下册），846页，北京，中华书局，1987。

的行动,[①] 一是积极学习汉文化、传播汉文化；二是保疆守民的军事行动。二者都对其所管辖民族产生了极大影响。

从学习、传播汉文化方面看，《明史稿有关云南事迹·列传·云南土司二》载：“永乐十六年正月，丽江军民府检校庞文郁言：本府宝山、巨津、通安、兰州四州，归化日久，请建学校。从之。——云南诸土官，好礼守义，以丽江为称首云。”傈僳族先民“卢蛮”广泛分布于木氏土司所辖的金沙江、澜沧江、怒江乃至俅江流域，木氏土司辖境内汉文化的发展，也必然会对傈僳族有所影响，导致其内部发生分化。雍正《云南通志》卷二十四载：“栗粟……有生熟二种。”所谓生傈僳，即保留民族传统文化较多的那部分傈僳族；所谓熟傈僳，即吸收汉文化比较多的那部分傈僳。“每处都设有么些头目，妥为约束管辖傈僳夷众，安辑地方。所以，黑傈僳依么些之政教，学么些之俗习，熏熔陶冶，潜移默化，很有逐渐同化之可能。”[②]汉文化从影响纳西族到同一区域内的傈僳族。而在傈僳族内部，则是从“熟栗粟”逐渐影响到同一族群的“生栗粟”。汉文化如此长久习染，其中的“大一统”思想也将激发其国家认同感。

傈僳族历经明清两代受木氏土司经营管理，即是其政治上臣服于中央王朝的表现。尤其是木氏土司与吐蕃的战争，不仅仅是二者间争夺地盘、争夺经济利益的民族战争，更是木氏土司维护中央王朝在此境的统治作为的“开西北藩篱”的战争，傈僳族参与到这个战争当中，并且成为对付吐蕃的主力军，其行为本身就是对中央王朝的拥护。从中也体现了傈僳族对于木氏土司及其背后的中央王朝的认同感。木氏土司“辑宁边境”、“西北藩篱”的丰功伟绩背后，不能忽略了其辖境内纳西族与其他民族的功劳，这功劳背后就是日渐通过木氏土司而受到浸染的“忠君报国”思想。遗憾的是，战争带给傈僳族人民不仅是作为土司属民的身份认同，同时也带来了巨大的死亡和牺牲。于是，为了民族的生存而被迫远离战争，逃徙到澜沧江、怒江流域及其更西之地。当时一再成为战争牺牲品的傈僳族是被迫远离故土，显然是对木氏土司及其背后的中央王朝产生疏离心理趋势下的迁徙行为。如今，在怒江、缅甸等地傈僳族中广为流传的明代傈僳族迁徙的口述史中就可以窥见傈僳族对

① 全为明代皇帝给木氏土司所赐匾联、金腰带题字。转引自郭大烈：《纳西族史》，273页，成都，四川民族出版社，1994。

② 《云南傈僳族及贡山福贡社会调查报告》，5页，成都，西南民族学院图书馆，1986。

木氏土司的态度。[①] 但是不能否认的是，傈僳族迁徙到怒江以后也并未完成摆脱木氏土司的统治，只是因为山阻水隔而从直接管理到了“遥领”，但是这部分迁徙到怒江的傈僳族，其迁徙过程也是把在金沙江流域与纳西族接触交往中吸纳的汉文化带到怒江地区来的过程，也是“熟栗粟”在“生栗粟”中传播汉文化的一个过程。不少怒江及缅北的傈僳族中长期传说他们是“木天王”（木氏土司）的后代，至今与纳西族保持着特别亲近的认同感。这是同源异流民族在同一区域内长期交往接触之后沉淀的向心力，其背后就是对中央王朝的向心力，尽管在很多场景下可能并非是直接的、清晰的。

自雍正五年（1727 年）之后，维西地改土归流，所分封的土官中王氏家族先祖禾娘为怒江上游、俅江一带的直接统治者。对于傈僳族而言，统治者从木氏土司变成了王氏土司，[②] 但是其背后都是中央王朝势力作支撑。因此，基于政治隶属关系而来的傈僳族对于中央王朝在地方的代理者的归属感也仍然延续下来。

在怒江中游泸水一带，明朝洪武十七年（1384 年），授白族头人段保土知州世职，领云龙州，与此相邻的怒江东岸一线受云龙土知州管辖。万历四十八年（1620 年），云龙土知州进行改土归流，废除土司制度。与此同时，又给予云龙已故末代土知州段嘉龙之子段彩承袭土司世职，继续“管束”澜沧江西部地区，为老窝土司。此地即“唐为卢鹿蛮部”之一。同时段嘉龙胞弟段嘉麒借镇压云龙农奴起义之机，带领土司兵开进怒江东岸，被朝廷授予土巡捕世职，受领六库地区，为六库土司。其后老窝土司把官署移到大兴地，统治区域从怒江东岸扩大到怒江西岸，辖境居民主要由白族变成傈僳族。六库土司的领地也不断扩大，到明永历二年（1648 年）第十二世土司段绚时积极向怒江西岸拓展，收复片马领地三百余里，管辖范围从怒江东岸到怒江西岸，并由高黎贡山东麓拓展到西境。“六库土司辖区——明代辖怒江两岸的六库、登埂及高黎贡山西境的片马三百余里地区，管民约两千户。清代，——六库土司又收复恩梅开江流域浪速地区二十一寨，拓地六百余里，辖区范围

① 付阿伯、胡德清：《怒江傈僳族荞氏溯源》，见政协怒江文史资料委员会编：《怒江文史资料选辑》（上卷），56 页，芒市，德宏民族出版社，1994。

② 李汝春主编：《唐至清代有关维西史料辑录》，266 ~ 277 页，维西县志编委会，1992。

及官民数量仍与明代相近”。[①] 除了上述老窝土司与六库土司之外，在泸水境内的登埂土司、卯照土司也是段氏白族土司；鲁掌茶氏土司是彝族。泸水五土司辖区内皆有大量的傈僳族人口居住。而且，不惟段氏土司的汉文化水平很高，鲁掌彝族土司也传说先祖为来自南京柳树湾汉族，其汉文化水平也很高，从姓氏到风俗习惯都汉化。可以说，泸水白族土司与彝族土司是怒江、高黎贡山以至到恩梅开江流域传播汉文化的主要力量。

代表中央王朝统治地方的纳西族、白族、彝族土司，由于凭借政治统治作支撑，便于把汉文化包括“大一统”的思想传播到傈僳族等边地民族当中。正如《罪惟录有关云南事迹列传·云南蛮苗》所载：“各有部落，莫考所起，独哀牢之后，化为中国。”远自汉代哀牢国始，汉文化就通过中央王朝在地方的代理者而传播、影响到云南各民族当中，使其逐渐融入中华民族主流文化当中，从而萌发出对“中国”的国家认同感。

但是，傈僳族被越来越紧密地吸纳到从中央到地方政治管理系统，并由此受到越来越多的汉文化影响的同时，也带来了傈僳族与统治者之间的矛盾。并且，这种矛盾更多的时候是与民族矛盾相交织。乾隆十一年（1746 年）的泸水称嘎弄根扒起义，[②] 光绪二十二年（1895 年）的称嘎傈僳族鲁吉曼起义，[③] 就是傈僳族在异族压榨下激化的民族矛盾的总爆发，最终起义被异族土司联合镇压，也导致傈僳族西迁缅甸，加剧了傈僳族与统治民族之间的矛盾与隔阂。但不可否认的是，无论是傈僳族起义被联合镇压，还是其后统治力量的增长，都显示了土司势力的强大，实际上就是其背后中央王朝势力的强大，因而在客观上强化了直接管辖傈僳族的异族土司及其背后的中央王朝对傈僳族的震慑力。这与六库土司开拓“片马三百里”、“收复恩梅开江流域浪速地区二十一寨，拓地六百余里”是同样的效果，在傈僳族等跨界民族中显示了土司及其背后的国家力量的威力。这与不断渗透进来的汉文化的影响力相结合，反映在傈僳族的众多口传族源神话中，汉族总是被排为老大，[④] 其后

① 李道生：《泸水五土司史访》，见政协怒江文史资料委员会编：《怒江文史资料选辑》（上卷），230 页，芒市，德宏民族出版社，1994。

② 王恒杰：《弄根扒起义始末》，见政协怒江文史资料委员会编：《怒江文史资料选辑》（上卷），277 页，芒市，德宏民族出版社，1994。

③ 王恒杰：《弄根扒起义始末》，见政协怒江文史资料委员会编：《怒江文史资料选辑》（上卷），291 页，芒市，德宏民族出版社，1994。

④ 《云南傈僳族及贡山福贡社会调查报告》，33～38 页，成都，西南民族学院图书馆，1986。

才是傈僳族与周围其他民族，这样的“兄弟排序”恰恰是阶级社会中傈僳族与代表中央王朝势力的汉族等在区域中的所处地位的心理折射，也反映了傈僳族对中央王朝认同、归附与疏离心理同存的特点。

（三）清末以来西南边疆危机中国家认同感的强化

明代以后，怒江地区的傈僳族人口越来越多，到民国时期已经成为主体民族。1946年泸水总人口有3100户约15 000人，其中傈僳族占80%；[①] 泸水、碧江、福贡、贡山总人口合计约68 000多人中的46 000多人为傈僳族，占总人口的70%。[②] 怒江地区特殊的地理位置，使傈僳族在清末以来的西南边疆危机中一再感受到了异国侵略军蹂躏的国难家仇，从傈僳族与当地其他民族面对帝国主义的侵略从自发到自觉进行反抗的过程中，可以看出中央王朝政治力量以及汉文化在此的长期影响。与此同时，也存在着代表中央王朝与汉族官员（“贡山、福贡一带所称的‘汉人’，实际是纳西、民家和汉人的总称。因为民家和纳西都是外边去的，汉化程度较深，所以当地少数民族一概称他们为‘汉人’。”[③]）进驻怒江地区，引起与怒江各族之间的矛盾冲突，甚至发展到武装起义。这无疑会导致傈僳族对于中央王朝的疏离心理。但是这一历史时期，当怒江各族与帝国主义的民族矛盾上升为主要矛盾之时，傈僳族的国难家仇的切身感受以及与周围民族团结抗战都使其中华民族凝聚力前所未有地增强。

英国从1813年至1885年的70多年中，对缅甸发动侵略战争，最终排挤了葡萄牙、荷兰两国在缅甸的殖民势力，并于光绪十二年（1886年）正式宣布并吞缅甸，把缅甸划为英属印度的一个行省，强迫中国政府签订《中英缅甸条约》，光绪二十年（1894年）又签订《中英续议滇缅界务商务条款》，企图侵占高黎贡山西境中国领土片马以及全部中缅北界未定界地区。光绪二十六年（1900年）正月，英国在密支那的殖民当局派遣侵略军1000多名，侵入中国腾越厅所属景颇族、傈僳族、汉族居住的滚马、茨竹、派赖等村寨，抢

① 云南省编辑组：《中央访问团第二分团云南民族情况汇集》（上），4页，昆明，云南民族出版社，1986。

② 云南省编辑组：《中央访问团第二分团云南民族情况汇集》（上），2页，昆明，云南民族出版社，1986。

③ 云南省编辑组：《中央访问团第二分团云南民族情况汇集》（上），2页，昆明，云南民族出版社，1986。

劫掠夺，打死奋起反抗的土守备左孝臣等土练和土民 114 人，烧毁村寨，实行武力侵占。此“派赖事件”发生后，英军得陇望蜀，继续向高黎贡山东进。高黎贡山垭口片马既处于危机中，而翻过片马垭口即是怒江中游地区泸水段氏、彝族土司辖区腹地。唇亡齿寒，傈僳族等怒江边地各族面临被英国侵凌的危机当中。

宣统二年十月（1910 年 11 月）下旬英国驻密支那府官赫兹上校率领 1000 余人，驮运弹药骡马 2000 余匹，向片马武装进犯，于十二月四日（1911 年 1 月 4 日）抵达高黎贡山西麓的片马，设营驻兵，实行军事占领，并分兵驻扎鱼洞、岗房。当时高黎贡山东麓因大雪封山受阻，消息不能及时传达至怒江和内地。登埂土司派驻片马的管事傈僳族勒墨夺扒毅然号召片马各寨各族头人和群众，同英军进行了英勇的抵抗。勒墨夺扒原籍泸水县称嘎区赤耐村，年轻时搬迁到片马大坝地河居住，被登埂段氏白族土司封为片马管事。“他忠于职守，对英国当局侵略片马的行为表示愤慨和抵制，曾两次拒绝英国驻腾越领事列顿的贿赂和收买，深得片马群众的信赖”。①片马被占后，勒墨夺扒当即联络片马寨茶山头人姚中科、包吾库寨怒族头人来麦子、弄木褒傈僳族头人铺扎扒等，组织起 100 多人的“蓑衣兵”，用大刀、弩弓、长矛和少量的明火枪为武器，以大树、密林、岩洞作为隐蔽物，巧妙地伏击英军，以极大的伤亡与牺牲打死打伤许多英军，阻止了英军的侵略步伐。同时弩弓手傈僳族褚来四自告奋勇冒险破雪翻越高黎贡山前往怒江报信求援。这是傈僳族与片马各族人民一道自发起来反抗英军侵略的阶段。

其后，国民党云南省政府以及泸水五土司开始组织抗英斗争。泸水县各族人民同仇敌忾，纷纷拿起弩弓、大刀，其中长期受汉文化熏陶的六库段氏白族土司等起了核心作用，② 在高黎贡山垭口积雪尚未融尽时就组织了 400 多人的“弩弓队”，兵分两路踏雪向片马进军。与蓑衣队会合，利用地形地物，采用夜袭、投毒、断水等各种方法，打击和骚扰敌人，使英军处处受挫，龟缩在军营里不敢动弹。加之遭到中国和国际舆论的强烈谴责，英国政府不得不在宣统三年二月（1911 年 3 月）从片马撤军到拖角，只留少部分兵员看守片马营房。同年三月十三日（4 月 10 日），英国政府被迫向中国政府照会：

① 李道生：《片马事件初探》，见政协怒江文史资料委员会编：《怒江文史资料选辑》（上卷），396 页，芒市，德宏民族出版社，1994。

② 高志英：《抗英抗日中的泸水白族土司》，载《学术探索》，2000（2）。

正式承认片马、古浪、岗房是中国领土。屹立于片马的胡耀邦总书记题词的“片马人民抗英胜利纪念碑”，永远向世人昭示片马、泸水傈僳等族人民在抗英保疆中的贡献和牺牲。

1941年12月7日，日军侵占缅甸，继而气势汹汹侵犯滇西，从1941年12月至1942年，一部分轰炸保山的日本飞机开始侵入泸水上空侦察盘旋，使傈僳族人民第一次听到了帝国主义飞机的轰鸣声。1942年5月10日，日军占领腾冲城，腾冲傈僳族处于日军铁蹄下。1943年10月，日寇自腾北兵分三路向泸水大举进犯，一路烧杀奸淫抢掠。傈僳族人民再一次与其他民族军民一起投入抗击异国侵略的战斗中，除了参加民国政府与泸水土司组织的“福碧泸练民众自卫支队”外，在村前屋后也随时打击来犯之敌。1943年9月，上江蛮云傈僳族左国富用锄头劈死了进村抢鸡的一个日军；1943年11月12日，马掌河傈僳族猎户胡锭柱、胡金柱设陷阱用石头砸死了两个进村烧杀抢掠的日军；1944年5月，灰坡山傈僳族刮扒山父子用箭射死了抢猪的日军。①

显然，国难当头民族危机之时，傈僳人民的家仇与整个中华民族的国难相一致，在报家仇中呼应了救国难之义举，融入抗击外国侵略军的洪流中，由此显现出傈僳族在边境危机中其国家向心力的勃发。这可以说是傈僳族当时文化变迁的主流，但是由于时代政治因素，对于异族统治者的疏离心理也仍然一定程度地存在。“老百姓在后面发话说：‘收重了就要搬到未定界去’，所以卯照土司的负担并不很重。”“老窝（大兴地）土司段承恭剥削最为厉害——全泸水以该区负担最重。所以老百姓都要求划归碧江管，有的已迫不及待自动搬到碧江或未定界去了。”② 这是怒江流域傈僳族的情况，维西傈僳族地区的情况亦然，“抗战以后，云南边区之傈僳，多有被调服兵役者。试就维西一县而论……傈僳之离乡服兵役约在1700名以上。其次抗战以来，人民负担增加，边民因政治未上轨道，非法负担甚多，故乃纷纷由县境移往滇缅未定界及负担较轻之沿边设治局居住。”③ 傈僳族粗放的刀耕火种农业是难以承担这些“非法负担”的，他们不得不前往未定界居住。可见，国家政治、土

① 付阿伯、胡德清：《怒江傈僳族荞氏溯源》，见政协怒江文史资料委员会编：《怒江文史资料选辑》（上卷），56页，芒市，德宏民族出版社，1994。

② 云南省编辑组：《中央访问团第二分团云南民族情况汇集》（上），241页，昆明，云南民族出版社，1986。

③ 《云南傈僳族及贡山福贡社会调查报告》，147页，成都，西南民族学院图书馆，1986。

司统治对傈僳族对于国家的向心力的影响一直存在。具体表现为傈僳族与汉族为主的异族统治者、商人之间的隔阂与积怨，以至于“汉人畏如虎狼，勿敢深入怒地。而怒子（傈僳族、怒族）——亦无一人敢入内地者。故汉夷隔阂，消息不通”。[①] 当时的调查报告说：“推其因果，多由于为官宰之汉人，多是贪婪脏污之辈，苛政暴敛，欺诈傈民，愈取愈求，不堪其命。——且驻傈僳社区之汉军，以及贸易边地之汉商，多是奸诈之徒，自私自利，盘剥傈民，欺之侮之，用其种种伎俩而凌辱之，蹂躏之，戏弄之，俾傈民无以自容，无以自忍，无以自耐，饱受着诸多不平条件所压迫。是以傈僳自由之天赋，似有被汉人夺去，竞相谓曰：‘汉人没有好的，乌鸦没有白的’。——此无他，来傈僳社区之汉官汉人，只知图利而混合，而不能作精神团结耳。”[②] 可见，汉族官员、汉族商人在把汉文化带进傈僳族地区的同时，也将民族压迫的绳索捆绑在傈僳族身上，引起了二者间的隔阂与矛盾，进而影响“汉官”、“汉商”所代表的民国政府在傈僳族心目中的地位。

（四）20 世纪 50 年代以来对人民政府从隔膜到归属

20 世纪 50 年代初期，傈僳族在新中国的地位与以往相比有了质的区别，但是由于历史上长期被统治的阴影仍然存在，傈僳族对于新成立的人民政府的态度曾一度是迟疑的。1949 年怒江地区解放前后，以傈僳族为主的广大怒江各族群众对共产党的民族政策尚不了解，担心还是像从清末过渡到民国的国民党政府一样换汤不换药，加之外国传教士的造谣宣传鼓动，一部分傈僳族、怒族、独龙族就跑到缅甸及其缅印边界去居住。[③] 在缅甸调查时发现，福贡县里吾底、古泉、腊竹底、架科底、鹿马登等地的不少傈僳族就是此时期前往缅甸的。还有的因担心信仰基督教被共产党“收拾”，或护送外国传教士到缅甸而跟随传教士到了缅甸。贡山县有一批傈僳族护送、跟随莫尔斯父子辗转印度后部分留居印度，部分迁到缅甸；福贡县还有一批傈僳族教徒也是护送、跟随马道民搬迁到了缅甸。

---

① 《纂修云南上帕沿边志》，见怒江州志办公室陈瑞金整理：《怒江旧志》，63 页，怒新出（1998）字第 02 号。

② 《云南傈僳族及贡山福贡社会调查报告》，17 页，成都，西南民族学院图书馆，1986。

③ 史富相：《傈僳族迁居缅甸的历史》，见《史富相文集》（内部资料），31 页，怒新出（2006）准印字 16 号。

历史上曾被英军占领的片马镇岗房村，在1960年中缅划界之后，重新划归中国。1958年怒江地区阶级斗争扩大化所波及的傈僳族同胞中有经片马逃往缅甸的，岗房村民从他们口中得知怒江地区政治斗争闹得很厉害，有被批斗的，有被劳改的，加上自然灾害，只好往缅甸跑。岗房傈僳族、茶山人心中非常恐惧，加之缅甸政府也欢迎他们搬到边界河流小江对岸的缅甸居住，还盖房子给居住。岗房村的傈僳族、茶山人就整个村子都搬迁到小江对岸缅甸境内居住了。但是不到三年时间，看到中国傈僳族等受到政府的扶持帮助都比缅甸政府所给予得多，从生产工具到生活用具都无偿资助了，他们的生活比在缅甸的好，社会也比缅甸的安定，于是就又全部搬迁回中国一侧岗房居住。

泸水县称戛傈僳族祝路球是基督教会的头人，在泸水县傈僳族中有崇高的威望。成立泸水县人民政府之时，曾先后当选为泸水县“三自”爱委会主席及泸水县副县长。因对共产党宗教政策的疑惑，于1952年跑到缅甸，之后在缅甸密支那长期从事传教工作，在缅甸傈僳族、克钦族、怒族中也赢得了崇高的威信。泸水县政府一直派人联络他、邀请他回来，并把副县长职务一直保留到20世纪70年代。其间，他曾准备回国，并已走到中缅边境，但从接他的傈僳族同胞口中得知政治运动不但没有停息，反而更猛烈了，于是又返回缅甸。到1973年，他终于下定决心回国，据说还用傈僳文写了几万字的关于他回国心迹的书稿，一份留给缅甸的傈僳族同胞，一份随身携带回国。不幸的是期间突然暴病身亡，回归祖国的愿望未能实现。只有其坟墓照片被缅甸政府送回中国，由其亲人收藏。① 2010年初，笔者在缅甸密支那碰到1958年在迁缅风潮中迁到缅甸的一位福贡县腊竹底傈僳族老奶奶，因跌倒病卧在床三个多月，跑缅甸前刚完小毕业，改革开放之后也常回福贡探亲，能用汉语与笔者交谈。她是完小刚毕业什么都不懂时村子的伙伴约她跑，她就跟着跑到缅甸来了。她说，在缅甸看病很贵，每一分钱都要自己出，但是自己没有任何经济收入。而留在国内的姊妹们全部参加了工作，现在都拿退休金，有医疗保险金，生活都比自己好。她说，当时福贡县傈僳族中完小生不多，如果不跑出来也一定会像姐姐妹妹一样参加工作，即便在腊竹底村子里

① 史富相：《傈僳族迁居缅甸的历史》，见《史富相文集》（内部资料），31页，怒新出（2006）准印字16号。

当农民，现在也可以享受低保与医疗保险。她的女儿嫁回腊竹底，每次都带回一些亲戚资助的钱物。她说现在自己的姐姐妹妹生活都比她过得好。

改革开放以来，傈僳族迁徙缅甸事件也间有发生。其中较大的是政府组织的异地（国）搬迁。因泸水县、福贡县部分地区可耕地少，生存环境恶劣。泸水县政府、福贡县政府先后与缅军司令丁英谈判，理由是：缅甸历经长期的战乱，有不少边民迁徙到中国，现在战争已平息，缅甸籍边民要求返回缅甸居住。双方签订了中方移民缅甸的协议，泸水县第一批搬出去3000多人；以后有傈僳族自己零星移民投靠缅甸亲戚的，搬回来的就少。福贡县也先后搬迁了4000人。协议中，丁英拨出10万亩土地给这些搬迁户耕种，每亩价格是人民币15元，由中方政府承担，并以修路、砍伐木材来承担土地费用，即中方砍伐一方木头提留10～15元给丁英作为土地费用。但是与以往历史上搬出去就少有返回的不同，仅泸水县第一批移民的3000多人中留下的只有二三百人。原因是搬迁地气候潮湿炎热，传染病多，且缺医少药；且搬迁地并非是密支那那样的鱼米之乡，而在高山深谷，他们的生活并不比留居怒江的傈僳族以及搬迁到普洱、德宏等地的傈僳族好；更主要的是他们搬出去后“没有人管我们了”，即没有像在中国境内生活时那样享受到共产党的各种扶贫优惠政策。所以，搬出去的人中，在国内生产生活条件特别差的一部分傈僳族就居留在缅甸，另外一部分则搬回怒江。

改革开放以来影响傈僳族迁移缅甸的还有计划生育政策。在基督教的生育观念和傈僳族传统生育观念双重影响下，超生的傈僳族害怕被强制堕胎、结扎、罚款等，就举家搬迁到缅甸，这一部分人数也不少。据一位多年在怒江工作的老干部说，贡山县、福贡县、泸水县每个县至少有上百户四五百人外迁，那么全州近2000人是有可能的。据调查，在搬迁到缅甸只有二三十年的傈僳族中，有不少是因为逃避计划生育政策而来的，但他们的心都没有安定下来，都有如果不被罚款就回国的打算。他们对中国政府边疆富民政策的了解也很多，在与笔者交谈中总是将两国政府的民族政策加以比较。这种心态在经常回去走亲戚、做生意的傈僳族中更加明显。缅甸傈僳族协会会长阿此说，密支那是地方好，物产好，哪个傈僳族来这里都不会饿死，但是不可能享受到现在中国傈僳族那么多的扶贫政策，在缅甸是什么都要靠自己的。

近年，在中缅北段边界经常接触到从缅甸嫁到中国的傈僳族、怒族、独龙族等女子，调查中发现改革开放以来共产党的民族优惠政策下边疆民族生产生活条件的改善，是她们乐于嫁到中国的原因之一。国民党军官茶树民曾经以挑拨离间之计陷害了不少傈僳族同胞，其中不少人受其牵连被迫逃往缅甸。他的亲戚杨大咪一家、茶约瑟一家等在密支那都是很有名的企业家，茶约瑟是缅甸赫赫有名的宝石大王，现在他们都与国内的亲戚有频繁的来往，也受到怒江州政府、傈僳学会等的热情接待。他们都说共产党的民族政策与国民党时候完全不一样了。可以看出，改革开放以来共产党的兴边富民政策在缅甸傈僳族中有着极大影响，触动着他们对于原来国家的归属感与认同感。

三、结论：跨界民族国家认同感的历时性与复杂性

综上所述，傈僳族迁居缅甸的历史至迟可以远溯到元代，但是大规模迁徙活动应该是在明代澜沧江、金沙江流域傈僳族大规模迁居怒江流域之后。概括起来，导致其迁徙的主要原因有二：经济与政治，其中就包含了同一区域内傈僳族对异族统治者的归附与反抗。当然，纵观傈僳族迁徙并成为跨界民族的漫长历史，因在政治上受历代中央王朝的地方性政权、中央王朝在地方的代理者——各族土司的统治管理，而使其日渐明显地感受到中央王朝国家力量的威力，习染到由此而来的汉文化，因此，基于此萌发的国家认同感从萌芽到发展，从朦胧到清晰，表现出了明显的历史发展脉络。总的来说，在不同的历史时期，作为一个不断迁徙当中的跨界民族，其国家民族观念也处于不断演变之中，这主要是与各个时代导致其迁徙的国家政治环境有关，由此也主要体现在对于国家政权的代理者、实施者的关系与认同程度上。

傈僳族国家认同感的发展也不是线性的，而且往往是认同与疏离兼具，只不过是在不同的历史时期或不同区域之内，认同心理与疏离心理的程度有差异。究其原因是，第一，在1949年以前，与中央王朝及其在地方的代理者对于傈僳族所采取的民族政策有关，换言之，是取决于其政治生存环境。如果中央王朝与其地方代理者采取“仁爱”边民政策时，其国家认同感自然强烈；反之，则自然淡化。1949年之后，同样也与共产党和人民政府某个时期的民族政策、宗教政策有关，总的趋势来说对新中国政府的态度是从犹疑到疏离再到回归、拥护。第二，与国家力量有关，国家力量体现在国家政权、

地方政府对于边疆少数民族的经营管理能力，体现在保疆拓土的军事能力上，这些都被边疆少数民族见闻觉知，并演化为对作为国家象征的中央王朝、中国政府的认同感和归属感。

总之，所谓国家认同感，并非是空洞的话语，也并非是抽象的概念，而是对于作为国家代表的政权、政府、管理者的实际的、具体的民族政策的认同。历史上，不论是战争时期还是和平时期，民族间经济文化交流是不可能被中断的，而且中央王朝在地方的代理者所肩负的以汉文化“教化”边民的活动也一直没有终止，因此，对于中央王朝的依附感与对汉文化的归属感长期相互交织，导致其对“天朝”、“中国”的认同感成为发展的主流，并演化为历代守土保疆的实际行动。现实中，基于中国政府民族政策而来的傈僳族生产生活剧变的刺激，基于经济交往而来的中国主流文化的影响，无不激发着傈僳族的国家认同感，不但在中国傈僳族中显现出越来越强烈的中华民族凝聚力，甚至在缅甸傈僳族中，都有着对于中国政府及其民族政策作为具体形象的“中华人民共和国”的认同感存在。

从近代边疆危机中看傈僳族对民族国家构建路径的选择

张子建[①]　周冬明[②]

中国近代的国家观念是欧风东渐及1840年鸦片战争后“亡国灭种”的双重催化下逐渐创生的。正是因“中国中心”无奈舍弃，“夷夏之防”难以为继，林则徐、魏源、徐继畬等，率先从闭关自守、昧于外情的混沌中惊醒，开始把视野从“皇朝”展拓至“海国”。甲午战争后，康有为更把拯救“国地”、“国权”、“国民”纳入保国会宗旨，警示国人：中国的领土不许别国宰割，中国的主权不容别国侵犯，中国的国民不准别国欺凌。1904年25岁的陈独秀著文《说国家》，强调国家主权“是全国国民所共有”，行使主权者“乃归代表全国国民的政府”。从维新领袖康有为、梁启超到激进青年陈独秀都聚焦于国家问题，既是鸦片战争、太平天国、洋务运动、戊戌变法实践困境的反映与表达，也是中国有识之士在西方国家学说的启导下，逐步树立比较明确的近代国家观念的演化与提升。正如杜赞奇所言：“在1911年共和革命前的岁月中，现代国家主义为中国知识界所接受。”“‘民族的国家’（National State）是一个近代的观念，不但是观点，而且是力量。”[③]

近代中国的民族矛盾、社会矛盾、新旧制度矛盾与新旧观念矛盾的空前集中与交错，是民族国家构建比较典型的时期。一般说来，在多元的民族国

① 张子建，女，云南民族大学教授，研究方向为边界问题。

② 周冬明，男，云南大学教授，研究方向为信息检索。

③ 中国国民党中央委员会党史委员会：《罗家伦先生文存》，1989。

家中，少数民族有权利要么在新的国家政治格局范围内上升为“国族”，要么另立门户、自成一体，建立新的、虽然更小但种族成分比较纯粹的“民族国家”。即便在国族框架内暂存，如果在原有的国家效忠之外又形成了新的效忠对象的话，就有可能出现“非国家化”或裂变国家的偏离倾向。近代中国边疆危机就为边疆各民族提供了这种可能的客观的条件。傈僳族是云南特有民族，最早生活在金沙江流域一带，后逐步迁到滇西怒江地区定居下来，主要聚居在云南省怒江傈僳族自治州和维西傈僳族自治县，其余散居在云南丽江、楚雄、保山、迪庆及四川凉山和攀枝花等。在近代边界危机中，特别是在片马事件中，生活在怒江边地的傈僳儿女从坚定的民族领土认同出发，积极、自觉地选择了国家认同与民族认同的和谐统一路径，在民族国家构建中寻找到自己新的归属，并担负起表述民族国家的责任和义务。他们对民族、国家认同的正面回应及一致性路径的选择，不仅适时、适应了现代民族国家的构建，更重要的是它代表了多元的民族国家中一个以认同为基础的路径选择的正确方向。

一、傈僳儿女以自己熟悉的武装反抗形式捍卫领土主权，用行为方式选择民族认同与国家认同的一致性路径，自觉回应了民族国家的构建

在民族国家的构建中，新的民族身份，意味着对新国家的忠诚，民族国家需要社会成员提供集体忠诚和集体忠诚作用下的集体行动。所谓的忠诚就是共同体成员对国家这个符号的认同以及在认同基础上的支持。1911 年的片马事件就是以傈僳为主体民族表达忠诚的代表性集体行动。英国派兵侵占片马正值高黎贡山山顶雪封期间，当时片马与高黎贡山东麓的交通受阻，消息不能及时传到怒江和内地。在没有后援的情况下，登埂土司在片马的管事傈僳英雄勒墨夺扒拒绝了英国领事列敦高官厚禄的引诱，驳斥了英方的无理划界要求，决定率领民众与强大的敌人决死一战，力保祖国疆土的完整。他联络了片马寨茶山头人姚中科、弄木褒寨傈僳族头人铺扎扒等各族头人，组织

起以傈僳为主体民族的民众抗英队伍与英军作战。这支民众队伍，用的是大刀、弩弓、长矛和少量明火枪，披的是蓑衣，被称为“蓑衣兵”。他们以大树、密林、岩洞为隐蔽物，用简单原始的武器巧妙地伏击敌人。在古浪的一次伏击战中，他们就用弩弓、毒药、竹箭射死了一名骑马的英国军官，迫使英军从古浪撤回片马。后来，终因寡不敌众，被英军打败，撤进深山隐蔽。片马民众抗英队伍退入深山后，勒墨夺扒一面派遣傈僳青年弩射手褚来四①踏雪翻山前往怒江报信求援，一面组织民众队伍休整待援。褚来四接受派遣后，冒着生命危险，翻过雪山，把英军入侵片马的消息报告给了土司。英占片马后打算待积雪融化便翻越高黎贡山侵占怒江。片马崖口的积雪开始融化后，泸水民众抗英“弩弓队”便兵分南北两路，每路200多人，同时向片马崖口和称戛后山的尺必歌崖口进军了。南路“弩弓队”由六库土司段浩率领，从古炭河经姚家坪，直上片马崖口。片马崖口是怒江与片马之间的主要通道，当时已被英占领并修筑了工事。弩弓队多次进攻，均未奏效，崖口终未突破。北路弩弓队，从称戛登山，连夜向西进军，天亮时登上尺必歌雪山崖口，与英军巡逻队遭遇。褚来四张弩迎敌，一箭就把一个英国军官射落马下，当场毙命，巡逻队士气大挫，转身撤退。弩弓队翻山追击，把敌人追到包吾库英军营地。后来弩弓队与蓑衣兵汇合，利用地形地物，采取夜袭、投毒、断水等方法，打击、骚扰敌人，英军躲在军营不敢轻易出来，印缅英国当局不得不在1911年3月把大部分军队从片马撤到拖角，只留少数兵员看守片马营房。1911年4月10日英国政府照会中国，正式承认片马是中国领土。

民族国家中的领土除有主权边界线外，它还有另一层含义就是领土认同。民族主义正是通过领土认同把阶级利益不同的人群凝聚在民族国家里。如果这块领土不能凝聚一个整体，如果大部分居民不认同这块领土，不认为自己离不开这块领土，那么把这块地方当作民族领土来维护就没有意义。“在绝大

---

① 褚来四（1857—1943年）：男，傈僳族，生于泸水县双纳凹地乡石德自然村，强悍而酷爱射箭、狩猎，与片马抗英斗争中的历史名人勒墨夺扒是甥舅关系。1911年英国派兵强占片马，勒墨夺扒组织民众抗争，任命褚来四为带兵官，率片马各族民众100多人与英国侵略军战斗。褚来四作战英勇，亲手以毒矢击毙英军带兵官，曾不幸被俘，遭敌人酷刑拷打，坚贞不屈，终于寻机逃脱。在抗英斗争处于寡不敌众之际，褚来四不顾大雪封山，冒着生命危险翻过雪山，终于将英军占领片马的消息报告给怒江土司。后又充当向导和领队，率土司民团突破雪山封锁，攻进片马，与民众抗英队伍会合，将英军从巴昊库、岗房、古浪，一直追到片马英军营房。褚来四为保卫祖国领土置生死于度外，指挥作战，立下了不朽的功劳。褚来四晚年迁居缅甸，1943年病逝，享年86岁。

多数情况下，民族领土是随着集体意识的出现而逐步建立和巩固下来的，这种集体意识不是通过人为手段产生的，而是对一种固定的地理基础作出的回应，这个地理基础是保证一个集体实现政治和精神团结的凝聚因素”。[①] 在反殖民主义的民族主义运动中，都从领土方面提出了自己的要求。同时民族主义的领土诉求如果缺乏民众基础，也将很难产生结果。面对领土的危机，傈僳儿女选用自己熟悉的斗争方式来表达自己的忠诚与领土认同，表明各民族渴望寻找自己在新国家中的位置，并归属这样一个新的国家。当然以自己习惯的暴力武装形式参与民族国家的构建，一方面反映了他们的胆量和气魄，另一方面也反映出他们长期被困在狭窄的活动空间，视野极其有限，不能全面透彻地理解民族国家的含义，也就不能懂得如何与入侵者展开军事之外的斗争。

二、趋同路径选择的内动力归因于民族领土的确立及民族领土中孕育着的“民众精神”

长时间的融合是民族领土和“民众精神”形成的基本条件。据史书载，汉代傈僳族聚居区就与祖国有了联系，片马稍晚。方国瑜先生在《〈怒俅边隘详情〉概说》中云：“按：唐樊绰云南志卷二大雪山条所说：‘大赕，周回百余里’，又卷六永昌城条曰：‘西北去广荡城六十日程’，其地北接吐蕃，西抵天竺，即木王地坎底城，南诏阁罗凤所开西北重镇也。”[②] 查《蛮书》又载：“阁罗凤尝使领军将于大赕中筑城管制野蛮，不逾周岁死者过半，遂罢弃。”[③]《永昌府文征》中也收录有唐代骆宾王《军中行路难》、白居易《骠国乐》、苏轼《得南中山呼鸟诗》等，都涉及这一带地区。[④] 元代开始了对片马的管

① 胡安·诺格著，徐鹤林译：《民族主义与领土》，34 页，北京，中央民族大学出版社，2009。

② 中国人民政治协商会议怒江傈僳族自治州委员会文史资料研究组编：《怒江文史资料选辑》第五辑，122 页，1985（内部发行）。

③ （唐）樊绰：《蛮书》，十卷，7 页，武英殿本。

④ 《永昌府文征》（辛巳卯月腾冲门板公印版于昆明，中华民国三十年郡人李根源、印泉辑）诗录第一册，卷一，2 页。

辖。元代片马地区属云南诸路行中书省的“云龙甸军民府”。[①] 明代“茶山长官司”辖今片马北部地，“里麻长官司”辖今片马南部地，在中国的西南极边。[②]《明史》卷三百一十五《云南土司列传》载：“茶山长官司，永乐二年（1404年）颁给信符、金字红牌。八年（1410年），长官早张遣人贡马。宣德五年（1430年）置滇滩巡检司……通事段胜颇晓道理，能安人心，乞置司，以胜为巡检。从之。”[③]“里麻长官司，永乐六年（1408年）设隶云南都司，以刀思放为长官。时思放为里麻招刚。招刚者故西南蛮官名。思放籍其地来朝，请授职事，遂有是命，乃赐印章、冠带。八年遣头目贡马。”[④] 明初，片马一带已推行土司制度。云龙土知州沿袭到第十世的时候，云龙发生了一次反土司暴政的农奴起义。已故土知州段嘉龙的胞弟段嘉麒在镇压云龙农奴起义中，带领土司兵直至六库江岸，被朝廷授以土巡捕世职，受领六库地区。1620年，泸水怒江西岸一线就产生了六库土司，继续对泸水怒江东岸一线的统治。到1648年，第十二世六库土司段徇承袭时，就开始向怒江西岸展拓，收复了片马领地300余里，把管辖范围由怒江东岸扩展至怒江西岸，并由高黎贡山东麓扩展至高黎贡山西境。段徇因此成为段氏土司统治登埂——片马地区的一世祖。清雍正年间，第十七世六库土司段其辉承袭期间，为了对广阔的领地进行有效的控制和管理，进行了兄弟分防。把怒江以西的登埂、赖茂、片马、卯照等地从六库土司辖内划分出来，由土司段其辉的几个兄弟分别进行管理，即所谓“兄弟分防”。其中段其光领登埂—片马等地，设立了登埂土司署。从一世段徇开始，为二世段显德、三世段阿龄、四世段其光、五世段联第、六世段允庄、七世段豫、八世段宽仁、九世段芝炳、十世段浍（英人武装入侵片马，段浍以“守土失职”罪，解至昆明拘禁。辛亥革命大赦中获释复职）、十一世段承钺、十二世段建华。段其光开始管理片马期间，设登埂、片马土司署两处，片马土司署设于大坝地河（现属缅甸），段其光亲自

① 查元史并无片马属云龙甸之载，此结论为地理学家白眉初先生所考。见《地学杂志》，153页，1929（2）。白眉初：河北人，1875年生，曾任国立东南大学教授，国立北京师范大学史地系主任教授，北京研究院史学系研究员。著有《中华民国省区全志》、《中华建设新图》、《地理哲学》等。

② 查元史并无片马属茶山、里麻长官司之载，此结论为地理学家白眉初先生所考。见《地学杂志》，174页，1930（2）。

③《明史》第三册，3452页，北京，商务印书馆，缩印百衲本二十四史，（据乾隆年武英殿原刊本影印附王颂蔚编集考证）。

④ 同上书，3452页。

坐镇片马土司署进行管理；段联第正式受封土千总后，将片马改为行署。片马地区设管事头人一人，管理各寨事务，每寨又设村寨头人一人，受管事统率，分管各寨事务。清末英占片马前，片马管事是勒墨夺扒，片马寨头人是姚中科。直至解放，登埂本支土司共沿袭12世，达303年。

国家间通过领土划分凸显自己的存在与尊严，边线的划分往往取决于两个毗邻国之间力量的对比。强方常常以“复土主义”诉求民族主义，蛀蚀、侵占连续的土地，让人民慢慢习惯于失去职守的土地，以便让强国在这个范围行使完全的主权。领土主权是构建民族国家的基础，领土与民族主义靠得是这样近，以至于有学者把民族主义视为一种领土观念。因此民族主义运动常把领土问题“当作一匹真正的战马”去战斗。人类学证明人是根据他所出生的社会群体来确定个人归属的，而这个社会群体则在自己的领土上留下特点。随着时间推移，群体认同向领土认同“转移”。民族国家形成之后，人民的归属才是由政治界定的领土确定。正如19世纪思想家费尔南多·托尼思所深情描述的那样，“被开垦和占有的土地是共同的遗产、祖先的土地；有了这块土地，大家都像血缘后代和兄弟姐妹那样相处”。离开它会伤心，在异乡时会思念它、渴望它。在祖祖辈辈生生死死的地方，“精神始终在这里存在并支撑活人的心灵”。被民族化的土地，比民族主义其他象征更受到崇拜和敬重。这种民族领土的意义一旦建立、确定下来，任何对其进行的批评都会遭到民族认同者的斗争，更不用说是占领了。

“民众精神”（Volkgeist）是寓于民族领土中的思想灵魂的体现。“民众精神”这个德语概念源于赫尔德、萨维尼和黑格尔等的解释而形成和发展起来。“民众精神”是在一块具体领土上历史地形成的，是多少代人对周围“景物”的感受中集中起来的思想，旨在“保护民族的感情”，“保持精神面貌和特点”。正如埃里克·普拉特在《加泰罗尼亚民族主义》中所言：“人民的实质和本质不在于种族，也不在于语言，而在于灵魂。”“民众精神”一旦形成，权利可以失去，语言可以消失，记忆甚至也可以抹去，但废墟之下“民众精神”仍然可以跳动，“它仍在继续战斗，等待自己的民族特点重见天日”。土地是祖国的名字，“民众精神”以本质的姿态成为国家认同的精髓。正是“民众精神”的聚集使民族领土的认同早已深深潜藏在心中，凝固而无需强化。来自西方列强的领土侵略给中华民族所带来的整体性的压力和危机的外因与帝国体系解体之后，各民族对建立新的现代民族国家的内在需求的双重呐喊，民众的民族领土认同被唤醒，“民众精神”被点燃，使其在民族国家的构建中达到“活跃而自觉的程度”。

三、民族国家的构建需要国家层面对领土主权有坚定的认同，阶级利益与民族利益的聚合使国家认同民族认同一致性路径成为可能

现代民族国家的首要特征是国家层面对领土主权的要求与民众层面对领土主权认同的统一。与晚清中国既无可靠同盟者，又无自由、平等国际地位的“甚至连诗人的幻想也永远不敢创造出的这种离奇的悲剧题材”的惨状相比，国民政府在民族国家构建中“富于创意，并总是以顽强不屈的外交在维护国家主权和领土完整方面取得重大成就”。这一点在对片马事件的处理中有明显表现。一方面，清政府对组织片马人民抗英有功的头人勒墨夺扒赏赐了五品官服和顶戴，以资奖励，同时对守土失责者追究责任，登埂土司段浍因失片马，被抓到昆明坐牢；另一方面清政府命令泸水各土司出兵支援片马抗击英军，收复失地，土司兵在抗英斗争中起了重要作用。据原六库土司、泸水县副县长段承经先生说：片马与泸水仅一岭之隔，片马有失，直接危及泸水，唇亡齿寒。所以当时泸水五土司，都有保土却敌之志。奉清政府抗英指示后，六库段浩土司（段承经之父）即出面通知泸水各土司，亲自组织土司武装前往片马抗英。泸水各族人民一致响应，同仇敌忾，纷纷拿起弩弓、大刀，投入民众抗英队伍。全县怒江沿岸，共召集了400多人。这支武装力量，除土司兵有明火枪外，大多是手持弩弓的青壮年农民。

1922年2月6日“九国公约”正式签字，条约中写入了尊重中国领土与主权完整这条原则，在法理上标志中国是一个独立自主的现代民族国家。全国有声有色的收回权益运动，甚至还引领了民族国家主权认同的方向。第二次世界大战后蒋介石又提出：“民族自由与国家平等的原则，应适用于战后的国际和平组织”。所谓世界强国，所谓势力范围的观念及由此观念所构成的制度，应该不使复见于第二次世界大战之后国际和平的组织之中。“民族自由与

国家平等的原则，更当适用于战后世界经济与文化的复兴和发展”。这些主张使得向来由大国主宰的国际社会“第一次有了代表弱势国家权益的声音”。这些均是民国政府建构民族国家最重要的成就。但中华民国获得的法律意义上的平等不等于社会意义上的平等，形式上的独立不等于实际上结束政治、经济等许多方面的依附和被控状态。“各国不能充分、平等地享有主权却是国际社会的普遍现实”。中华民国“居大国地位，内心有小国之忧虑”的尴尬处境并无实质性改变。[①]除对国际力量寄予厚望的理想化外，民国政府对领土主权现实推进力度相当有限。

1922年驻仰光领事称：缅甸政府已将片马“改县设治”。腾越道尹也称：查缅甸政府在距片马约30英里归中国明光土司所辖之拖角地方，设立拖角厅为行政官署，管理片马一带。国民党的补救措施只是如有替英人运输者，罚款大洋18000元并“以全家生命财产作保，以后再不往江心坡一带及其他我国边地替人走脚”。[②] 英国通过片马事件、侵占江心坡及多年的“限制主权”行动，基本占领中缅北段未定界。1929年10月，南京国民政府外交部组织了“滇缅界务研究委员会”重拟界线。国民政府外交部、内政部派尹明德为“滇缅界务调查专员”，前往中缅北段未定界地区实地考察。从1930年至1931年3月进行了约11个月的调查，调查后编印了《滇缅界务北段调查报告》、《云南北界勘察记》两书，并绘制了《滇缅界务北段地图》。在此基础上，尹明德提出了一条界线即尹明德建议线，指出了中缅北段未定界的范围。“尹明德建议线”为国民政府所采纳，英不允，中缅边界问题陷入僵局。

1947年缅甸即将独立前夕，国民政府内政部方域司司长傅角今公开发表谈话：中缅划定北段界，以尹明德建议线方为合理。多占的企图十分明显。1948年1月，缅甸独立，缅甸联邦政府成立。按照缅甸宪法规定，中缅北段未定界地区与密支那诸地同时被划为克钦邦，成为缅甸联邦的组成部分，形成对这段地区事实上的占领。

民国政府有消极的一面，但一定程度、一定范围内也有积极一面。这种积极性在其阶级利益和民族利益如国家安全、国际平等地位和领土主权等相聚合时表现最为明显，往往以参与者姿态出现并发挥作用。但由于自身的局

① 参见杨丹伟、陈一平：《国际化进程中的民国外交》，载《江苏社会科学》，2004（3）。

② 中国第二历史档案馆整编，万仁元、方庆秋主编：《中华民国史史料长编》，256页，南京，南京大学出版社，1993。

限，没有真正起到领导者作用，也未能通过自身的改造导引中国迈向新国家。这一任务直至共产党领导的新中国成立后才得以完成。

总之，传统社会有坚定的王朝认同、领土认同。辛亥革命以后王朝认同的淡化与失效，民族国家建设可能性的要求与熏陶，“亡国灭种”从想象到现实的演进，领土认同的功能亘古未有地凸显出来。爱默森认为，一般而言，一个民族或国家的全民族目标和价值体系，不是从传统中生出，就是指向一个风格不同的未来。前者回向传统，从历史中寻找昔日的光荣；后者面向未来，从情景中看到民族的希望。半殖民地的中国因传统已被打压殆尽，全体国民似乎更倾向于憧憬一个美好的未来——构建现代民族国家。民族领土认同把阶级利益不同的人群，从中央到地方政府及民众聚合在民族国家的旗帜下，共同担负起表述民族国家的责任和义务，从强化领土主权认同的原则中塑造了民族国家。傈僳族民族认同国家认同一致性路径的选择，成为多元民族国家构建的旗帜。

参考文献

[1]［英］伯尔考维茨著，江载华、陈衍合译．中国通与英国外交部．北京：商务印书馆，1959

[2] 陈思明编著，孙国光印刷所发行．中缅邦交论．大陆印务所，中华民国三十一年（1942 年）

[3] 重庆绥靖公署政工处编印．西南边务大事记（1947—1948）．云南省档案馆档案材料

[4] 高鸿志．英国与中国边疆危机（1637—1912）．哈尔滨：黑龙江教育出版社，1998

[5] 贺圣达．缅甸史．北京：人民出版社，1992

[6] H·R 戴维斯著，李安泰等译．云南：联结印度和杨子江的锁链．昆明：云南教育出版社，2000

[7] 克勒脱纳（广州中山大学云南地理调查团队长）．英侵片马的写真．民国革命军第三十八军特别党部印行

[8] 郡人李根源、印泉辑．永昌府文征．辛巳卯月腾冲门板公印版于昆明，中华民国三十年（1941 年）

[9] 刘伯奎．中缅界务问题．台湾：中正书局印行，中华民国三十五年

(1946 年)

[10]《傈僳族简史》编写组．傈僳族简史．中国少数民族简史丛书，昆明：云南人民出版社，1983

[11] 怒江傈僳族自治州文化局编．片马历史资料（第一集）．昆明：云南人民出版社，1989（内部资料）

[12] 闵为人．片马紧要记（可能为清宣统、辛亥年间 1911 年）．铅印本

[13] 怒江傈僳族自治州《片马烽火》编写组．片马烽火——怒江各族人民反帝斗争历史故事．昆明：云南人民出版社，1979

[14] 余定邦．中缅关系史．北京：光明日报出版社，2000

[15] 张风歧．云南外交问题．商务印书馆发行，中华民国二十三年(1934 年)

[16] 张诚孙．中英滇缅疆界问题．燕京学报专号之十五，北京：哈佛燕京学社出版，1937

[17] 克勒脱纳．中国的片马．东方杂志，1931（1）

[18] 克勒脱纳．从政治地理上窥测片马问题．新亚细亚，1931（6）

[19] 李道生．片马事件初探．见：怒江州文史资料选辑，第五辑（中国人民政治协商会议怒江傈僳族自治州委员会文史资料研究组编），1985（内部发行）

[20] 庐彤．说片马．地学杂志，1913（8）

[21] 片马交涉始末记．东方杂志，1914（9）

[22] 钱桐．哀片马．地学杂志，1912（11、12）

[23] 秦宥横．争滇缅界务奏稿．云南文献，1972（2）

[24] 秦慧伽．清末英法两国侵滇之文献．云南文献，1974（4）

[25] 秦和平．艰难的历程：清末滇缅界务交涉之回顾．中国边疆史地研究，1995（3）

[26] 谢本书．片马问题研究．研究集刊，1985（2）

[27] 谢本书．从片马事件到班洪事件——中缅边界历史沿革问题．云南社会科学，2000（4）

[28] 杨公素．新中国的边界问题．中国边疆史地研究报告，1991（1～2）

［29］余绳武．近代中缅北段未定界问题的由来．中国边疆史地研究报告，1992（3～4）

经济社会发展

傈僳族的贫困及其对策思考

王　春[1]

一、傈僳族地区贫困状况及原因

（一）贫困状况

傈僳族是特困民族，无论从经济、文化等各方面来说都比较落后。以傈僳族主要聚居区怒江、维西、丽江等地农民人均纯收入为例，2008 年底，怒江州全州农民人均纯收入为 1447.8 元，维西傈僳族自治县农民人均纯收入为 2468 元，丽江市永胜县六德乡农民人均纯收入为 1045 元，东风傈僳族乡农民人均纯收入仅为 820 元，保山市木城彝族傈僳族乡农民人均纯收入为 1353 元。2008 年楚雄彝族自治州城镇人口人均可支配收入和农民人均纯收入分别为 13031 元和 3110 元。2007 年，昆明市禄劝县农民人均纯收入 1921 元，傈僳族群众人均纯收入仅为 1421 元。从基础设施建设情况看（以楚雄州为例），楚雄州有傈僳族 52761 人，主要居住在金沙江沿岸高山及海拔 1300 ~ 2000 米

① 王春，女，傈僳族，云南省丽江市玉龙县黎明乡人。1992 年从云南民族大学毕业后一直在云南人民广播电台从事民族语广播事业。现为傈僳语部监制，主任编辑。云南省少数民族记者协会理事、云南省女记者协会会员、云南省翻译协会会员。

以上高山峡谷，250个傈僳族居住区生态环境恶劣，水源枯竭，土地匮乏，自然灾害频繁，群众基本处于靠天吃饭状态。目前，222个村民小组未解决人畜饮水问题，108个自然村不通公路，16个自然村不通电，61个自然村不通电话，农副产品销售价格比其他地方至少低20%以上。[①] 从中可以看出，大多数傈僳族地区由于地处偏远，加上基础薄弱、投入少，造成交通、能源、农田水利等基础设施建设比较落后，很大程度上制约了傈僳族地区的发展。因此，2008年国务院把傈僳族列为特困民族进行扶持。

（二）造成傈僳族及其地区贫困的原因

1. 造成傈僳族及其地区贫困的客观原因

（1）居住环境恶劣、居住地分散。目前傈僳族人口的84%居住在山地，约10%居住在高原、丘陵，只有6%的人口居住在坝子（盆地、河谷）。傈僳族居住地自然地理环境恶劣，交通不便，信息封闭，生产生活极其困难，如怒江傈僳族自治州泸水县洛本卓、古登、秤杆等乡镇，人们生存在50度以上的坡地，那些地方的傈僳族人民形容说自己生活在“连猴子见了都会流泪的地方”。另一方面，傈僳族大分散、小聚居的状态不利于傈僳族民族之间交流，也制约了傈僳族及其地区的发展。

（2）以教育、科学技术、医疗卫生、广播影视等为代表的各项事业发展滞后，直接影响到傈僳族的整体素质。社会各项事业落后导致傈僳族整体素质偏低，进而影响了劳动者的思想、法律、生产生活和发展观念等等。据统计，云南省15个特有民族平均受教育年限为5.54年，其中，傣族平均受教育年限为5.6年，傈僳族仅为4.37年，拉祜族为4.07年。这15个特有少数民族中平均文盲率高达20.78%，其中，拉祜族23.77%，傣族15.79%，傈僳族文盲率为32.85%。[②] 以丽江市玉龙纳西族自治县为例，在全县文盲当中，少数民族的文盲率很高，其中傈僳族文盲率达到60%。2006年云南民族自治地方的城镇居民人均可支配收入为9355元，其中用于娱乐、教育、文化的支出857元；2006年云南民族自治地方的农村居民人均纯收入为2000元，

① 引自《傈僳族研究会会刊》第6期。

② 摘自云南省广播电视局内部资料。

用于娱乐、教育、文化的支出仅为144元。[①] 目前傈僳族地区小学教育阶段的辍学率、失学率较少，但是中学阶段以后失学率加剧。即使能完成学业的学生，在选择学校和所学专业时大多数根据家庭经济情况选择，而不是根据实际需要选择自己喜欢的学校和专业，形成了就业压力。家庭生活困难、教学质量不高和就业压力等进一步使傈僳族地区本来就滞后的文化教育进入不断的恶性循环中。教育落后不仅导致傈僳族行政领导干部偏少，而且科技和其他专业人才奇缺，有些行业人才几乎为零。教育事业和其他社会事业发展滞后造成了傈僳族科学文化水平偏低、各类人才缺乏，这也成为制约傈僳族发展的一个重要因素。

（3）领导干部少。就目前全国拥有70多万人口的傈僳族来说，傈僳族领导干部偏少，尤其是处级以上领导干部很少。据调查，怒江傈僳族自治州傈僳族人口占总人口的52.6%，但是傈僳族干部在当地干部中所占的比例只有30%[②]。丽江市傈僳族有12万人口，为丽江市第三大民族，但是建国60年来，丽江只有过两个副厅级傈僳族干部（其中1人早已退休）。德宏州有3万多傈僳族，目前也只有一个副厅级干部。昆明市禄劝县有傈僳族14760人，但是全县38名副县级以上干部中没有一个傈僳族；451名科级干部中只有6名傈僳族（正科3人，副科3人），仅占科级干部总数的1.33%。其他如楚雄州傈僳族有52000多人，是楚雄州第二大少数民族，但是至今仍没有一个厅级干部，处级干部也只有9人[③]，大理、保山等州市也存在傈僳族干部偏少的问题。就傈僳族干部来说，综合素质好，能够结合傈僳族地区实际，真心实意为傈僳族及其地区发展出谋划策、办实事办好事的领导凤毛麟角，这也是导致傈僳族与其他民族差距比较大的原因之一。

（4）经济贫困落后，贫困面大，贫困程度深，返贫率高是傈僳族贫困的主要原因。傈僳族是“直过”民族，由于历史上遗留下来的政治、经济、社会和文化问题，加上特殊的自然地理环境、落后的生产力发展水平、以前对傈僳族地区重视不够、投入严重不足等原因，造成傈僳族地区交通、通讯、农田水利等基础设施建设落后，经济发展缓慢。如从2008年傈僳族聚居区农民人均纯收入的情况看，怒江州为1447.8元，丽江市玉龙纳西族自治县黎明

① 摘自云南省广播电视局内部资料。

② 引自2009年云南省人民政府关于怒江发展问题现场会材料。

③ 这组数据均为当地傈僳族干部提供。

傈僳族乡为2398元，华坪县通达乡为1496元，宁蒗彝族自治县翠玉傈僳族乡为1481元，维西傈僳族自治县稍微好一些，可也只有2468元，远远低于2008年全省的农民人均纯收入3103元①。虽然近年来党和国家采取多种有效措施对傈僳族及其地区进行了扶持，加大了扶贫力度，但是受自然地理环境的限制，返贫率高，扶贫效果一直很不明显，始终不能迎头赶上其他民族和地区，经济基础的薄弱制约了傈僳族经济的可持续发展，也是造成傈僳族地区贫困的重要原因之一。

（5）优秀的民族民间文化得不到很好的挖掘、整理、保护和传承。傈僳族不仅是一个勤劳勇敢、能歌善舞的民族，而且有着许多优秀民族民间文化。尽管傈僳族在20世纪初以前都没有文字，但20世纪后有了自己的文字：一是维西傈僳族自治县哇忍波创造了音节文字，二是楚雄州傈僳族发明了34个音节文字，三是外国传教士传入的拉丁文字改造的老傈僳文字，四是1957年国家帮助创制的拼音文字即现在统称的新傈僳文字。本来这些都是可以利用、推广和使用的，可以利用傈僳文字对不认识汉字的傈僳族群进行政策宣传、传授科技知识、传递信息等等，但是除拉丁文字和拼音文字在部分傈僳族地区使用外，其他的就没有使用，也没有人去研究、保护。傈僳族有阔时节、刀杆节等很多传统的节日和习俗文化，有"上刀杆下火海"的绝技，有以"摆时"、"木瓜"、"幼益"三大调为代表的优秀民歌，有以怒江"刮切"、维西"阿迟木瓜"、丽江芦笙舞等为代表的民间传统舞蹈，有傈僳族民间传说、神话、史诗、谚语等民间文学。近年来又出现了一大批有名的傈僳族民间艺人和民间歌手等等，可是由于这些民间文化得不到很好的保护，民间文化传承人得不到必要的扶持和帮助，傈僳族优秀民族民间文化濒危甚至失传，不能使丰富的文化资源优势转变为经济资源优势。

（6）丰富的资源得不到合理开发利用。国内大部分傈僳族聚居在三江并流区域，虽然地处偏僻边远，但蕴藏着丰富的矿藏、水能、生物、旅游等资源。然而，傈僳族地区资金短缺，技术人才奇缺，没有能力开发这些丰富的资源，即使部分资源得到了开发，大多数也是其他民族或发达地区开发商所开发，结果真正拥有资源的不是当地老百姓。这一方面造成开发中傈僳族地区的一些资源流失或枯竭，一方面不能促进当地群众增加收入，傈僳族也成了

① 引自《云南网》。

真正的抱着金碗要饭叫穷的民族。因此，傈僳族地区的丰富资源得不到合理开发和利用，也是傈僳族地区发展迟缓、傈僳族脱不了贫困的原因之一。

（7）从周边民族和环境影响看，在怒江与傈僳族杂居的独龙族、怒族、景颇族、德昂族、拉祜族等大多数民族是属于特困民族或发展相对滞后的民族。虽然彼此间相互帮助、相互交往，和睦相处，但在居住条件、生产方式、生活水平、社会发育程度、经济发展状况、文化教育程度、思想意识观念等方面处于同步或相近的状态，所面临的困难和问题大同小异，所以傈僳族在发展进程中缺乏参照性、对比性，不能起到应有的相互带动、学习、借鉴和促进作用。

2. 造成傈僳族及其地区贫困的主观原因

笔者认为，除对傈僳族居住环境等以上谈到的诸多客观原因进行研究外，还应该研究傈僳族主观的原因。这对正确认识傈僳族、研究傈僳族及其地区贫困的原因都将有重要的意义。就目前来说，傈僳族的思想意识、生活态度、观念、心理状态、整体精神面貌等与傈僳族的发展有很大关系，影响傈僳族整体发展的主观因素归纳起来有以下几方面：

（1）没有计划和积累意识。在现实中很多傈僳族只要有吃的、穿的、不生病就行，不进行财富和资源积累，不进行扩大再生产，没有紧迫感。这个问题在农村表现得尤为突出。比如：在怒江州泸水县洛本卓一带的傈僳族，过年前每家每户杀好猪以后，除留下板油、把排骨剁碎腌辣椒留着以外，每天烧吃、煮吃，刚过完年，一两百公斤的一两头猪就吃完了。傈僳族没有计划意识和积累意识的另外一个表现就是浪费严重。如在怒江很多地方有杀小乳猪吃的习惯，谁家来了亲戚朋友，就会杀小乳猪招待客人。笔者认为傈僳族历来以热情好客著称，用好吃的好喝的招待客人无可厚非，但凡事都要量力而行，杀小乳猪虽然看起来是小事，可也是一种很大的浪费，假如把小乳猪拿到集市上卖掉的话就能得很多钱，或许够一家人一年的油盐茶钱了。更何况有些家庭一年要养好几窝猪仔，要杀好几只小猪。不仅如此，无论是农民还是国家干部，很多傈僳族不会节约，不会计划，小富则安，没有长远打算。

（2）惰性和依赖性。历来都说傈僳族是个勤劳勇敢的民族，笔者不否认傈僳族确实是个勤劳勇敢的民族。但是作为一个真正寻求发展的民族，应该既看到辉煌的历史，也要看到残酷的现实。为什么说傈僳族有惰性和依赖性，而且惰性和依赖性影响了整个民族的发展和进步呢？也许有人会提出质疑，但作为傈僳族的一分子，笔者觉得还是有必要提出这个问题。打个比方说，本来傈僳族地区有很多闲田，可以利用来种些蔬菜，可是现在广大傈僳族地区收了第一季粮食就不再种植农作物，甚至也不肯种一点家庭生活必要的蔬菜，反过来用平时辛辛苦苦赚来的钱到街上买菜吃。太阳一落山、一吃完饭就烤火吹牛，思想懒惰，必然带来行为懒惰，如此长年累月下去影响了生活质量的提高和财产的积累，进而影响了家庭经济投资、教育投资等，进入恶性循环之中。表现在有些机关干部职工身上就是或急于求成，或没有耐心、怕吃苦；还有的“君子动口不动手”，经常“站着说话腰不疼”，只动脑不动手；甚至有的泡酒坛、吹牛聊天或忙于各种应酬，却从来不好好学习，不好好研究本民族问题。解决家庭矛盾也好，解决民族内部矛盾也好，相互观望，相互推诿，相互依赖。小到一个家庭、大到一个民族，相互间的依赖意识很强，在思想上存在惰性，这些都是不利于傈僳族发展的原因。

（3）缺乏竞争意识和竞争能力。关于这个问题笔者十多年前曾经讨论过，虽然现在很多人都有了一定的经商意识，也有很多年轻人外出打工挣钱，但是到目前为止，很多傈僳族还是缺乏竞争意识和竞争能力。竞争意识差和竞争能力弱表现在农村就是广大农民只会做纵向比较，不做横向比较，容易满足等；从劳务输出者看，流向城市或外出打工者往往是在本地创不了业、文化素质不高（大多小学毕业或初中毕业）、劳动技能少、再成长能力和发展能力弱的人群。正因为如此，他们到了新的环境以后他们适应能力差，学到的新技能少、找到的工作收入低，大多只能维持自己基本生活，而不能靠打工挣钱养家糊口，更谈不上返乡创业。从国家机关和企事业单位在职干部看，有些人听天由命，不早做打算，认为自己在单位不会有什么起色，不勤奋学习，不努力工作；有些人在工作上怕麻烦，甚至怕别人说三道四，不敢主动工作，害怕跟同事、朋友、上司打交道；还有些人不能正确看待自己，只看到别人的优点和长处，看不到自己的优势，不善于与别人竞争，凡此种种也是缺乏竞争意识和能力的表现，对己、对家庭、对民族都没有好处。

（4）思想观念落后。分析傈僳族及其地区贫困原因时，我们应该换一个角度思考：是因为生活贫困造成了受教育程度低、专业技术人员少、领导干部少的局面呢，还是因为领导干部少才导致傈僳族贫困？换句话说，一个民族要发展一定要有一大批高素质、热爱民族的领导干部，也需要大批本民族专家学者为本民族的发展出谋划策，他们是一个民族发展的中坚力量，但是仅仅依靠这些人群发展一个民族是不可能的，我们要把目光放远点，应该从提高整个傈僳族综合素质的角度思考问题，广大群众素质提高了，生产生活水平提高了才能培养出更多的民族干部和专家学者，才能促进傈僳族脱贫。以往在谈到人才、谈到干部的时候我们偏偏忽略了这一点。以教育观念为例，不重视科学技术、对科学技术的作用认识不足、对知识会给自己带来的巨大力量和财富也认识不足，读书无用论、重男轻女等观念在傈僳族的观念中还未根本消除，认为当农民就不用懂文化，学习文化和技术是国家干部的事等想法在个别人身上至今仍然存在。地域封闭，受教育程度低造成傈僳族思想观念落后、个人素质差、接受新事物能力低、商品意识淡薄等。

（5）凝聚力减弱。傈僳族是个崇尚和谐的民族，是个互帮互助的民族。但是随着历史和社会的发展，傈僳族凝聚力有所下降。笔者认为有几个原因，一是随着傈僳族不断的迁徙，造成散居的状态，居住环境不一样，社会经济发育不一样，生活水平不一样，思想意识不一样；二是具有很强号召力、能把所有傈僳族凝聚在一起的有威望的人才偏少；三是傈僳族迁徙形成目前定居格局以后，很长一段时间没有很好的交流、沟通，各地傈僳族按照各地的情况进行生产生活，不了解其他地区傈僳族情况，有好经验学不到，有问题看不到，对同一问题上有不同看法时不能形成共识，甚至不能从大局出发，各打各吹，影响团结。虽说近几年在广大傈僳族同胞的共同努力下，傈僳族不团结的局面有所改观，但形势不容乐观，原因是现在傈僳族都与其他民族杂居，与当地民族存在比较和竞争，各地傈僳族之间也存在竞争，各地傈僳族都有自己的计划和目标，在涉及政策倾斜、资金和项目扶持等方面各地存在新的问题和矛盾，这都给傈僳族带来新的问题。只有面对事实，努力克服，拧成一股绳，心往一处想，劲往一处使，才能推动整个傈僳族及其地区发展。

二、解决傈僳族贫困的对策

鉴于傈僳族及其地区贫困面大、贫困程度高的状况，各级政府在解决傈僳族问题时，应该抓住主要矛盾，目前首先可从以下几个方面进行研究和扶持。

（一）针对生存环境恶劣问题，积极改善生存环境

从根本上改善傈僳族生活生存环境的有效途径只有两条：一是实施扶贫搬迁，二是继续实施退耕还林工程。但是从目前情况看，扶贫搬迁不可行，因为就云南的条件来说，已经没有平地和坝区可供大规模人口搬迁。所以傈僳族地区只能加大退耕还林力度，可以采取以下措施：大力发展林果经济，尤其是适合山区发展的核桃、花椒等产业；通过提高傈僳族农民的补助标准，把部分傈僳族农民转为林业工、护林工的形式进行扶持，所有不具备粮食生产的地区全部种植林木。做好退耕还林工程，搞好生态环境不仅关系到傈僳族及其地区的发展，也关系到全省乃至全国生态安全和经济可持续发展战略。

（二）针对文化教育滞后和劳动者综合素质低的实际情况，采取特殊政策扶持傈僳族教育事业

比如通过加大教育投资，提高师资力量和素质，提高教师待遇等措施改善傈僳族地区教育条件；制定特殊政策，在县、市、省级院校创办傈僳族班，对傈僳族进行特殊的教育扶持。据调查，很多傈僳族学生辍学不是因为学习不好，而是因为家里经济困难，因此在经济上进行扶持，让贫困傈僳族学生完成学业，应该成为当今各级政府努力的方向；在县、州、市开办民族学校，吸收大量傈僳族学生就读，拓宽学生视野，提高学生综合素质；制定优惠政策，对傈僳族学生在升学、就业等方面进行照顾，以此鼓励傈僳族学生完成学业、继续深造；向各级党委政府申请免费的科技知识和劳动技能的培训。

（三）针对傈僳族优秀的民间文化失传问题，采取措施挖掘、整理、保护和传承傈僳族优秀民族民间文化

中央和政府应该采取增加投资、加强培训、进一步挖掘整理等措施保护民族民间文化，建立和提供民间文化交流、保护平台，民族民间文化保护和传承由民间行为转变为政府行为，使民族文化得到进一步发扬光大，同时培养出一批傈僳族民间文化传承人。

（四）针对干部比例失调问题，加强对傈僳族干部的培养使用

2009 年云南省委办公厅出台文件规定，省级机关和省属垂直部门招录公务员时，招录5人以上的按不低于三分之一、招录10人以上的按不低于15%的比例招录少数民族人员；事业单位招聘工作人员时，少数民族人员一般应占招聘总人数的三分之一以上，同等条件下优先聘用少数民族人员；省属国有企业也要积极聘用少数民族经营管理和专业技术人员。要根据目前傈僳族干部队伍状况和使用情况及傈僳族发展的现实需要，充分利用这个有利条件，做好省级机关、州市党政部门和事业单位傈僳族干部在职任用情况调研，有理有据地向各级领导汇报，要求解决傈僳族干部比例与总人口比例失调问题；此外还要从特困民族的角度，要求制定特殊政策，每年从傈僳族地区选拔一些优秀分子到中央、省、市机关锻炼，拓宽视野，增长才干；按傈僳族人口比例优先安排一些优秀大中专毕业生到中央、省、市机关锻炼任职、学习；从基层选拔一些干部在省、州市机关及其职能部门工作；在自治州、自治县按自治条例，提升傈僳族干部在人口中的比例；充分重视处级、厅级傈僳族干部的培养和使用问题，切实加强傈僳族干部后继乏人问题；公开选拔干部时要特事特办，充分考虑到傈僳族的特殊问题。

（五）针对傈僳族贫困面大、返贫率高的问题，解决傈僳族生活贫困、经济困难问题

中央和省委省政府应该采取特殊措施，优先安排以解决傈僳族居住、温饱等问题，加强交通、能源、广播电视等基础设施建设方面的投入；从可持续发展的角度，扎实推进产业扶持、劳动力培训和转移工作；解决杈杈房、木板房、木楞房等住房困难问题和人畜饮水、医疗卫生困难问题；在傈僳族地区开发项目必须与傈僳族地区环保、旅游结合起来；提高扶贫标准，实行选点集中扶贫制，做到扶贫一地脱贫一地，标本兼治；针对傈僳族地区资源丰富的特点，由中央、省两级政府协调引进实力较强企业到傈僳族地区开发资源，增加傈僳族群众收入，解决傈僳族劳动力剩余问题；把傈僳族地区纳入贫困低保对象，对贫困傈僳族家庭给予生活补助；引导傈僳族参加农村医疗合作，提高医疗补助等。只有从根本上解决生活贫困问题，同时也改善生活环境，才能提高傈僳族地区再生产能力及其“造血”功能。

（六）针对观念落后、缺乏计划意识、缺乏竞争意识等，加强对广大傈僳族干部群众的教育，转变傈僳族干部群众的思想观念

要有意识地培养广大傈僳族干部群众不怕困难、百折不挠的奋斗精神；继续发扬敢上刀山敢下火海的无畏精神；培养勤奋学习、努力工作、不断进取的学习精神；灌输计划意识、竞争意识、商品意识、改革开放意识、不断创新意识。做到无论在农村还是在城市，无论是机关干部还是打工仔都能在所在地有立足之地、生存之本和发展之能。

（七）针对凝聚力不强的问题，加强沟通，增强凝聚力

由于历史和地域的原因，现在傈僳族之间的凝聚力还需要加强。对这个问题，笔者认为凡是与傈僳族发展有关的大事上，傈僳族干部群众都要以大局为重，相互商量、相互谦让，以傈僳族群众的利益为重，以解决傈僳族现实问题为原则。即使对问题有不同的看法，也要从对方的角度换位思考，要积极为傈僳族办事，这样傈僳族内部的凝聚力不强的问题才会得到解决。

傈僳族及其地区的贫困落后是综合性的，要改变傈僳族及其地区现状，不是一蹴而就的事情。傈僳族人口多、居住分散、贫困面大、贫困程度深、返贫率高，在扶贫攻坚过程中面临很多特殊的问题和困难。要想从根本上解决傈僳族贫困问题，光靠中央、省各部门投资，靠各级党委政府和占本民族人口比例很小的一部分傈僳族领导干部是不可能的，而在中央、省级相关部门的大力支持、制定特殊政策采取特殊扶贫措施的同时，要从根本上改变目前傈僳族生存环境恶劣、整体人口素质偏低等问题，使傈僳族人民自己觉醒，提高自身素质，变“要我发展”为“我要发展”。

关于怒江傈僳族地区“直接过渡”的认识

秦和平[①]

一、问题的提出及过去的研究

傈僳族是我国少数民族之一，聚居在云南西北怒江州、丽江市、维西、禄劝等州市县及四川德昌、盐边等地，现有人口约70余万。

在20世纪50年代中叶以前，傈僳族社会形态大致可分为：封建地主制、较完整的封建领主制、残缺的封建领主制和家庭奴隶制四种不同的阶段。其中家庭奴隶制社会特指聚居于福贡、贡山、碧江及泸水部分地区的傈僳族[②]。

20世纪50年代中叶，在“团结、生产、进步”方针的指引下，通过人民政府的引导及兄弟民族的帮助，福贡、贡山等地傈僳民众借助互助组、初级社等途径，使土地等生产资料实现了集体所有制，走上了合作化道路，由家庭奴隶制“直接过渡”到社会主义，实现了历史性的跨越，这是了不起的社会跃进，具有中国特色和民族特点。加之在云南各“直接过渡”民族中，怒江傈僳族具有典型性，值得深入认识。

关于建国后福贡等地傈僳族社会形态的转变，过去少有系统研究，仅我

① 秦和平，男，四川成都人，现任西南民族大学民族研究院教授，云南民族大学傈僳学研究中心学术总顾问。

② 碧江县于1988年撤销，原管辖地域主要并入福贡县，少数划入泸水县。

所见，约1995年怒江州党史政研室曾撰写《怒江地区的民主改革》一文，收入云南省委党史研究室编《云南边疆民族地区民主改革》资料集中①。该文因以“民主改革”为题目，既要研究“和平协商土地改革”，也要涉及“直接过渡”，范围较广，认识欠缺，分析不够，对“直接过渡”的由来、“直过区”的互助组及初级社等缺乏应有阐述，难以说明傈僳族社会形态的跨时代转变。

2006年，我在续修《傈僳族简史》时，对其中傈僳族四种社会形态的特点与分布以及建国后的历史性转变有所介绍。因受简史体例的限制，未能展开阐述，诚为遗憾。今借此文，拟对建国后福贡、贡山及泸水等地傈僳族社会“直接过渡”到社会主义进行较全面、深入的认识。于是，拟从建国初福贡等地傈僳族社会情况引入。

二、建国前傈僳社会经济形态

解放前，福贡、碧江、贡山及泸水北部傈僳族受环境等因素的限制，长期处于闭塞中，生产力水平较低，土地占有不集中，房屋、水田及园地等已私有化，生产关系从血缘关系为基础已缓慢过渡到以地缘为主，但原始经济关系及氏族残余仍然程度不同地保存着；各村寨中虽存在贫富差别和个别剥削现象，不过阶级分化还不明显，不存在无地农民，也不存在不参加劳动、以剥削为生的地主，仅有比例很少的富裕户，其占有土地绝对量不多，剥削分量不大，未形成剥削阶级与被剥削阶级。尽管部分富裕户占有奴隶，但这些奴隶多以养子名义出现，矛盾或对立被虚拟血缘化解，傈僳族社会尚停滞在家庭奴隶制阶段。

当时，在傈僳族社会中，土地、耕畜、农具属于私人所有，以家庭为单位从事劳动，土地形式主要有三种：私有土地；私有共耕地（傈僳语“白来乎”）；村寨公有地（阿次迷）。在劳作方式上，存在自耕、合伙共耕和原始互助三种不同形式。

---

① 该文见云南省委党史研究室编：《云南边疆民族地区民主改革》，303～319页，昆明，云南大学出版社，1996。

所谓私有土地指每户傈僳族人家占有土地，均是肥沃的水田、牛耕地、手挖地及住宅旁的园地，约占村寨耕地面积的70%，每户均有，数量不等，自耕为主，但人均占有及土地产量悬殊不大，约1.5倍。土地买卖普遍。

私有共耕地指某块土地是两三户人家共同所有，合伙耕种，共同收获。该土地约占村寨耕地面积的30%，约50%～80%的农户参加了共耕，俗称伙种伙耕。一般是两三户合伙购买一块土地，伙耕伙种。但一户可以参加几个共耕组，形成互相交错的小团体。伙种者共出种子，共同劳动，不计劳动力强弱和出工多少，收获按土地所有份额分配。

村寨公有地多为荒地，为氏族所有，本氏族成员可以自由开种，但仅有使用权，无所有权；若要转为私有，必须购买，购买之物，本氏族成员共分。外氏族或外族人须经购买，才能开垦耕种，也无所有权。

尽管当时傈僳族社会内部没有剥削阶级或被剥削阶级，但变相剥削现象仍存在，这便是“瓦刷”。“瓦刷”是怒江傈僳族社会中的原始劳动协作制，指某些土地较多、劳力不足的人家，在农忙季节请村寨人家自备农具帮助劳动，以包谷稀饭及酒水（教徒家庭不要准备酒水）招待，不付报酬。由于支付成本少，“瓦刷”往往被某些富裕户采用，起到变相剥削的作用①。这样的社会形态延续至20世纪50年代中叶。

另外，清末民国年间，云南积极开发怒江地区，设立泸水、知子罗（碧江）、福贡及菖蒲桶设治局，派遣官员，驻扎军队；划分区乡，推行保甲，委任头人或密支扒等任保长或甲长，对基层社会实施统治。

三、建国初人民政府在傈僳族地区的主要工作

1950年，怒江傈僳族地区得到解放，建立了各级人民政府。依据“慎重稳进”的方针，人民政府采取“做好事，交朋友”的方针，争取、团结及教育头人或马扒、密支扒等，接触底层群众，疏通民族关系，调解纠纷，消除械斗，实现团结；析县划区，创建怒江傈僳族自治区（州）等，选择傈僳族

① 另外，在福贡等地傈僳族民间还有“瓦纠”、“瓦把”等互助协作制，指以人工换人工，牛工换牛工，平等互惠，无剥削之意。

人士担任领导，当家作主，实践区域自治。派遣农技、医疗人员或教师等，深入底层，传授先进耕作技术，选种育种，施用肥料，防治病虫害，改变耕作方式，消除刀耕火种；种植经济林木，造林护林，发展副业；开展“山区改造”，政府免费提供农具，兴修水利等；创办及扩张学校，免费教育；建立医院及诊所，宣传卫生知识及医疗常识，兴修厕所，防治传染病等等。

在生产方针上，实行“大力扶持，就地发展”，以农业生产为业，副业为辅，从各方面保护和发挥群众生产积极性，帮助其私人财富的增加，改善群众的生活。其次是土地问题，不进行土改，不改变旧的生产关系，对部分无地农民，按原始习惯和互利原则，通过各民族各村寨自行协商、互相借种等方式解决。提倡借贷自由，雇佣自由，不干涉民间原有借贷。实行增产不增公粮负担，奖励劳动。由工作队示范修厕所，搞好积肥造肥。扶持手工业发展等。

经过数年的努力，怒江傈僳地区社会稳定，经济逐步发展，群众生产积极性提高，生活有了改善，认可及拥护人民政府，“盐巴不吃不得，共产党不跟不得”，各地涌现出一批积极分子，新型的民族干部逐步得到培养，农村党团员逐步得到发展。

尽管怒江傈僳族地区政权巩固、生产发展，群众生产有所改善，积极分子不断涌现，民族干部逐渐成长，担任领导，当家作主……然而，党和政府、傈僳干部及群众并不满足于此，除政治上改天换地、人民当家作主、区域自治外，还要求经济上大变革，实现生产资料公有制，走集体化道路，跑步进入社会主义社会。这便涉及傈僳族地区的社会改革问题。

四、“直接过渡”的提出及充实

（一）“直接过渡”理论

按照历史唯物主义的观点，人类社会由原始社会、奴隶社会、封建社会到资本主义社会，经过社会主义社会，最终进入共产主义社会。

中国共产党领导各族人民经过浴血奋战，推翻了国民党政权，结束了半殖民地半封建社会，实现民族独立，建立新中国，再由新民主主义社会过渡到社会主义社会，逐步实现共产主义。

新中国成立后，实行人民民主专政，社会制度的更新，需要经济制度的更替，需要建立生产资料公有制，走集体化道路。

到1953年，全国农村的土改基本完成，城镇的面貌得到改变，官僚资本被没收，改造为国营经济，人民政权巩固健全，经济恢复发展……中国社会进入新民主主义过渡时期，逐步实现了国家的社会主义工业化，并对农业、手工业及资本主义工商业实施了社会主义改造，完成了所有制形态的转变，进入了社会主义社会。

在国家的整体趋势之下，部分民族地区应该如何发展呢？受历史、民族等因素影响，我国西部民族社会的发育程度缓慢，尚处于原始社会制末期、奴隶制、农奴制或封建领主等不同阶段。建国初，依据“慎重稳进”的工作方针，党和政府召开各族各界代表会，建立人民政府，通过爱国统一战线，积极争取、团结和教育民族及宗教上层，担任各级领导，逐步实施改造，并通过他们进入底层社会，接触群众，开展工作，发现及培养农牧民积极分子，选拔及培养新型民族干部，担任基层社会的领导，逐步实现劳动人民当家作主。

尽管如此，这些民族地区仍需要进行改革，废除旧制度，消除剥削压迫，适应国家的政治体制及经济关系。但改革是要适应民族社会的特点，由少数民族自己实施。1950年6月，在中共七届三中全会上，毛主席指出，“少数民族地区的社会改革，是一件重大的事情，必须谨慎对待。我们无论如何不能急躁，急了会出毛病。条件不成熟，不能进行改革，一个条件成熟了，其他条件不成熟，也不要进行重大的改革。当然，这并不是说不要改革，按照《共同纲领》的规定，少数民族地区的风俗习惯是可以改革的。但这种改革必须由少数民族自己来解决”。

1952年底，在内地土改等基本完成后，部分民族地区应该如何呢？1953年初，西南局民委党组在《对今后民族工作的意见》（草稿）中提出民族地区开展社会改革的必需，但也提出，“少数民族地区不进行必要的社会改革，就不可能跻身于先进民族的地位。至于什么时候进行改革，进行什么改革，即使进行土地改革，也就只能是毛主席接见西藏致敬团代表时说的‘少数民族地区分不分土地，由少数民族自己决定’和‘由你们去分，我们不代你们分’的方针。我们一些同志不从具体的政治经济情况出发，往往过早夸大阶级矛盾而忽视民族关系，或者只从简单朴素的阶级感情出发，企图人为地制造阶级斗争，急于要求改革，都是有害的”①。

7月，全国统战工作会议在北京召开，与会代表总结了建国后民族地区的发展变化，分析了民族群众的改革要求，研究了开展社会改革的必要性，“我们在各少数民族地区实行各种社会改革，特别是在封建制度统治下的少数民族农业区实行土地改革，这是因为解放少数民族旧社会制度对生产力的束缚，对于改变社会各方面的旧面貌，都是完全必要的，也是不可避免的”。肯定了经济结构与汉族地区相同或类似的民族地区开展改革的积极成果和深远影响，认为人民政府在社会经济发展更落后的，尤其在边疆民族地区开展改革，“可考虑不再采取其他民族地区已经采取过的激烈的阶级斗争方法去进行社会改革，而采用比较和平的方法，即经过曲折迂回的步骤和更为温和的办法去进行社会改革，以便十分稳妥地推动这些地区向前发展”，即和平协商的改革；并且提出，“至于还没有形成阶级社会或阶级分化极不明显的少数民族地区，在经过必要的工作之后，它们将直接地、但却是逐渐地和我们共同过渡到社会主义”，即“直接过渡”到社会主义。

不久，全国统战工作会议的纪要（全称《关于过去几年内党在少数民族中进行工作的主要经验总结》）呈报中央政治局，在毛主席的主持下，中央政治局讨论并同意部分民族地区开展社会改革，认可了“和平协商改革”及“直接过渡”等做法。

1954年9月，一届全国人大召开，刘少奇在《关于宪法草案的报告》中提出，现在还没有完成民主改革的少数民族地区，今后可以用某种和缓的方式完成民主改革，然后逐步过渡到社会主义等，赋予和平协商改革及“直接过渡”以法理依据。

10月，经中央政治局讨论并通过的全国统战工作会议纪要作为中央文件下达相关各省，指导相关工作的开展。

（二）云南发展及实践“直接过渡”

1953年7—9月，省边工委马曜等到潞西遮放西山数十个景颇村寨开展调

---

①《西南局批转西南民族事务委员会党组对今后民族工作的意见》（草案），载《西康工作》第86期（1953年4月）。关于该文中引用毛主席接见西藏致敬团的谈话，参见《毛泽东西藏工作文稿》相关部分。

查，了解到当地土地占有不集中，阶级分化不明显，阻碍生产力发展的主要因素不是山官、头人等的剥削，而是生产水平低下和停滞，社会分工和商品经济不发达以及拉事、祭鬼等原始和落后因素，在这些地区应当允许发展个体经济，“扩大私有观念”，促进发展。并提出在这些地方可以不分土地、不划阶级，不开展土地改革，在发展经济之后，通过搞互助合作，发展经济和文化，消灭原始或落后因素，逐步向社会主义过渡的工作意见。简言之，将“直接过渡”具体化。

根据掌握的情况，当时傈僳等族与景颇族处于同一发展阶段，为进一步认识傈僳等族社会形态，便于开展工作，1953年底中共云南省委要求对傈僳等族聚居区开展全面、深入的调查，“对德宏区的傣族、景颇族，蒙自江外的爱尼族，西双版纳与耿马等县的傣族，澜沧县拉祜族和怒江区的傈僳族及边疆各地区之汉族，必须进行全面系统的研究”，认识其经济发展水平、生产资料占有状况，民族内外部关系，提出今后开展工作的设想等。①

根据调查所得及相关建议，结合傈僳等族的社会形态及发展水平，省边工委充实及发展了“直接过渡”的做法，1954年3月，在省委二次代表会议上，王连芳在大会发言中，阐述了云南边疆民族存在两种不同的类型，以及两大类之外的藏、彝、佤等族。其中景颇、傈僳及其他人口较少的民族属于第二类型，这类民族内部阶级分化不明显，可以不采取土改方式实施改革，应以“团结、生产、进步”作为长期的工作方针，采取一系列措施，发展经济，培养民族干部，促进内部的民主及统一，减少宗教习惯对生产等的破坏，稳步地增加社会主义因素，保证他们直接地但却是逐步地过渡到社会主义。②

省边工委对傈僳、景颇等族发展阶段及社会经济的认识以及工作措施的设想，得到了西南局民委的认可，赞同其做法。1954年4月1日，西南局民委在《关于西南民族工作会议情况报告》中指出：云南边疆卡瓦、傈僳及景颇族，据我们初步了解，仍保持着很大的原始性，阶级分化很不明显，我工作基础亦差，这类地区，只要加强民族团结，实行民族区域自治，积极培养

---

① 四川省档案馆藏1953年12月14日《云南省委关于加强边疆少数民族地区调查工作的报告》。

② 王连芳：《云南民族工作实践与理论探索》，224页，昆明，云南民族出版社，1989。其后，西盟、沧源等地佤族也列入第二类型民族，采取“直接过渡”进入社会主义。至于藏族、彝族列为两类之外的民族，暂不开展改革，主要涉及川滇等省藏族、彝族社会改革的同步性等。关于这个问题，以后另文阐述。王连芳时任云南省边工委副书记。

民族干部，大力帮助发展生产，可以不经过土地改革将逐渐过渡到社会主义社会。①

1954年9月，《中华人民共和国宪法》赋予了部分民族地区以“和平协商”或“直接过渡”实施社会改革的法理依据；10月，中共中央转发了《关于过去几年内党在少数民族中进行工作的主要经验总结》（修正稿），昭示着部分民族地区的民主改革即将启动。

11月16日，云南省委报告中央，请求在边疆民族地区开展和平协商土地改革或“直接过渡”，建议对“藏区、凉山彝区、怒江傈僳族地区、卡瓦（佤）族地区和德宏的景颇族地区坚决不考虑改革，应本着‘团结、生产、进步’的方针，认真做上层工作和群众的生产工作”。1955年1月11日，中央批准了云南省委的报告，认可了相关措施及做法②。

按照工作布置，云南省委在完成边疆16县汉族与少数民族杂居区的社会改革及德宏等地傣族地区和平协商土地改革后，按照“团结、生产、进步”的方针，以发展为重点，在国家的扶植下，积极开展工作，引导傈僳、景颇等族“直接过渡”到社会主义社会。

五、“直接过渡”的措施及做法

（一）建国初傈僳族社会发展

1953年，经过各级政府和工作队数年的努力工作及积极引导，福贡、碧江及贡山等地社会稳定，生产发展，民众生活得到部分改善。受周边地区的影响，少数群众要求开展土地改革，以带动经济更快地发展。但怒江边工委从实际出发，明确指出，傈僳地区不具备开展土改的条件，应以“团结、生产、进步”为工作重点，增加收入，改善生活，切实解决民众的疾苦，促进社会的进步。

① 云南省委党史研究室编：《云南边疆民族地区民主改革》，89页，昆明，云南大学出版社，1996。

② 云南省委党史研究室编：《云南边疆民族地区民主改革》，102页，昆明，云南大学出版社，1996。

不进行土地改革，根据互利原则，各族各村寨自己协商，互相租佃或按原始习惯借地耕种等方式解决部分农民无地少地问题，发展生产。提倡积肥施肥，兴修水利，建设梯地，并领导群众同自然灾害作斗争，增加生产工具，发展副业生产。①

不过，从1953年起，受维西、兰坪等土改区的影响，泸水部分群众自发地创办互助组，各组规模不大，少者五家，多者十六家，一般为六七家，多为贫困户，以亲戚为主。

组织互助组后，一般说来，是起了一定作用。如提高了生产积极性，过去早饭后才出工，现在早饭前就出工。过去要42个工的地，现在8个工就搞完了。生产也有了增加，如李德和小组，1952年收12石（20石?），1953年收31石，增加了55%。不误农时，集体卖工或集体贷入，使大家不致因口粮丢下自己的庄稼去卖工度日。②

接着，贡山、福贡等地少数民众借用传统的互助形式，要走合作生产的道路。怒江有关部门经过研究后，认为部分群众简单地搬用内地的做法，过早组织互助组欠妥，应予取消，“民间互助协作可按原有‘瓦刷’（原注：供给午饭，请工种地干活）习惯进行，目前主要是有重点地建立爱国生产小组，取得经验，带动全面；无地户的土地问题，各县通过召开政府委员扩大会议协商解决”③ 等，仍持谨慎的态度，采取和缓做法，通过爱国生产小组形式组织群众，协作生产，暂不涉及土地等生产资料的改革问题。其间，云南省委也对部分傈僳地区的改革发出指示，认为其内部地主阶级尚未形成，富农也极少，公有土地虽少，但群众之间可借地耕种，解决缺地少地等问题，这类地区基本上不再进行土地改革，将通过正面的扶持农民生产和有关政治措施，逐步加以解决。④

尽管怒江边工委依据“慎重稳进”的方针，认为福贡等傈僳社会“土地不甚集中”，“阶级分化不太明显”等，对部分群众移植内地、自发组织互助组的作法不予鼓励，要求撤销，扶植及推广爱国生产小组，以生产为中心，以发展为重点，在发展中前进。然而，形势的变化使怒江边工委逐渐改变其

① 张映兰主编：《中共怒江州党史大事记》，42页。

② 云南省档案馆藏：《怒江区1953年生产工作总结摘要》，1954年6月28日。

③ 张映兰主编：《中共怒江州党史大事记》，48页。

④ 张映兰主编：《中共怒江州党史大事记》，49页。

态度，接受、支持及发展群众的生产互助，在实践中发展完善，借此通过合作化道路，“直接过渡”到社会主义。

（二）创办及发展互助组

进入1955年，以互助形式组织个体农户，逐步通过合作化，实现土地及其他生产资料公有制而“直接过渡”到社会主义已成为福贡、贡山及碧江等地傈僳群众的要求，成为挡不住的趋势。

从大背景来讲，云南省已开展了边疆民族地区民主改革，作为改革组成部分的“直接过渡”逐渐启动也在情理之中。如前所述，1955年1月中共中央批准了云南省委的请求，同意在部分地区开展民主改革。尽管在该批复中，中央要求“其他地区的改革何时开始进行，请省委再进行一些调查研究之后考虑决定，并报中央”。但伴随着民主改革的开展，“直接过渡”步伐也随之迈出，只是由小到大，从点到面，循序渐进。

当时，在碧江、泸水及福贡等地傈僳群众中，自发创建互助组者也越来越多，愿意组织起来，走合作化的道路。1955年7月，据有关部门调查，仅碧江县二区俄科罗乡就有30个由群众自发组建的互助组，这些互助组分常年互助、临时互帮和土地合伙经营三种不同类型，参加者多是贫困户，各互助组依据实际，采用传统的互助习惯，形成不同的经营模式。

如泸水县北部部分傈僳群众以自然村为单位，组成10～80户大小不同的互助组。这些互助组农户土地入股，土地报酬约为收获物的20%；每户人家留有自留地，自留地面积每人一碗种（相当于1/4亩，即2.5分土地）；互助组耕牛或闲牛采取私养公放包耕的形式，承认牛主人的私有权，使用牛工付报酬；合种合耕，统一劳动。

碧江互助组有常年互助、临时互帮或土地合伙经营三种类型，每组规模约10户，伙种伙耕，全组成员每天轮流耕种一户组员的土地，不考虑劳动者性别及年龄，以一工换一工，差额在结算后仍用劳动补偿。

其后，各组考虑到劳力强弱的差别，采取了评工记分方式，最高10分，每天收工时进行评分，拟年终结算，差额以人民币弥补。然在秋收时，因成员顾虑农时，抢先耕种自家土地，影响到组内团结。加之缺乏市场交换，农民欲将产品调换货币颇不容易，无法实施以钱结算的构想，各互助组又退回到土地合伙耕种，按土地及劳力分配产品的状况。

尽管在历史上傈僳群众有换工互助的传统，但是临时的、非常态的，通过互助组这种形式，将个体农户组织起来，采取自愿互利、评工记分等方式，有了简单的劳动分工和生产计划，集体优势得到了发挥，加以政府扶植，多数互助组取得了明显的成效。有简单的劳动分工及生产计划，能够按时耕作；生产上有了安排，自发及散漫现象逐步得到改变，劳动效率提高；开垦荒地，扩大了耕地面积；传统的耕作技术得到某些改进等。然而，要将千百年来松散的傈僳族民众组织起来，转化为集体意志及行动，的确不容易。在这些互助组中，一些问题仍然存在，突出表现是：

第一，平均观念浓厚，认为“土地不分你我”，“住大房子吃大锅饭，收了粮食放在大仓里，大家一齐吃”，抵制按劳取酬，认为“你有一双手，我也有一双手，为什么我们要评工分，评多评少，表现差别呢?”

第二，劳动散漫，出工一窝蜂，搞人海战术，缺乏计划安排，形成浪费。而群众则认为，这样才是团结干活，这才是“阿夷尼然阿姊尼妈合来合”（兄弟姊妹团结），表现亲情。

对此，有关部门以生产为中心，以发展为重点，传授先进技术，贷放先进农具，逐步固定耕地；以生产为中心，要求中耕薅锄，提倡副业，饲养牲畜，种植经济作物等；宣传生产互助，开展季节性临工换工互助；创办并重点扶植常年互助组，典型示范，自上而下引导群众开展以集体主义为中心的政治思想教育，根据群众的觉悟程度，抓好重点组的带头示范作用；加强领导，发展互助合作等等。其中，对常年互助组的要求是：组织形式固定，有一定领导骨干，播种、收获等季节在一起，有稳定性，并有简单的劳动分工与生产计划，比一般互助组多打粮食，耕作先进等①。

（三）互助组的积极作用

概括而言，“直接过渡”主要指生产资料所有制实现公有制以及建筑在其上的平等生产关系，走集体化的道路。虽然在部分傈僳族社会中间，私有观念已业形成，部分耕地及耕畜业已有私有化，但原始公有制残余仍不同程度存在，占较大比重；尽管没有剥削者或被剥削者，公开剥削尚不存在，但变相剥削行为还是有的。因之，根据群众的要求，推行互助合作，逐步改变私

① 云南省档案馆藏：《怒江边工委五五年山区生产改造意见》（草案），1955年2月13日。

有制，按劳分配，增强“计算”意识，促进发展，改变观念，实践“直接过渡”。

根据群众的意志，引导他们采取自愿互利、民主管理的原则，建立长年或季节性互助组，扶持贫苦农民，帮助其解决生产工具和土地，提高生产技术，固定耕地，增加产量，提高效益；以土地分红，耕牛牧养，劳作安排，评定工分，按劳取酬，传授“计算”观念等，逐步破除原始互助观念；分工协作，注入新内容，萌生及增强新型的集体意识；采取协商借地和依照土地占额实行合理负担，降低富裕户对贫苦户的剥削程度，限制其经济实力的上升。在互助组建立初期，富裕户可以参加互助组并担任领导，但随着工作的逐步开展和群众的发动，贫苦阶层积极分子的锻炼成长，要逐步掌握话语权，发展农村党团员，培养新型干部，实现对底层政权的改造及控制。因而，建立及发展互助组，发挥了组织起来优越性等，为创建合作社、逐步建立公有制铺平道路。

（四）发展互助组，推进合作社建设

1. 明确路径

对于傈僳等民族不经过改革，如何“直接过渡”到社会主义社会的问题，云南省委经过多次研究，逐步明确并充实完善。

1954年6月，云南省委认为，在阶级分化不明显的落后民族中，可通过适当形式公开说明一般不进行内部的土地改革，这些地区应以“团结、生产、进步”作为长期的工作方针，通过人民政府及先进民族长期的帮助，逐渐地直接地过渡到社会主义。

1956年10月，在调查研究的基础上，云南省委与中央云南边疆工作组经过研究，对“直接过渡”的路径进一步可以明确，即以发展生产为重点，在对群众有了一定程度的发动，经过协商，取得上层同意以后，即可采取坚决依靠贫苦农民，团结一切劳动人民，团结和改造一切与群众有联系的民族公众领袖人物，在国家大力扶持和帮助下，通过互助合作，逐步过渡到社会主义。对于山官、头人的特权剥削采取“赎买”政策，有区别地、逐渐地但又

集中地加以解决[①]，在“团结、生产、进步”方针的指导下，以互助合作为途径，进入社会主义社会。

因而，在傈僳族“直过区”需要积极引导，通过互助合作，大力发展生产，加强经济、文化等方面的工作，增加社会主义因素，消灭剥削因素和原始落后因素，直接地但却是逐步地过渡到社会主义。

2. 发展互助合作

早在1956年初，怒江有关部门总结上年的工作经验，决定在“直过区”推行常年互助组，逐步将其引导为初级合作社，利用合作化改变旧的生产关系，并建立及健全基层政权，逐步进行一些必要的民主改革，改变其原始落后面貌。

落后民族由于经济特别落后，加上原有的互助习惯，绝大多数群众都要求走共同富裕的道路，80%的贫苦农民由于缺乏生产资料，生活困难，若不组织起来，就无法进行生产，因此他们最易接受社会主义的原则，愿意积极加入互助组和合作社。加之当时全国正处在合作化的高潮时期，内地先进民族的政治高潮和合作社优越性的现实影响，使边疆各民族人民向往社会主义，不但贫苦农民要求办组办社，就是中等户也有组织起来的要求，这些都是开展互助合作的有利条件，也是有关部门能在一些工作基础较好的地区直接办社的基本原因。

于是，当地政府要求“直过区”普遍建立互助组，数量要多，但规模不宜大，适应自然及地理特点，做到村村有互助组，每乡创办若干个常年互助组。通过互助组活动，发现及培养农村积极分子，为推行合作化物色及准备人员。其间，各地有所选择，试办一批生产合作社，摸索经验，培养干部，逐步改革互助组，以迎接合作化高潮。

按照规定，常年互助组仍实行土地入股分红，但分红比例不能过高，要有所下降；组内农户的自留地也适当缩小，一般不能超过耕地的5%；调整耕牛私养公放包耕做法，采取有牛户组织起来，集体放牧、合作社租用等办法，养牛户给予放牧者一定的劳动报酬，合作社给予放牧者一定的租金。

其间，当地政府利用春耕时节，将若干较成熟的互助组加以合并，升格

① 周域主编：《云南民族工作四十年》（下册），80页，昆明，云南人民出版社，1991。

为初级合作社，组织个体农户，整合土地、耕牛及农具等生产资料，形成真正意义上的集体所有制，直接过渡到社会主义。1956年春，福贡、贡山、碧江及泸水4县有33个乡试办67个合作社，入社农户1569户，占全区总户数的6.3%，入社土地12905架，占9.2%。

3. 傈僳族地区合作社特点

由于合作社是从常年互助组发展而来的，考虑到民众的认知程度和接受能力，傈僳族地区的合作社基本上是初级社，仍不同程度保留着原始平均观念及互助习惯。

首先，根据傈僳族社会的实际情况，控制合作社的规模，一社10户左右，最多不超过20户，提倡一寨一社或一寨数社，不搞数寨一社或民族联社。

其次，按照自愿互利原则组建合作社，土地分户按常年产量评定入社，土地分红，一般在一成左右，最高不超过20%。以协商方式解决部分社员的耕地，在自愿的原则下，采取调换、分割、赠与等方式解决，不自愿的暂时保留下来，由社内出人与社外农民共同耕种，并主动照顾社外农民，以等待群众觉悟提高后，自愿加入。

为照顾民族习惯及群众生活的需要，适当地留下若干麻地、芋头地和包谷地作为自留地，一般每户在一架左右，最少的半架，多的在两架以上。对于群众已成熟的漆树、核桃树等经济林木和较大的黄连地，不强迫入社。愿入社者，以归还成本或按成本分红等办法解决；不愿入者，在割漆、挖黄连时，社内出工帮助，主人适当给以报酬。对于耕牛、骡马、猪、羊等暂不入社。在耕牛的处理上，暂时采取两种办法：一种是私有公放，低额租用，死了社里分摊一部分，母牛分养，小牛对分，肥料归公；一种是私有，有牛户组织起来轮放，合作社临时租用或常年租用。部分合作社还采取耕牛折价入社，折价款在三五年内归还，耕牛入社后采取集中管理，分散喂养，分散放牧，统一使用的办法。喂养户要包养、包活、包生、包膘、包工、包料及包耕“七包”，切实落实责任。

至于合作社的大型农具，则犁架随牛带来，犁铧由社员添补，小农具发给个人，自修自用等等。

再者，坚持从实际出发，由粗到细，由简到繁，逐步提高管理水平，坚持汉文和傈僳文并用，分期分批培训合作社会计和管理人员，实行评工记分，按件记分或小段记分，贯彻按劳分配原则。在办社初期，少提取或不提取公共积累，公积金、公益金不超过总收入的5%，出现困难时，由政府帮助解决。

合作社公积金由社员按公摊股份解决；对有困难的贫苦农民，由政府贷款，以贫农合作基金贷款解决。出现困难时，由当地政府采取措施，给予必要的资助，扶助合作社。在发展中逐步完善，除引导入社农户走公有化的集体道路外，对未入社者也加以影响，吸引更多的人加入。

在生产上，推行粗略的季节性生产计划和三五天的具体小段农活安排，划分了劳动小组，按小组实行小段包工，引导劳动生产走上有计划、有组织的轨道。分配上以快、少、灵为特点，力求简便，按小春、大春、晚秋三次分配，边收边分。实物与现金、劳动报酬与土地收益每笔分别计算，分别分配，其他杂粮，则按需要每户适当分配。

通过互助组、合作社等，傈僳群众切实体验到集体制的“甜头”，办社热情持续高涨，但云南省委仍坚持“慎重稳进”的方针，因势利导，引导民众稳步前进，指出“傈僳族地区如何逐步地直接过渡到社会主义问题，至今尚无实践经验，为了避免四面紧张，对那里的互助合作运动，只能作个别试点”。

根据省委的要求，怒江边工委积极引导群众办社热情，控制合作社的规模及发展速度，强调合作社的性质仍然是半社会主义的，除个别社外，一般不扩大，条件成熟者，也试办高级社，待取得经验后，再予扩大。不过，新社的规模依据自然环境条件及干部管理能力，约20户人家组成一社，小了没有优越性，大了管理不了。

到1957年初，怒江地区沿边四县的合作社发展到164个，入社农户3450户，占总户数的37%，90%以上的乡都建立有合作社。与此同时，互助组也有很大的发展，70%以上的农户加入其中。鉴于群众的合作化热情高涨，要求迫切，有关部门拟暂时放慢前进速度，以便集中精力，做好巩固提高工作，摸索总结出一些系统经验后，教育提高干部，扩大对社外的影响，加强对互助组的领导，培养农村办社骨干，创造以后发展的条件。

4. 合作化的特殊作用

需要指出的是，对于“直接过渡”到社会主义，创办及发展互助组、合作社等，逐步实现土地、大型农具及耕畜等的公有制，不断增强社会主义因素，引导群众走集体化的道路是基本的路径。但是“直接过渡”不仅仅是生产资料占有制的改变及耕作方式的革新等，也涉及农村党团员的培养及基层支部的建设，培养及选用新型干部替代头人或“密支扒”，重构及完善基层政权等，使社会主义深深植根于傈僳族社会中。因此，合作化过程也是共产党、人民政府不断深入人心的过程，通过创办及发展合作社，发现具有觉悟的积极分子，选择及培养农村党团员，教育及提高其成为新型傈僳族干部，实现党对基层社会的领导，从政治上“直接过渡”到社会主义社会。因而，建立及发展合作社的过程，也是党和政府建立乡级政权，建立农村党团支部，培养及使用新型干部的过程。

六、对“直接过渡”的认识

尽管在福贡等地傈僳族社会不开展以土地改革为内容的民主改革，“直接过渡”到社会主义社会是“一步走”，然而，在进行合作化的实践中，还得一点一点地消除傈僳族社会的落后残余因素及剥削因素，增加社会主义因素，实现公有制，实际是“千百步走”①。

“一步走”指“直接过渡”的归宿，而“千百步走”是“直接过渡”的实践，毕竟“原始落后的社会形态不能成为社会主义的基础，必须在过渡的过程中，逐步消除原始落后的因素，创造和建立社会主义的经济文化”②，两者并不矛盾，应该也必须正确处理好两者的关系。若否认“千百步走”的实践，只要求“一步走”的归宿，则欲速则不达，还将产生恶劣的后果；反之，只强调“千百步走”的实践，无视“一步走”的要求及归宿，则无法顺应傈僳族民众渴望进入社会主义的愿望，也与当时中国的社会发展不相吻合。

1958年，在错误思想的指导下，怒江傈僳族地区背离了“直接过渡”指导下的“千百步走”，扎实稳妥地进入社会主义的路径被改为用“棍子赶群众进‘天堂’”，跑步进入社会主义社会，在合作社尚未完善之时，还要大办、

① 王连芳：《王连芳云南民族工作回忆》，247页，昆明，云南人民出版社，1999。

② 1954年刘少奇对“直接过渡”的指示，引自《王连芳云南民族工作回忆》，246页，昆明，云南人民出版社，1999。

快办人民公社。1958 年 8 月，怒江地区合作社从上年冬的 145 个增至 681 个；入社农户比重由 13.75% 升到 92.09% 。到 10 月，合作社升格为人民公社，建有 29 个人民公社，为体现“一大二公”的优越性，生产上采取大平调，社队上大搬家，生活上大办公共食堂，最大社有 2000 余户，最小的也有 310 余户；98.94% 的傈僳族农户加入公社，成为社员，一举实现了由个体经济到互助组、初级合作社、高级合作社、人民公社的历史跨越，不是“直接过渡”，而是“直接”进入社会主义社会。

傈僳族人民一扫古老的家长氏族制残余，跨越了奴隶制、封建制和资本主义三个历史阶段，直接向社会主义飞跃。别的民族以几千年、几百年的时间才能完成的历史，他们在党的领导和汉族的大力支持帮助之下，用不到半年时间完成了。[①]

更为突出的是，当时云南省委主要负责人，竟把怒江州傈僳族残存的原始共耕伙种以及平均主义的特点，表扬成“共产主义风格”，向全省宣布“落后民族已经走到先进民族的前头”，要各地区都赶快赶上怒江。[②] 比、学、赶、超更将怒江地区人民公社运动进一步推高，在进入社会主义道路上，只要求实现“一步走”的理想而拒绝了“千百步走”的实践，单纯地就生产关系而言，的确将所有制形式立即加以改变，实现了公有制，但产生的严重后果及恶劣影响，非同小可：边民外逃，生产遭破坏，社会不稳定，民族团结受影响，政府的公信力大大下降……关于这个问题，另文再论。

---

① 张旭：《怒江傈僳族跳越几个世纪》，载《光明日报》，1958 年 11 月 19 日。

② 王连芳：《王连芳云南民族工作回忆》，260 页，昆明，云南人民出版社，1999。

傈僳族的文化自觉与其社区经济发展

邹丽娟①

当今世界，文化与经济相融合产生的竞争力成为一个国家最根本、最持久、最难替代的竞争优势已经是不争的事实，一个国家如此，一个民族也是如此。开放的、先进的民族文化与繁荣的民族经济相融合形成的竞争力，是该民族走向强盛的根本。同时，民族文化本身的发展就是民族经济能够发展的重要保障，一个民族的文化是否先进，往往直接影响到了该民族经济的繁荣程度和在世界民族之林中的竞争力。纵观世界历史，我们会发现一条规律性的民族发展之路：民族经济的发展推动了民族文化的繁荣，反过来，先进的民族文化又带动了民族经济的发展，而民族文化的先进性则依赖于该民族对自身文化的觉醒、反省和创建，即文化自觉。傈僳族是我国55个少数民族中6个特困民族之一，这一状况的形成与其生产力发展水平、生存条件等有着密切关联，但同时也与该民族的文化自觉程度有紧密的联系。实现傈僳族主体的文化自觉，是有效地推动该民族社会经济发展的重要条件。

① 邹丽娟，女，云南民族大学副教授，云南民族大学傈僳学研究中心研究员，主要从事少数民族哲学与文化的教学和研究。

一、民族文化自觉与民族经济发展的关联性

经济基础和上层建筑的辩证关系，是马克思主义哲学中的一个重要话题，经济基础决定上层建筑，上层建筑反作用于经济基础。文化作为上层建筑，对经济基础的反作用力不言而喻。因为文化凝聚着一个地区、民族的价值观念、思维方式、道德情感、价值追求、生活模式以及信仰习俗。这些力量会反过来影响国家、民族、地区的经济发展。在经济发展到一定阶段时，世界各国都会面临文化抉择，面临着如何继续发展、何去何从的问题。现代世界经济发展表明，社会发展程度越高，文化的作用就越明显，对经济增长的贡献也就越大。正是基于这种作用性，建构一种最有利于民族经济发展的文化体系显得尤为重要，而这种建构又必须依赖于各民族自身的文化自觉，可以说，没有文化自觉，就不能实现先进文化的建构，没有先进文化的建构，就无法带动民族经济的迅速发展。因此，文化自觉是推进民族经济发展的文化心理动力。

所谓文化自觉，是指生活在一定文化历史圈子的人对其文化有自知之明，并对其发展历程和未来有充分的认识。换言之，就是指生活在不同文化环境中的人们，面对剧变的社会环境，对文化的一种自我反思、自我调适、自我觉醒和自我创建，是一种正确、健康的文化观。文化自觉的目的是为了加强对文化转型、文化取舍、文化选择和文化改造的自主能力，以适应新环境、新时代。从内容来看，文化自觉体现为吸纳文化知识、培育文明素养、提升思想境界等方面。费孝通先生曾说："文化自觉是一个艰巨的过程，只有在认识自己的文化，理解所接触到的多种文化的基础上，才有条件在这个正在形成的多元文化的世界里确立自己的位置，然后经过自主的适应，和其他文化一起，取长补短，共同建立一个有共同认可的基本秩序和一套各种文化都能和平共处、各抒所长、联手发展的共处守则。"①

美国当代反思人类学大师萨林斯在"何谓人类学的启蒙？20 世纪的若干

① 中国社会科学院科研局：《费孝通集》，448 页，北京，中国社会科学出版社，2005。

教诲”的演讲中，也表达过类似“文化自觉已成为发展中民族普遍潮流”① 的思想，他认为在经济全球化浪潮中，处于发展中的不同民族都在朝着“现代性本土化”的目标迈进，意即在保护本民族文化传统的基础上寻求发展，在世界文化秩序中力求拓展自己的生存空间。

事实上，在全球化与多元化并存的大背景下，从单一民族到多民族国家都面临着文化自觉的主题。无论是一个民族还是一个国家，都要对自己文化的渊源、特色及走向有一个清醒的认识，在面对其他文化体系冲击的时候，既不是简单地排斥、回避，坚守自己的传统，对自己的文化传统采取夜郎自大的态度，也不是盲目地全盘他化，将自己的文化渊源和文化特色弃之不顾，而应该是自觉选择其他文化体系中对本民族发展有利的因素，与本民族文化体系中的优良成分自然融合，构建最有利于促进本民族发展的先进的民族文化体系。

从目前世界各民族的发展实证来看，开放性与多元融合性是先进文化体系的主要特征，而这种开放性是文化自觉的前提，多元融合性则是文化自觉的结果。一个民族只有实现了文化自觉，才能有机会获得先进文化的因子，也才能将文化作为上层建筑对经济基础所起的反作用发挥出来。

二、傈僳族文化自觉程度与社区经济发展的分析

傈僳族渊源于南迁的古氐羌人，与彝族同属一个族源。傈僳族是一个历史悠久的民族，早在秦汉时期就分布在今川西南和滇西各地，其族名最早见于唐代樊绰的《蛮书》。在漫长的历史发展过程中，傈僳族人民创造了丰富多彩的民族文化。但在历史上，傈僳族又是一个苦难的民族，一直遭受着战争的威胁，迫使傈僳族先民进行了三次大迁移，傈僳族中就有“苦傈僳遍山跑”的说法。据史载和民间传说，公元 8 世纪时，傈僳族先民便居住在雅砻江、

① ［美］马歇尔·萨林斯：《甜蜜的悲哀》，109～141 页，北京，生活·读书·新知三联书店，2000。

金沙江两岸，被认为是当时“乌蛮”的一个组成部分。12 世纪以后，这一地区的木氏土司与西藏封建农奴主为争夺中甸、维西、宁蒗的统治权，进行了 80 余年的战争。1548—1549 年，傈僳族兵丁不堪木氏土司的重压，在头人括木必帕的率领下，被迫渡过澜沧江，越过碧罗雪山进入滇西北怒江等地区，开始了傈僳族的第一次大迁徙。清嘉庆八年（1803 年），清廷镇压傈僳族农民起义，迫使数以万计的傈僳族逃入怒江峡谷和德宏，其中一部分人进入缅甸，一部分人迁到老挝和泰国。第三次大迁徙是 1821—1892 年，清廷镇压了傈僳族人民反土司、抗清的起义后，又有大批傈僳族人民迁往澜沧江、怒江两岸及怒江西南地区。

从历史的角度看，三次大的迁徙一方面使傈僳族的居住区域扩大，形成与其他民族杂居的状况；另一方面导致傈僳族内部由于地域因素与其他民族交往互动的条件不同而形成了文化自觉程度的差异，并进一步影响到社会经济发展。

在新中国成立前，居住在云南省丽江、维西、永胜、云龙、兰坪、保山和四川省西昌等地的傈僳族已进入封建地主经济社会，这些地方的傈僳族与其他民族的交往互动频繁，通过经商、通婚等方式，学习到了其他民族文化中的先进内容，不断地改造自己的文化，到新中国成立时，这些地区傈僳族的文化自觉程度相对较高。直到今天，这些地区的傈僳族的人均收入和文化水平也是在本民族中处于领先地位的。

被迫定居在怒江地区泸水、碧江、福贡、贡山沿边四县和德宏山区的部分傈僳族，他们所生活的山区坡度都在 60 度以上，有些地方甚至在 80 度以上，山高谷深，生存条件十分恶劣，交通不便，与外界交往困难。到新中国成立初期，他们虽然已经从事农业，但还需以采集、狩猎来填饱肚子。生产工具简陋，实行“刀耕火种”。还保留着原始公社制和家长奴隶制的残余。由于残酷的生存条件的制约，这些地区的傈僳族人民在价值观念、理想追求、思维方式等方面，与其他民族、甚至是其他地区的本民族相比，都显得十分滞后。文化自觉的意识还有待唤醒。与此同时，这些地区的经济发展都较为落后，这与地理环境有密切关联，但也不能忽略文化心理因素的影响。

从现实的角度看，傈僳族由于文化自觉程度的不同而形成的经济发展的差距，也能够找到很有力的证明。我们以因历史原因而形成的文化自觉程度有差异的维西、福贡两县为例，以 2010 年的国民平均受教育年限（能反映吸纳文化知识的文化自觉）、广播电视综合覆盖率（能反映培育文明素养的文化自觉）和GDP为依据，作相关的比较分析：

维西、福贡两县傈僳族文化自觉程度与经济发展程度比照表

县份	2010年国民平均受教育年限	2010年广播电视综合覆盖率	2010年的GDP
维西	7年以上	98%	188850万元
福贡	5.41年	87%	53981万元

（注：表中数据主要来自两县2011年政府工作报告）

从以上数据可以看出，两县在吸纳文化知识的文化自觉和培育文明素质的文化自觉方面，还有着一定的差距，而经济发展的差距则更加明显。虽然经济发展的制约因素是综合性的，但文化自觉对经济发展的影响也是不可忽视的。同样的民族，由于对文化知识的吸纳、对文明素质的培养等方面的文化自觉程度不同，经济发展的速度也就不同。

三、傈僳族社区实现经济发展急需的文化自觉路径

正如笔者在前文中的分析，傈僳族作为一个古老的民族，在经济发展方面与其他民族有着巨大的差距，除了历史、地理等方面的原因外，文化自觉程度也是一个重要的原因。当前，探索傈僳族社区实现经济发展急需的文化自觉路径，是推动傈僳族人民走出贫困的重要文化心理动力。

第一，弱化“山野自足、与世无求”的族群封闭心理。傈僳族在历史迁徙的过程中，一部分傈僳人被赶到山上，几乎与外族文化隔绝，无法生成文化自觉的环境；一部分傈僳族与汉族及其他民族交错杂居，必然形成一定的民族互动，实现着一定的文化自觉。然而在封建的华夷秩序下，在大汉族主义的文化氛围中，傈僳族在政治、经济、文化、教育方面都处于边缘化地位。作为弱势族群的傈僳族交织着复杂、矛盾的民族心理，一方面，傈僳文化对

汉文化及其他先进的民族文化保持着某种仰慕的心态，但另一方面却又保持着戒备和畏惧心理。即使新中国成立后，推行了民族平等和民族自治的政策，但傈僳族已经形成的“山野自足、与世无求”的隐性的封闭心理却很难彻底改变，他们对主流文化始终保持着一定程度的排斥和距离。很多傈僳人一辈子也没有出过远门，对外界的信息了解甚少；有的傈僳人因为不懂汉语，看不懂电视节目，对政治、经济形势的发展毫不了解等。族群封闭心态不利于对新技术、新知识的吸收，阻碍着傈僳族经济的变迁与转型，严重制约了傈僳族社会经济发展的步伐。因此，唯有傈僳族主体从文化自觉的高度，弱化族群无意识的封闭心理、强化民族自信心、加强族际文化互动，才能融民族发展和区域发展为一体，推进经济的迅速发展。

第二，打破“命中注定、神灵安排”的消极、迷信思想。傈僳族苦难的历史和恶劣的生产环境，使得傈僳族呈现出民族性的贫困。广大傈僳族人民世世代代在贫困线上挣扎，包谷、小麦、花荞、苦荞、土豆成为主食，“靠天吃饭”的情况特别突出，风调雨顺之年日子过得好些，但到了旱涝年又返回了贫困。在这样的背景下，许多傈僳族人头脑中萌生了是因为“命苦”才托生在这样的地方和家庭，一切都是“命中注定”的，傈僳族人世世代代都是这样过来的消极思想，而不是积极地去寻求脱贫的途径，只是用“命苦”来安慰自己。另外，由于傈僳族人普遍信仰原始宗教，有些地区还信仰基督教，使得许多傈僳人在面对贫困、疾病和其他不幸时，一味地从宗教中寻找答案，认为一切都是“神灵安排”，只能顺从神意，而无须作任何的努力和抗争。这种“命中注定、神灵安排”的消极、迷信思想，成为其社区经济发展的巨大心理障碍。因此，必须以文化自觉的高度，来打破“命中注定、神灵安排”的消极、迷信思想，培育积极向上的进取精神，为傈僳族社会经济发展提供精神动力。

第三，传承丰厚的山地农耕文化。傈僳族的文化自觉不仅要善于从观念层面克服不利于经济发展的文化惯习，更要善于从固有的生态环境和传统文化中寻找经济发展的资源。傈僳族生活的地区大多是山区，拥有丰富的林业、野生菌、矿产等山地资源。长期生活于山区的傈僳人民，基于对山区生态的文化适应，逐渐摸索并习得一整套的山区农耕知识体系，累积了丰富的山地耕作经验和驾驭山区资源的能力。他们能根据当地地貌、地势和气候进行立体式农业开发，栽培了多层次、多种类的山地经济作物，如核桃、板栗、药材、玉米、土豆、荞等，这些山地经济作物在现代消费市场中的需求很大，为傈僳族实现由商品化程度较低的传统经济向规模化、市场化程度较高的现代经济的转型提供了契机。然而，傈僳族能否依托悠久的山地农耕技术文化积淀顺利实现经济增长，关键在于傈僳族主体能否从文化自觉的高度对自身文化特质进行深度反思，能否知己知彼、扬长避短地寻找因地制宜的山地经济发展模式。只有傈僳族主体的文化自觉，才能内生出一种群体的创新思维和创新组织，推动经济的发展。

第四，开发独特而丰富多彩的传统民俗文化。随着各种文化体系的大冲击、大交融，和其他民族一样，傈僳族的传统文化也面临着变迁、甚至是消失的可能。基于这种大背景，2003 年联合国教科文组织制定了《保护非物质文化遗产公约》，旨在对各民族的传统民俗文化进行保护。傈僳族非物质文化遗产的保护是一项有赖于全社会众多力量参与的复杂工程，但在很大程度上却又依赖于傈僳族本身的文化自觉，这种对民俗文化的文化自觉过程，是将传统民俗文化中的独特部分与现代社会和经济发展的需求相结合的“民俗文化再生产”的过程，通过文化自觉来唤醒、激活自身独特的民俗文化遗产，在维护民族传统、张扬民族个性、增加族群认同感的同时，也使得传统与现代在现代文化消费市场中完成了相互的融合，传统民俗文化转变为带动经济发展的文化资源。

傈僳族独特而丰富多彩的民俗文化蕴涵着带动经济发展的丰厚资源。因长期处于正统的汉文化辐射的边缘，又劳作于高山深谷之间，与汉民族相比，傈僳族少了几分内敛和矜持，而多了几分直率与洒脱，这种直率、洒脱的民族精神气质渗透于傈僳族日常生活习俗特别是傈僳人的歌舞音乐中。傈僳族爱唱歌，民间有“盐，不吃不行；歌，不唱不得”之说。傈僳民歌朴素感人，曲调丰富，有生产调、逃婚调、打猎调、盖房调、打官司调等 10 多种，多以叙事诗的形式即兴演唱。傈僳人不仅喜好唱歌，而且还擅长舞蹈，传统舞蹈多为集体舞，有模仿动物的，也有表现生产生活的。这种洒脱的民族气质迄今仍散发着独特的魅力，利于人们物质与心灵的和谐。傈僳族还有着丰富多彩的节日文化，主要节日有澡塘会、收获节、过年节（阔时节）、刀竿节等，独特的节日文化在现代旅游消费市场中有着极大的吸引力。傈僳族还具有别样的饮食习俗文化，有包谷沙稀饭、漆油炒鸡、漆油炖鸡、麻籽茶等特色食品，吸引着各地食客。总之，傈僳族独特而丰富多彩的传统民俗文化，已经成为旅游经济的潜在资源。事实上，目前一些文化自觉程度高的傈僳族社区或个体，已经实现了传统民俗与现代消费市场需求的良性结合，走上了富裕之路。

文化研究

傈僳族的姓氏与命名述论

欧光明[①]

一、傈僳族的姓氏及其演变

（一）傈僳族的姓氏

姓氏，傈僳语称“时”。傈僳族传统的姓氏大多源自他们古老的氏族图腾名称。如：腊扒时[②]源自虎氏族，窝扒时[③]源自熊氏族，弥扒时[④]源自猴氏族，夫扒时[⑤]源自蛇氏族，阿尺时[⑥]源自羊氏族，阿丫时[⑦]源自鸡氏族，业饶时[⑧]源自鸟氏族，哇扒时[⑨]源自鱼氏族，亥扒时[⑩]源自鼠氏族，别扒时[⑪]源自蜂氏族，

---

① 欧光明，男，民族出版社编审，编辑室主任，策划人。

② 腊扒时，傈僳语音译，意为“虎姓”。腊，即虎。扒，傈僳族称姓氏或雄性时，常加“扒”、“饶”。

③ 窝扒时，傈僳语音译，意为“熊姓”。窝，即熊。

④ 弥扒时，傈僳语音译，意为“猴姓”。弥，即猴。

⑤ 夫扒时，傈僳语音译，意为“蛇姓”。夫，即蛇。

⑥ 阿尺时，傈僳语音译，意为“羊姓”。阿尺，即羊。

⑦ 阿丫时，傈僳语音译，意为“鸡姓”。阿丫，即鸡。

⑧ 业饶时，傈僳语音译，意为“鸟姓”。业，即鸟。

⑨ 哇扒时，傈僳语音译，意为“鱼姓”。哇，即鱼。

⑩ 亥扒时，傈僳语音译，意为“鼠姓”。亥，即鼠。

⑪ 别扒时，傈僳语音译，意为“蜂姓”。别，即蜂。

刮扒时[①]源自荞氏族，玛达时[②]源自竹氏族，俄饶时[③]源自菜氏族，子扒时[④]源自麻氏族，拉古扒时[⑤]源自柚木氏族，阿驮时[⑥]源自火氏族，霓扒时[⑦]源自霜氏族，施饶时[⑧]源自草氏族，谷扒时[⑨]源自鹰氏族，等等。据不完全统计，此类姓氏有数十种之多，并且多流传有各自姓氏的来历传说。

腊扒时（虎姓）的来历传说：远古时，有一位姑娘去山上砍柴，虎得知后变成一位英俊的男子，娶了该姑娘为妻，他们所生的后代即为虎氏族，都"姓虎"，即"腊扒时"。腊扒时的后代上山打猎都不许打虎。又如刮扒时（荞姓）的来历传说为他们的祖先由于擅长种植荞麦而得该姓氏。有的姓氏的来历传说还不止一种。如哇扒时（鱼姓）的来历传说就有两种，一种是传说他们的祖先因为擅长捕鱼而得该姓氏；另一种传说是一则神话，叫《鲍鱼的故事》：有个孤儿去江边钓鱼，钓到一条鲍鱼，带回家养在木槽里。每天他去地里干活后回到家时，发现饭菜都已做好，摆在桌上，让他吃现成的，他觉得很奇怪。有一天，他出门后又悄悄地回家，躲在门后看究竟。做饭的时间到了，从木槽里跳出一个美丽的姑娘，很快做好饭菜摆在桌上，又跳进木槽变成了鲍鱼。第二天，他又躲在门后，当鲍鱼变成美女在做饭的时候，他一把抱住她，对她说："我是孤儿，家里只有我一个人，请你不要再变成鲍鱼，就做我的妻子吧。"姑娘笑着点头答应了。他们繁衍了鱼氏族的后代。其他各姓氏大多都有类似的来历传说。

由上述，我们可以说，以图腾名称为姓氏是傈僳族传统姓氏的重要来源，这些源自图腾名称的姓氏，也是傈僳族最早的姓氏，傈僳族后来产生的很多姓氏，与这些最早产生的姓氏有着不可分割的历史渊源关系。

（二）傈僳族姓氏的演变概况

随着历史的发展和对外交往的增多，傈僳族与周边各民族间，特别是与

---

① 刮扒时，傈僳语音译，意为"荞姓"。刮，即荞。
② 玛达时，傈僳语音译，意为"竹姓"。玛打，即竹子。
③ 俄饶时，傈僳语音译，意为"菜姓"。俄，又称俄漂，即菜。
④ 子扒时，傈僳语音译，意为"麻姓"。子，即麻。
⑤ 拉古扒时，傈僳语音译，意为"柚木姓"。拉古，即柚木。
⑥ 阿驮时，傈僳语音译，意为"火姓"。阿驮，即火。
⑦ 霓扒时，傈僳语音译，意为"霜姓"。霓，即霜。
⑧ 施饶时，傈僳语音译，意为"草姓"。施，即草。
⑨ 谷扒时，傈僳语音译，意为"鹰姓"。谷，即鹰。

我国人口最多、经济文化最发达的汉族间交往和联系的增多，傈僳族传统的姓氏文化受到汉族姓氏文化的影响，一些传统姓氏逐渐演变而“转成”或“对接成”汉式姓氏或产生了新的“傈汉兼顾”式姓氏。在傈僳族传统姓氏的演变中，傈僳族由于发明文字较晚，对每种姓氏没有统一的记载，加上用汉字记录傈僳语音译的姓氏时，每位调查记录者的写法不一致，有的写音译汉字，有的写意译汉字，有的写意译后的谐音字等等，使傈僳族传统的姓氏在转写成汉字后，有的同一个姓氏被写成了几个、甚至十几个不同的汉式姓氏，很不统一。如：

腊扒时：虎姓。在演变、转成汉式姓后有虎、腊、胡、拉、牢、罗、和、毛等姓。其中腊、拉、牢、罗是傈僳语音译，虎是意译，胡、和是意译后的谐音字，毛则是虎的谦称“猫”的谐音字。

窝扒时：熊姓。在演变、转成汉式姓后有熊、欧、吴、学、孝、蚩、学等姓。其中熊是意译，欧、吴是傈僳语音译，学是“熊”的谐音字。

弥扒时：猴姓。在演变、转成汉式姓后有侯、何、恒、和等姓，均为意译后的谐音字。

阿尺时：羊姓。在演变、转成汉式姓后有羊、杨等姓。

业饶时：鸟姓。在演变、转成汉式姓后有雀、屈、亚、郭等姓。均为意译。

哇扒时：鱼姓。在演变、转成汉式姓后有余、鱼、汪、哇、挖、王、旺等姓。其中“鱼”是意译，“余”是“鱼”的谐音。汪、哇、挖、王、旺等是傈僳语“哇”的音译。

亥扒时：鼠姓。在演变、转成汉式姓后有浩、褚、楚、暑、子、朱、鼠、贺、亥、海、耗、署等姓。其中“鼠”是意译，亥、海、贺是傈僳语“亥”的音译，褚、楚、暑、署、朱等姓是其意译“鼠”的谐音，浩、子两姓均来源于云南汉语土语对鼠的称呼。

别扒时：蜂姓。在演变、转成汉式姓后有别、密、蜜、米、唐、蜂、丰、封、风等姓。其中“别”是傈僳语音译，蜂是意译，丰、封、风是意译“蜂”的谐音字，密、蜜、米由“蜜蜂”而来，“唐”姓则源自“蜜糖”。在云南省华坪县也有的别扒时转汉式姓为李、丁、紫等姓的。

刮扒时：荞姓。在演变、转成汉式姓后有荞、乔、雀、邱、曲、木、司、刮、光、斯等姓。

玛达时：竹姓。在演变、转成汉式姓后有祝、朱等姓。均为意译“竹”的谐音字。

俄饶时：菜姓。在演变、转成汉式姓后有蔡、菜、欧等姓。其中“菜”是意译，“蔡”是“菜”的谐音字，“欧”是傈僳语“俄”的音译。

子扒时：麻姓。在演变、转成汉式姓后有麻、马等姓。其中“麻”是意译，马是“麻”的谐音。

霓扒时：霜姓。在演变、转成汉式姓后有霜、双等姓。其中“霜”是意译，双是“霜”的谐音字。

施饶时：草姓。在演变、转成汉式姓后有曹等姓。曹是“草”的意译谐音字。

谷扒时：鹰姓。在演变、转成汉式姓后有欧、魏等姓。

四个时：碗姓。在演变、转成汉式姓后有王等姓。王是“碗”的音译。

上述列举的傈僳族姓氏演变的基本情况，看似复杂，但细细追究，我们不难找出傈僳族姓氏演变的基本规律，即傈僳族的多数姓氏都有“根”、有“源”，虽然转成汉式姓氏后，有的一“根”变成了“多枝”，一“源”变成了“多流”，但通过傈僳族传统的“时抓来合”，即“姓氏追踪”，就可找到不同姓氏的历史之根及其源头。

二、傈僳族的命名与讳名

傈僳族很重视命名，尤其是给孩子的命名。他们认为，好的名字会给人带来福气、健康和顺利。因此，他们的名字多用具有吉祥、理想、美好寓意的音和字词及自己喜爱的动植物名称，忌讳名字中出现贬义、不吉祥的音和字词。

（一）命名

傈僳族人一生中要经历几次命名。出生不久要取“魂名”，在未成年前使用；上学读书时要取学名，学名要在上学期间、与外界联系或在外地工作时使用；结婚时要取喜名；生儿育女后以第一个儿女的名字加“扒”（父亲）或“妈”（母亲）字代替孩子父母的名字，不再直呼有儿女的父母的名字。

魂名，即乳名。一般男孩九天内、女孩七天内取好，因为傈僳族认为如果不及时给婴儿取名，鬼就会先来取名。取名一般要先问尼扒（巫师），有的由尼扒来取名，有的由祖父或亲戚中有威望的长辈取名，有的由孩子出生后第一个来看望送礼的至亲高朋取名，有的由父母自己取名。取名时要用一对“依玛”（或“里波”）在碗里进行占卜，先想好几个备选名字或每想出一个新名字，就将依玛扔进碗里三次，逐一占卜，如果依玛的正反面三次都与所要求的一致，这个名字就取好了；如果依玛的正反面不一致，则另取一名，直至一致。

取名的依据多种多样。有的生男孩则取与父名相关的名字，生女孩则取与母亲名相关的名字，如父亲叫可散波，儿子可取名可三八，母亲叫腊马妹，女儿可取腊妹然；有的根据孩子出生的这一年或这一天的傈僳族历法生肖属相取名，如“蛇日”出生，可取名“夫波妹”（“夫”，傈僳语音译，意为蛇日出生）；有的根据孩子出生时的际遇或形貌特征取名，如“篾白”（傈僳语音译，意为婴儿有一双大大的眼睛），阿南俄（傈僳族音译，意为孩子出生时小狗在叫）；有的以自己喜欢的动植物名作孩子名，如阿南巴（意为“小公狗”）、勒未（樱桃花）等；有的按孩子的性别和长幼顺序取名，如男孩依次叫阿普（老大）、阿邓（老二）、阿开（老三）、阿此（老四）、阿迪（老五）、阿格（老六）、阿约（老七）、阿匹（老八）等；女孩依次叫阿娜（老大）、阿妮（老二）、阿恰（老三）、阿杜（老四）、阿青（老五）、阿吉（老六）、阿哭（老七）、阿丹（老八）等。从中删除“阿”字，在普、邓、开、此、迪、格、约、匹及娜、妮、恰、杜、青、吉、哭、丹等字后分别加两个吉祥或有意义的字词，便是他们的名字。如男名“普干波”其中“干”、“普”均为傈僳语音译，“干”有“玩耍”、“潇洒”、“粗犷”、“爽快”等意，“普”意为银子。有的根据宗教信仰取名，特别是在基督教、天主教传入傈僳族地区后，取教名者也比较普遍。如“约书”、“马科”、“萨母耳”（均为傈僳语音译）等。

取好了名字要杀猪、杀鸡或宰羊庆贺并酬谢取名人，有的还要举行仪式：砍来一棵带枝杈的手腕粗的栗树锥立在屋檐下，在树枝上挂上宗教用品，表示有这样好的名字的孩子将能继承、兴旺家业。取名人还要对孩子致以深情的祝福。①

孩子有了名字后，人们对孩子的父母就不再直呼名字，而是称其父为某某（孩子名）扒、称其母为某某（孩子名）妈。如果孩子体弱多病或无缘无故经常啼哭，则认为是名字没取好，这时需要找“阿爸卖”或“阿妈卖”，并由他们为孩子另取一个名字。

学名。学龄儿童上学读书时，多由老师取以学名。取学名时的依据也是多种多样，有的按汉式姓名取，如“余发明”，其中“余”是“鱼”的谐音，而“鱼”是傈僳语“哇”的音译；有的将原有名字音译或意译为汉字作为学名，如“腊赛波”“腊”是姓，即“虎”，“赛波”意为“潇洒够了”或“足以骄傲”；有的“傈汉结合”，如“可波妹”，其中“可”是傈僳语“狗”的昵称，“波”意为“富贵”，“妹”是汉语。

需要说明的是，新中国成立前，傈僳族地区学校极少，学龄儿童基本上不了学。新中国成立后，党和人民政府非常关心包括教育事业在内的各项事业的发展，所以取学名主要是在新中国成立后伴随着大批傈僳族学龄儿童进入学校读书时产生。由于上学的人普遍取学名，而不同地区、不同学校、不同老师取学名的依据不一样，有的甚至没有依据，有的由于音译或意译傈僳语姓氏时所用字词的不同等，造成傈僳族学生同一种姓氏有多种多样的写法，很不统一。这也是新中国成立后的一段时期内傈僳族姓氏文化变迁较大的主要原因之一。

喜名。傈僳族青年男女在结婚或订婚时要取喜名。喜名大多由村寨中有威望的长者或由一对新人的媒人，根据某一事或物的特征及当时的际遇给新郎新娘取名。夫妻喜名相同，但夫名后要加“扒”、妻名后要加“妈”，如夫称叶施扒，妻则叫叶施妈，“扒”、“妈”分别是区分成年男女性别的词。按傈僳族的传统，如果家里没有男孩，可以招上门女婿（傈僳语叫卖乌）。结婚时要给上门女婿取新名，而且上门女婿从此要随妻方姓。

（二）讳名

傈僳族有讳名习俗。他们忌讳直呼年长者和辈分高的人的名字，不得不

① 杨知勇、秦家华、李子贤编：《云南少数民族丧葬志》，169 页，昆明，云南民族出版社，1988。

叫名字时必须在他们的名字前冠以相应的称谓，如“阿以窝利”（哥哥窝利）、“阿窝腊扒干”（叔叔腊扒干）等，以表示对年长者和长辈的尊重。忌讳用不吉利、带脏的读音及字词。如他们忌讳采用“施”、“乃”等音及字词，因为“施”用傈僳语音译，意为“死”，“乃”常与“黑”、“不干净”、“脏”联系在一起；忌讳与父母或长辈的名字同音；忌讳与死者同名；忌讳用贬义的音及字词。有了孩子以后的父母，他人一般也不再直接称呼他们的名字，而是以第一个孩子的名字加“扒”或“妈”代替名字。

傈僳族文化研究中的主位、客位方法分析

聂丽君①

一、民族文化与主位、客位方法概述

在人类学、民族学、社会学、文化学等学科领域中，“民族文化”均是一个庞杂而难以界定的综合体。作为学科概念，它通常被视为“各民族在其历史发展过程中创造和发展起来的具有本民族特点的文化”② 或“是按照其创造主体来界定的。它指一个民族共同体所创造传承的文化”③；作为学科对象，“民族文化”又是一个涵盖了各民族驳杂纷呈的物质文化、精神文化、语言文化、行为文化的有机整体，民族生活中的各种“文化因子”④ 都尽数囊括其中。因此，无论是语言、饮食、服饰、建筑，还是歌舞、节日、婚丧、信仰，或是规约、禁忌、观念，民族成员日常生活中的每一个领域都从不同角度生

---

① 聂丽君，女，云南民族大学管理学院讲师，云南民族大学傈僳学研究中心研究员，云南大学少数民族艺术专业在读博士研究生。

② 《中国大百科全书·民族卷》，313页，北京，中国大百科全书出版社，1986。

③ 张文勋、施惟达、张胜冰、黄泽：《民族文化学》，8页，北京，中国社会科学出版社，1998。

④ 文化因子，亦称文化质点、文化特质，是民族文化的最小构成单位，同时也是一种民族文化区别于他种民族文化的最小单位。文化因子既可以是具体的，也可以是抽象的；既可以是物质的，也可以是精神的。不同文化之间的差异往往是以文化质点表现出来的，文化因其质点不同而组合成不同的结构，具有不同的内容。（见张文勋、施惟达、张胜冰、黄泽：《民族文化学》，85页，北京，中国社会科学出版社，1998。）

动展现了本民族的民族文化。以傈僳族文化为例，其文化因子就包括了石三脚、蒿枝筷、同心酒、摇篮配婚、优叶、木刮、摆时、阔时节、刀杆节、澡堂歌会、花鸟历、瓦刷、尼扒、必扒等。

民族学与人类学有着密切的渊源关系，其在研究领域、研究方法上均有重合共通之处。

“主位”与“客位”概念是人类学研究中非常重要的一对范畴，“主位”（emic）与“客位”（etic）是语言学家肯尼思·派克（Kenneth Pike）在其著作《人类行为结构统一理论中的语言》中创造的新词，它们分别是词语“语音的”（phonetic）、“音位的”（phonemic）的后缀。他指出：“语音学（即音素学）根据发音研究某种语言的声音，这些语言的发音因通过人体各部分发挥的不同作用和声波对环境产生的独特影响而被分门别类。”“音位学研究的声音属于某种隐含而无意识的语音对比系统，本地语者藉着内在于他们头脑中的对比系统，识别其语言中有意义的发音。”① 即“不懂本地语的人（外部视角）看语言看到的是其结构即其物理属性，而以其母语者（内部视角）看到的是语言本身的意义即其社会属性。派克认为这种语言学上的分析方法对于文化研究同样具有重要意义。文化的主位研究，类似语言学中的音位分析方法，从文化内部看文化，更容易理解特定文化所包含的特殊意义；文化的客位研究，类似语言学中的音素分析方法，从文化外部看文化，更多是和自身文化的相比较当中去理解文化差异”。②

在诸多前人基于语言学和文化人类学的讨论基础上，美国人类学家马文·哈里斯对主、客位方法进行了较为系统的阐述。他在其《文化唯物主义》和《文化人类学概论》两本书中指出，想要全面地说明一种文化，可以从事件参与者和旁观者两个不同的角度去观察这一文化中人们的思想和行为，前一种方法叫主位法，后一种叫客位法。“在进行主位文化研究时，人类学者要努力去获得必要的有关类别和规律的知识，以便能像当地人那样去思考问题，去行动”。“客位研究方法常把当地提供情况的人认为是不恰当或无意义的活

---

① ［美］马文·哈里斯著，马光亭译：《主位与客位辨异的评说与意义》，载《民间文化论坛》，2006（4）。

② 刘兵、包红梅：《人类学与科学史研究立场的异同——关于“主位”—“客位”与“辉格”—“反辉格”的比较研究》，载《云南师范大学学报》（哲学社会科学版），2011（2）。

动和事件进行比较和评价”。①

对于主位、客位研究方法，在人类学发展的不同阶段有不同的侧重，不同的人类学家也有不同的偏好。在人类学发展的早期人类学家们更多的是运用我们现在认为的客位意义的研究方法，即带着猎奇的心态来看待土著人及其日常生活，按着研究者的价值判断去评价土著人的文化行为，其结果是形成了进化论和传播论等西方中心主义的文化理论。但从英国人类学家马林诺夫斯基开始，情况有了转变。“尤其从60年代开始，人类学、民族学的理论话语和研究兴趣已经转移到理解本土人的思想观点、理解他们与生活的关系、理解他们对于他们自己世界的看法上来”。②

二、主位、客位研究方法的利弊分析

就客位研究方法而言，解释人类学的代表者吉尔茨曾说过：“最重要的是，我们（人类学家）首先坚持认为，我们是透过自己打磨的透镜去观察其他人的生活，而他们则是通过他们自己打磨的透镜回过头来看我们。”③ 这反映出作为研究主体或观察者往往会不自主地采取客位的方式去面对异质文化。一方面，这具有“旁观者清”的优势，能够借助与本族文化的对比而发现他族文化的独特特征，“更容易看到事物的整体结构，更容易看到整体和其他相关现象之间的联系，也更易于发现和预测研究对象的发展脉络和趋向。”④另一方面，其弊端也显而易见：研究主体或观察者以“他者”的身份和角色认同进入田野，很容易产生对研究对象的“误读”，即用自身的价值观、世界观、道德标准、思维模式等去评判异质文化，附加甚至叠加某些内容或意义，做出不符合事实的解释。此外，客位研究的角度往往使研究主体或观察者难以进入异质文化“内部”去真正把握研究对象的实质和真谛。

而基于“从内部看文化”的主位研究方法，与其说是对立于客位研究方

① ［美］马文·哈里斯：《文化人类学》，17页，北京，东方出版社，1988。

② 乔治·E. 马尔库斯、米开尔·M.J. 费彻尔：《作为文化批评的人类学》，47页，北京，生活·读书·新知三联书店，1998。

③ 转引自莱德曼等编，涂泓等译：《星光璀璨》，25页，上海，上海科技教育出版社，2009。

④ 岳天明：《浅谈民族学中的主位研究和客位研究》，载《中央民族大学学报》（哲学社会科学版），2005（2）。

法的一种选择，毋宁说是一种更为积极也更为理想化的研究角度。其基本要求是能够从当地人的立场去思考当地人的问题，从而更容易理解研究对象的思维方式、风俗习惯和行为活动背后的意义，也更容易产生情感的共鸣，更能捕捉到“他者”（客位研究角度）无法理解的文化细节。但是，非当地人而要“拟为”当地人去观察和思考，如何保证“内部看文化”的质量就成为一个难题。因此，“在很大程度上，一个文化人类学研究者并不能感知一个当地文化持有者所拥有的相同感知。他所感知的是一种游离的，一种‘近似的’或‘以……为前提的’、‘以……而言的’，抑或诸如此类通过这种修饰语言所涵示的那种情景”。[①] 如果研究者就是当地人，则其具备有先天的“主位优势”而非“他者”，能够最大限度地挖掘、发现、解读、阐释研究对象。但与此同时，又往往“当局者迷”，失去研究者需要的敏感性而多了某些盲目的认同，从而影响到其研究结果。

在实际的研究中，并不存在绝对的主位研究或绝对的客位研究，两者并不是截然对立和相互排斥的，而是互相补充、相互渗透的一对范畴。正如吉尔兹所言：“既不应完全沉湎于文化持有者的心境和理解，把他的文化描写志中的巫术部分写得像是真正的巫师写得那样；又不能像请一个对于音色没有任何真切概念的聋子去鉴别音色似的，把一部文化描写志中的巫术部分写得像是一个几何学家写得那样。”[②]

三、主位、客位方法在傈僳族文化研究中的运用

傈僳族是一个勤劳勇敢、历史悠久、能歌善舞的民族，主要分布在金沙江、澜沧江、怒江流域，故自称为“三江的主人”。

在研究傈僳族族源问题上，客位方法发挥了积极作用。首先，关于傈僳

① 克利福德·吉尔兹：《地方性知识——阐释人类学论文集》，75页，北京，中央编译出版社，2000。

② 克利福德·吉尔兹：《地方性知识——阐释人类学论文集》，75页，北京，中央编译出版社，2000。

族的古代历史，文字记载甚少，考证较为困难，需运用民族学和语言学的相关资料进行比对分析。其次，族源问题对于任何民族来说都具有本质性的重要意义，其划分和归属不容半点疏忽，这就需要研究者秉持客观、严谨的态度，梳理傈僳族演进过程中的细枝末节，挖掘其民族及其文化的特质。因此，研究者们充分运用傈僳族世代流传的《创世纪》传说、傈僳族语言特征和氏族图腾以及考古发现的诸多石斧、石刀、石铲等石器，结合现存的史料文献，将傈僳族归属为唐代“乌蛮”部落集团中的一个集团，和彝语集团中自称“诺苏”、“纳苏”、“聂苏”的部落在古代有着密切的亲属关系，同时认为，他们属于同一个族源，经过漫长的历史发展，逐渐形成不同的部落集团，后来才形成单一的民族。[①]

而在风俗习惯、宗教信仰等方面，又更适宜采用主位方法。因为长期处于交通不畅、信息闭塞、文化边缘的自然地理环境和人文社会环境，使傈僳族同胞相较于其他民族在民族文化的诸多方面保持了其“原生态”，与主流社会、现代文明存有一定距离。若研究者以客位角度进入，难以避免强烈的好奇心与文化优越感，容易产生文化解读的偏差。若以主位角度进入，则尽可能地规避“他者”的认知方式，以“拟当地人”和“同情者”的身份，最大限度地去理解当地的特殊场域下具体的人和事，取得认识、判断、情感的共鸣。如，傈僳族有“杀魂”之说，族人认为是能置人于死地的一种巫术。除了巫师尼扒和必扒外，能杀魂的还有“尼斯扒”（即鬼之主人）。“患病者或死亡者在头天晚上梦见某人，见某人在放鹰、放蜂之类，第二天就生病或死亡，就认定梦中所见的人是‘尼斯扒’，杀了患者或死亡者的魂。”[②] 这样的观念和解释自然离所谓的“客观性”、“科学性”甚远，但对于医疗、卫生、教育欠发达，基于鬼神崇拜、万物有灵信仰的傈僳族同胞而言，这却是“合理”而“自然”地存在着的事象。又如傈僳族婚俗中的“有女先问舅”（姑舅表优先婚配）、“小夫大妻”（子幼时娶妻用于换取劳动力，子大后另取女为妻，原大妻可另嫁他人）、“转房”、“抢亲”；丧葬习俗中，死者死亡之时及埋葬之日，亲属和全寨的人不能干农活、洗衣服、吃辣椒等，都需要“从内部看文化”。

---

① 《傈僳族简史》修订本编写组：《傈僳族简史》，1 ~5 页，北京，民族出版社，2008。

② 云南省民族事务委员会编：《傈僳族文化大观》，99 页，昆明，云南民族出版社，1999。

事实上，绝对的主位研究与客位研究只是基于理想状态的一种假设与对应。主位与客位构成一对看似矛盾实则统一的共同体，在学人的研究经历中相生相克。“一方面，显得是资料决定研究，有什么样的资料，才会有什么样的研究；另一方面，又显得是研究确立资料，研究寻找、选择、偏爱相应的资料”。[①] 亦如法国社会学家皮埃尔·布迪厄在阐述“场域理论”时根据自己长期的田野调查和人类学的研究，进一步指出人类实践和社会实际运作过程中主观因素与客观因素并非是对立分割的一样，两者总在相互渗透和转化之中，不断生成“建构中的结构”（structuring structure）和“被建构的结构”（structured structure）。[②] 因此，如何恰当地运用主位、客位方法于傈僳族的文化研究中，除了前辈的经验借鉴外，更有赖于研究者本身的转换能力和尺度把握。

---

① 高丙中：《民俗文化与民俗生活》，104 页，北京，中国社会科学出版社，1994。

② 张意：《文化与符号权力——布迪厄的文化社会学导论》，63 页，北京，中国社会科学出版社，2005。

傈僳族“阿尺木刮”舞蹈生态文化探析[①]

曹　艳[②]

维西傈僳族自治县傈僳族传统歌舞“阿尺木刮”于2006年被列入第一批国家级非物质文化遗产名录。“阿尺木刮”又称“阿尺木刮哇其”，是傈僳语，“阿尺”即“山羊”，“木刮”是歌或调子的意思，“哇其”为跳舞。全句意为“山羊的歌舞”，属于集体自娱性舞蹈。又因舞蹈流传在迪庆藏族自治州维西县的康普、巴迪、叶枝一带，这里地处澜沧江上段，当地人也称之为“傈当木刮哇其”（傈当，意为江河上段）或“矣乃扒哇其”（矣乃扒，河沟上游的人）。[③] 2009年9月，笔者有幸参加了在香格里拉举行的康巴艺术节，在维西县的歌舞展演上亲眼目睹了叶枝镇傈僳族歌舞“阿尺木刮”的风采，当场就被这种不用乐器伴奏，自始至终用模仿山羊的动作和声音来踏歌起舞的表演形式所震撼。傈僳族传统歌舞“阿尺木刮”是傈僳族历史的真实写照。傈僳族是山的民族，其族源、迁徙历史、文化习俗等大多以民间文学和口碑相传下来。“阿尺木刮”以热烈奔放、粗犷有力的歌舞生动地反映了傈僳族游牧、狩猎、采集、刀耕火种的历史演变过程。傈僳族是酷爱狩猎的民族，对各种动物的习性都非常熟悉，特别是在长期的迁徙过程中，傈僳族人民的衣、

---

① 本文为云南省教育厅资助项目（项目编号2011J010）。

② 曹艳，女，湖南人，云南艺术学院舞蹈学院09级舞蹈学硕士研究生，主要研究方向为中国少数民族舞蹈文化。

③ 中国民间舞蹈集成编辑委员会：《中国民间舞蹈集成·云南卷》，8页，中国ISBN中心，2000。

食、住、行与山羊结下了不解之缘。

一、傈僳族“阿尺木刮”的自然与文化生境

维西傈僳族自治县，居云南省西北隅，迪庆藏族自治州西南部，分别与丽江市玉龙县，怒江州兰坪、福贡、贡山县及本州香格里拉、德钦县相邻，地处著名的世界自然遗产“三江并流”腹心地带。[①] 维西县属温带寒温带过渡性地带，生物、水能和矿藏资源十分丰富。境内群峰耸峙，江河奔流，自然景观壮美，民族风情迷人，故维西傈僳族自治县素有“滇西北生物基因库”之美誉。据历史典籍记载，早自汉唐以来，维西是滇西北疆防要塞之地，是通往印度、缅甸、康藏的驿运孔道之一，是古代滇西北“茶马互市”的重要物资集散地之一，是神奇美丽的香格里拉旅游区的重要组成部分。清朝乾隆年间，文人余庆远在《维西见闻纪》中的“例言四则”有记载：“维西地境，广二百里三百里，袤千四百里，惟浪沧、金沙江之岸有可耕之土。两江之间，皆崇山峻岭，乔木石岩，荒陬无人，虽广袤遥远，不足为异。因专纪其道路之险焉。维西之道路，皆循金沙、浪沧之江以通，一线幽麓，悉盘曲千磴，上临悬厂，下逼危矶。‘山从人面，云向马头’，未足以方其崎岖；而所在皆是，牍不胜书。”[②] 这里描绘的千年古道就是“茶马古道”，它千年的足迹不仅创造了人类的奇迹，也给维西带来了鲜活的生命和繁荣的文明。

维西傈僳族自治县是以傈僳族为主的多民族聚居区，是全国唯一的傈僳族自治县。傈僳族人口占全县人口的 54.92%，境内还有纳西、藏、白、彝、普米、怒、独龙等其他民族。傈僳族是一个勤劳勇敢的民族，它有着悠久的历史和丰富的民族文化。从傈僳族语言系属和地理分布情况来考察，较明显地说明它属于氐羌的后裔，其语言属于汉藏语系藏缅语族中的彝语支，是古代“乌蛮”的一支。从时间上看，它是唐代时期乌蛮的组成部分。因此，有关历史文献常常把这个时期的傈僳族和彝族、纳西族并称为“东蛮”、“东乌蛮”等。由于傈僳族的形成和发展史十分曲折，经历过无数次漫长的迁徙，

① 国家民委《民族问题五种丛书》云南省编辑组：《维西傈僳族自治县概况》，4 页，北京，民族出版社，2008。

② （清）余庆远：《维西见闻纪》，6 页，维西傈僳族自治县志编委会办公室编印，1994。

直到20世纪中叶才逐渐稳定下来，因此经济社会发展缓慢。傈僳族人民为了争取生存、自由与和平不断地进行着艰苦的抗争。嘉庆六年至八年（1801—1803年），在维西傈僳族农民领袖恒乍绷的领导下，爆发了以傈僳族农民为主体，包括有怒、独龙、汉、普米、白、纳西、藏等族人民参加的声势浩大的抗清武装斗争。① 嘉庆八年（1803年）、道光元年（1821年）、光绪三十年（1894年）这三次大规模的迁徙，大批傈僳族向西、南等方向迁移到澜沧江、怒江、德宏、临沧、耿马、禄劝、大姚等地，使傈僳族居住区域不断扩大，形成现在的分布状况。② 在三次大规模迁徙过程中，澜沧江是西迁的主要通道，成为傈僳族文化的聚集和传播带，由于维西独特的地理和人文环境影响，维西成为傈僳族大规模迁徙的最大中转站和文化要塞，使维西县傈僳族成为集其他地区傈僳族文化特点于一身的典型代表。叶枝哇忍波创制的傈僳族音节文字、傈僳族英雄恒乍绷故事等等，这些都是傈僳族历史发展的见证。

二、“阿尺木刮”舞蹈概述

（一）溯源

“阿尺木刮”的产生无文字可考，但关于它的传说有多种。笔者根据自己田野调查收集的资料，整理如下：根据同乐村王绍良老人的讲述，傈僳族祖先世世代代居住在大山里，过着采集、狩猎、游牧的生活，几乎与外界不往来，天长日久，渐渐与他们饲养的山羊建立了亲密的关系。傈僳族人们与羊朝夕相处，况且在放养山羊的时候，牧羊人为了消除孤寂，似乎已能与羊进行情感上的交流。牧羊人掌握了羊的生活习性，熟悉了山羊的声音、相貌、动作，并常常模仿它们的动作和声音。经过漫长岁月的模仿，经过傈僳族人们的概括、提炼，于是形成了具有原始韵味的“阿尺木刮”；维西县教育局子学功先生关于“阿尺木刮”的起源，给笔者讲了一个美丽的故事：相传很久以前，有个同乐一带的傈僳族牧民带着口粮上山牧羊，有一天那个牧民把吃

① 国家民委《民族问题五种丛书》云南省编辑组：《傈僳族简史》，11页，北京，民族出版社，2008。

② 斯琴高娃、李茂林：《傈僳族风俗志》，5页，北京，中央民族大学出版社，1994。

剩的饭菜倒在长满酒药草（龙胆草）的草地上。过了一段时间发现有几只山羊吃了发酵的剩饭后，在草地上又叫又跳，很不安分，牧人觉得很奇怪，就去看倒剩饭的地方，发现那里长有几棵酒药草。牧人找回几棵酒药草捣碎后放入剩饭中，过了数日品尝那剩饭后，觉得全身发热，头脑恍惚，就兴奋地学着山羊蹦跳鸣叫。回到村里后那牧人把酿酒的方法传授给村民，村民喝酒后也学着他像山羊一样鸣叫蹦跳起来，从此倮倮族就学会跳“阿尺木刮”了。如今“阿尺木刮”是同乐倮倮族生活娱乐的重要内容。从以上的例子可以看出，“阿尺木刮”集中鲜明地反映出倮倮族先民早期的生活特点。

（二）“阿尺木刮”舞蹈形态分析

举凡舞蹈文化均以人体动作为主要手段，或以动作宣泄感情、祭神逐鬼，或以动作反映社会生活、表现编导的美学思想。所以，研究舞蹈就离不开对动作进行深入细致的分析。但是，舞蹈作为综合性文化形态除了以动作为主要手段外，队形、服装、道具、音乐等也都是不可或缺的组成部分，可以说都是舞蹈的重要手段。① 因此，要想全面、深入、系统地认识“阿尺木刮”舞蹈文化，就有必要对这些重要的手段加以认识和探讨。

1. 舞蹈动作

“阿尺木刮”舞蹈是从山羊的动态形象进行提炼、加工而形成的舞蹈动作，主要是采用模拟和象征的方法，模仿的本身也有其自己的目的，即“阿尺木刮”借山羊的动态来表现人的一定的情感、思想和性格特征。“阿尺木刮”舞蹈多为外在的直接表现，动作主要由脚步的跳摆和蹉跺，上身的左右晃摆和臀部的收送、前俯身、抬头、回望等组合而成。主要的动作有：“跳摆步”、“跺蹉步”、“进跺步”、“退跺步”、“羊抬头”、“对脚板”、“打脚跟”、“跺掖步”、“碰肩”、“碰臀”等。“阿尺木刮”舞蹈的基本特征可以概括为浑厚、有力、粗犷、健美，具有明显的山地民族舞蹈的特点。舞蹈节奏鲜明强烈，一般为强弱拍明显的节奏，并且十分强调强拍；踏地、跺脚、崴膝、抬腿及小腿灵活为其动作特征；联臂踏地为节，围圈起舞为主要表现形式，故上身和手部动作较少，舞姿不多。总体而言，“阿尺木刮”舞蹈动作有动态美

① 朴永光：《舞蹈文化概论》，2页，北京，中央民族大学出版社，2010。

而缺乏静态美，有韵律美而缺乏造型美。

2. 队形

民间舞蹈的队形一般以舞蹈的场地和蕴涵的观念为依据而形成其特征。即民间舞蹈队形是“有意味的形式”。“阿尺木刮”舞蹈队形一般有大圆圈、直纵队、半圆弧、曲线形等，平时舞队是按顺时针方向转圈。“阿尺木刮”舞蹈队形因场地和蕴涵的观念为依据，在其舞蹈队形中必然也蕴含着一定的意义。“阿尺木刮”舞蹈很有阵形，且一般的舞蹈形态以走阵形为特点。傈僳族一般居住在山区或半山区，“阿尺木刮”舞蹈场队形最初是在山区这样的场地形成的，它由简单的队形逐渐发展、演变出了复杂的形态。这种由简到繁的变化过程，可能与“阿尺木刮”逐渐融入表演性质有密切关系，故现在有丰富多彩的舞蹈队形，现在的“阿尺木刮”舞蹈场地不拘，无论广场、院坝、街头、牧场、草坪都可以跳。

3. 服装

男舞者：头戴用羊毛擀制的毡帽，蓄长发，毡帽边沿围绕一圈红丝线。内穿对襟白短褂，外穿用自纺自织的细麻布制成的对襟开口的黑白条纹长衫。腰系羊毛织成的带子，左挎手工制作的绣花口袋，傈僳语为“腊裱”，佩长刀，右背弩弓、兽皮箭包。裤子是大裆宽口裤，裤脚长仅齐膝盖，膝盖以下打羊毛织成的带子或麻织成的绑腿。

女舞者：头戴用蓝布制成的直角朝上的三角尖帽，尖帽上用小的贝壳缀成花纹图案，前面钉三块直径大约十厘米左右的银质圆片，上身穿细白麻布或棉布衣，左开衽，外罩紫红或黑色坎肩，下穿细白麻布制成的百褶裙，长及膝盖，裙外系绣花围腰，腰系白色羊毛带子。肩挎“腊裱”，鞋子、绑腿与男子相差不大。

这些服饰与“阿尺木刮”舞蹈浑厚、有力、粗犷、健美的风格，多为外在表现的大动作是一致的。就以崴膝动律来说，大裆宽口裤、百褶裙在做这个动律的时候，能够显示出其动作的美，服装能起到强化舞蹈动作弧度、夸大舞蹈特征的作用。

4. 音乐

“阿尺木刮”由“歌”和“舞”组成，所以“歌”在整个舞蹈里面起主导作用。“阿尺木刮”舞蹈无乐器伴奏，自始至终为踏歌起舞，音乐以领唱与合唱方式构成。整个乐曲以模仿山羊鸣叫为声调，多以颤音出现，其曲调可缓可急，音符的跳动较为频繁且幅度较大，尤其是乐曲开始时发出的第一声，悠悠长鸣，音调曲折多变，给人以自由舒展的感觉。仿佛置身高山牧场，宛如跟山羊正在进行亲切的交谈。“阿尺木刮”唱词内容非常丰富，涉及傈僳族生产生活的方方面面。如傈僳族传统的婚俗礼仪，新人的成家立业，生儿育女，繁衍人类以及家庭道德的风尚教育，还包括传授牧羊等生产技能等。傈僳族“阿尺木刮”可以说是傈僳族的一部“百科全书”。

三、“阿尺木刮”的舞蹈文化内涵

（一）“阿尺木刮”舞蹈与傈僳族历史文化

1. 民族迁徙的遗迹

居住在崇山峻岭、陡岩峭壁的傈僳族先民，其形成和发展史十分曲折，经历过无数次漫长的迁徙，在长期的历史进程中，为了生存，必须和恶劣的环境作斗争，形成了傈僳族人民坚强勇敢的性格。傈僳族用山羊皮制成的羊皮褂，既能保暖，又能遮风挡雨，况且羊肉还可以食用，所以山羊也是傈僳族人民生产生活的必备物品。傈僳族人民对山羊有一定的敬重心理，因此，傈僳族人民模拟山羊习性动作而创作的“阿尺木刮”，舞姿生动形象，情绪欢乐热烈，富于变化，充分表现了傈僳族人民对各种动物的喜爱以及向恶劣的生存环境作斗争的乐观向上精神，保留了浑厚古朴的原始艺术风格和特色。“阿尺木刮”无论在题材上、思想内容上，还是在艺术形式上、表现手法上都独具特色，充满了丰富美丽的想象。“阿尺木刮”是傈僳人民在长期的生产生活中创造出来的，经过了世代口耳相传，千锤百炼，是傈僳人民生生不息的精神支柱和力量源泉，当年恒乍绷正是在这种民族壮歌的激励下率领傈僳族人民拿起弩弓、刀矛在山沟河谷举起反抗地方暴政的义旗，它激励着一代又一代傈僳人民在历史长河中不断奋勇前进。土司制度引发了傈僳族社会政治、经济、文化等方面的深刻变化，改变了傈僳族社会发展的总体面貌。这些变化也在“阿尺木刮”歌舞内容里面得以体现，并保存至今。

2. 自然崇拜的影响

傈僳族信仰万物有灵的原始宗教。傈僳族崇拜大自然，把这些动植物拟人化，加以神化、崇拜、祭祀。历史上，在万物有灵观念的支配下，傈僳族人民只要发现一棵奇树、一个异石，都加以保护。傈僳族先民还通过对大自然长期细致的观察，借助山花开放、蝉鸣鸟啼、草木枯荣、大雪纷飞、叶绿枝添来定季节，现在大多数傈僳族地区一直沿用这种方法来安排农耕。可以看出，从远古时代起，傈僳族人民已意识到人与动植物和谐共处所带来的好处并萌发保护生态平衡的善良愿望。解放前，傈僳族处在家族和村落公社形成的阶段，社会内部存在着较浓厚的原始公社残余，作为氏族和家族社会产物的图腾崇拜在傈僳族人民生活中有一定的影响。各个氏族常以动物和植物为自己的氏族名称，并一直延续到现在，如以动物作为自己氏族名称的有虎、熊、猴、鱼、蜂等十余种，以植物作为氏族名称的有荞、麻、菜、竹等。笔者对同乐村进行调查时了解到，在傈僳族地区，每年春节三十晚上吃团圆饭前，都要盛一大碗饭给羊吃，以示对羊一年辛苦的犒劳。“阿尺木刮”折射出了傈僳族的图腾文化。羊是与傈僳族人民生活息息相关的动物，认为羊有羊的歌舞，它也用歌声在表达自己的情感，因而，傈僳族人民在长期的生产生活中，模仿山羊的声音、习性、动作而创作了“阿尺木刮”。从中，可以看出傈僳族人民对动物特殊的感情。

3. 其他民族的浸润

维西县人口是以傈僳族为主体，还居住着汉族、纳西族、藏族、彝族、白族等。长期以来各个民族互相帮助，共同进步，为开辟、保卫和建设维西，做出了各自的贡献。“阿尺木刮”舞蹈文化在其发展过程中，除了傈僳族文化作为主体与基础外，其他一些民族文化的因素也是不可忽略的，都在“阿尺木刮”舞蹈的发展中产生过一定的影响，这些因素有的至今在舞蹈中还有所反映。“阿尺木刮”舞蹈非常讲究舞蹈队形的排列与场面的变化，其中积淀着一定的汉族文化。例如：汉族秧歌的群众场面变化含有百种以上的图案，每个图案都有一定的名称、人数、套路。在“阿尺木刮”的跳法套路中也有众多队形，如“龙盘旋”、“旋转磨盘”、“舞圆环”等。彝族打歌调唱道：“跳歌要跳三跺脚，跳得黄灰做得药”，这从侧面说明了氐羌舞蹈特征是浑厚有力、粗犷健美。藏族踢踏、彝族打跳、白族打歌、纳西族窝热热、拉祜族葫芦笙舞、普米族搓搓等，这些少数民族的联臂踏地或圆圈起舞与傈僳族“阿尺木刮”舞蹈风格都很一致。“阿尺木刮”舞蹈吸收了这些民族丰富多彩的舞蹈文化，这些因素虽然不是造成“阿尺木刮”舞蹈风格的主流因素，但我们决不能忽视其作用，有了这些不同属性因素的存在，就构成了“阿尺木刮”舞蹈文化多层次的特点。

（二）“阿尺木刮”舞蹈的文化底蕴与功能

1. 文化底蕴

在舞蹈文化上，傈僳族传统歌舞“阿尺木刮”与氐羌族舞蹈有很多相似之处。从语言谱系角度，傈僳族族源与同属彝语支的彝、哈尼、纳西等关系最为密切，这些民族的舞蹈文化都是系属氐羌舞蹈文化，总的风格特点可以归纳为：浑厚、有力、粗犷、健美，具有明显的山地民族舞蹈特点；傈僳族世居山区，所以其舞蹈文化不能不受山区自然环境的影响，“阿尺木刮”舞蹈动作的基本姿态、动作的律动特征，都与山区环境有关，由此形成山区舞蹈文化特征；就“阿尺木刮”的舞蹈形态而言，没有产生以舞蹈动作为手段的独立形式，基本是歌与舞、说与舞相结合的形式，而且很少用乐器伴奏，正因为“歌、舞、诗”相结合，所以，“阿尺木刮”的舞蹈动作比较简单，有的甚至以一个动作周而复始。除了自然状态下的舞动外，还有众多模拟生产、生活的舞蹈。青海大通县孙家寨出土的陶盆，属于新石器时代文物。陶盆上绘有三组舞人形象，他们手牵手，整齐地一起踏舞。①“阿尺木刮”舞蹈与此极其相似，其舞蹈形式和特征与陶纹盆和古文人诗词中所述几乎完全一致，故“阿尺木刮”舞蹈风格可以用“古朴”来形容，是一种古朴艺术文化。总体而言，“阿尺木刮”舞蹈具有自由性、淳朴性、创造性的艺术特征。

2. 功　能

娱乐性是“阿尺木刮”舞蹈的主要功能，傈僳族人民跳“阿尺木刮”舞

① 刘金吾：《中国西南少数民族舞蹈文化》，5页，昆明，云南人民出版社，1996。

蹈的目的主要是为了自娱。人类在心理与生理均有以舞蹈动作抒发感情的需求，尤其在文化形式不丰富的过去，以舞抒情是主要方式，所以“阿尺木刮”舞蹈是傈僳族群众达成自娱的一种方式，每逢喜事人们便聚集在一起，载歌载舞，当然，舞蹈也兼具着健身功能。“阿尺木刮”的教育功能主要体现在历史、生产生活、文化等方面，这些都充分体现在“阿尺木刮”的唱词之中。“阿尺木刮”还具有审美功能，其声势浩大，蔚为壮观，有整齐美、律动美，富有很强的观赏价值。傈僳族人民在舞蹈过程中传承了民间舞蹈形态，也传承着凝聚在“阿尺木刮”舞蹈中的历史文化，很多的民族历史文化记忆就是如此传承下来了。

四、小结

（一）传承中的融会贯通

民间舞蹈是一个深邃的文化载体，一个民族不同时代的某些文化因素，会作为一种特殊的文化标志保存在舞蹈中，当人们跳起这种舞蹈时，它就成为传统舞蹈形式美的组成部分。① 作为傈僳族本民族的成员，“阿尺木刮”的舞者们从小就在各种民俗活动中跳舞，潜移默化地接受傈僳族传统文化教育，又反复在舞蹈中得到训练，直至融会贯通，跳得尽致尽善。在“阿尺木刮”的表演中，舞者们模仿山羊的动态形象和气韵，是可以看得到、感受得到的傈僳族文化标志，而形成这种气韵和审美心理的诸多因素，则是不易被发现和理解的深层文化。“阿尺木刮”舞蹈是在一定条件下在群众之间直接进行传承的，作为专业的舞蹈工作者，首先要在典型的传承环境中，学会属于形式美的形象动作，然后把“阿尺木刮”所体现出来的民族精神和审美心理，逐项分析，综合研究，探索其深层文化，并通过舞蹈把自己的全面感受体现出来。

（二）个性的艺术升华

艺术强调个性，没有个性就没有特色。个性的艺术升华是指舞者在典型

① 罗雄岩：《中国民间舞蹈文化教程》，1页，上海，上海音乐出版社，2001。

环境中以观众为契机，触发出创作灵感的动态形象化。所以“阿尺木刮”舞者们在进行舞蹈活动时，舞蹈爱好者和舞蹈能手们在进入忘我境界中油然而生的即兴创造属于艺术升华。“阿尺木刮”省级传承人李碧清告诉笔者，现在同乐村的演出团队中，“阿尺木刮”的很多舞蹈动作和舞蹈队形都是他和其他舞者们即兴创作的结晶，在他们多次重复类似的即兴创作后，逐渐成为他们在表演中的规范动作，并因此形成个性化的表演风格。这种瞬间即逝、连舞者都不自觉的精彩表演，是舞者把自己对生活的感受、对美好未来的向往融会其中，往往闪烁着时代精神之光，是民间舞蹈生命力之所在。

综述，“阿尺木刮”舞蹈文化传承，其实质是傈僳族文化精神的传承。傈僳族民间舞蹈文化的根，则是伴随傈僳族社会发展而日益精深与不断升华的傈僳族文化。“阿尺木刮”舞蹈是生命律动的显现，是群体跃动的形象，傈僳族“阿尺木刮”浑厚、有力、粗犷、健美的舞蹈风格体现了傈僳族憨直、淳朴、劲勇、进取、乐观、豁达的性格特征，体现了傈僳族人民自强不息、团结奋进的基本精神，孕育着与时代相应的新的创造。

同心酒文化折射的傈僳族社会文化背景

吴绪文[①]

中国是世界上最早掌握酿酒技术的国家，上下几千年的酿酒历史，培育造就了源远流长的中华酒文化。中国五十六个民族，大多都有好酒的习俗，都与酒有着极深的渊源。在生活中，他们以本民族对酒的独特理解，以本民族特有的方式创造并不断丰富着自己的酒文化，这些多民族酒文化的组合，就形成了中华酒文化。古往今来，无论是朝野盛宴、将士出征或是民间亲朋聚会、接风洗尘、饯行送别，酒都作为一种特殊的媒介成为人们沟通感情、加深友谊的首选物品，可以说，自酒问世以来，它就与人们的生活如影相随，为人们的生活起到了增色添彩的作用。

单就酒文化而言，多民族酒文化兼容并存是中华酒文化的特点之一。我们探索民族酒文化形成的奥秘，首先要从这个民族的秉性入手，因为民族的秉性决定着这个民族对酒的喜好程度、对酒的理解认识和待客之道等。傈僳族是一个特别爱酒的民族，在他们的日常生活中，酒和茶是离不开的，正因为如此，使得他们的酒文化特点更为突出，特色更加鲜明。他们的待客之道、敬酒方式与其他民族相比，显得别具一格。其各种名目繁多的敬酒方式，林林总总加起来有数十种之多，让客人应接不暇。

在傈僳族繁多的待客敬酒方式中，最著名和最引人注目的要数饮同心酒。

---

① 吴绪文，男，四川宜宾人，现任盐边县文联副主席，盐边县傈僳族研究会副会长，盐边县大笮文化研究会理事。

同心酒就是傈僳族女主人和男客人肩并肩、手挽手、嘴贴嘴共饮一碗（或杯）酒，以示同心。过去，傈僳族的同心酒文化现象在长期受“男女授受不亲”封建思想影响熏陶的汉民族眼里，无疑是有悖于人伦常理的，是应遭到唾弃的。然而，在傈僳人看来是再正常不过了，他们全然没有这方面的禁忌，在欢声笑语中开怀畅饮，轮流着与客人挨个喝同心酒。傈僳人这一奇特的同心酒文化现象难道仅是为了取悦客人？如果不是这样，那么，在同心酒文化现象的背后又隐藏着傈僳族怎样不为人知的深层次的隐秘文化背景呢？

一定的文化，特别是涉及观念形态的文化是一定社会经济利益关系及社会关系的反映。社会环境是影响人们行为的主要因素，社会环境主要包括生产力、生产关系和社会成员之间的关系，这三大要素是人类观念形态文化（亦称伦理观念）形成的直接原因。翻开傈僳族历史，他们长期处于游猎、采集的原始氏族社会形态，生产力水平极为低下，获取生产资料十分有限，再加上历朝历代统治阶级的压迫和剥削以及来自异族的打压，迫使他们只能遁入深山野林，过着艰难困苦的日子。在这样的社会背景下，傈僳人为了生存的需要，只有协力同心，共同生产劳动，共同捕猎凶猛的野兽，才能在恶劣的环境中生存下来。在这样的社会形态里，氏族成员之间自然而然地形成了相互依存的社会关系，所产生形成的社会制度也只能是原始的大同主义。傈僳族把原始氏族的大同主义称为“瓦刷”，“瓦刷”社会制度在傈僳族社会生活中的体现形式是“合力生产，伙有共耕”。瓦刷制度在傈僳族的历史上占据了相当长的历史时期，有些傈僳族聚居地直到新中国成立瓦刷制度才宣告结束。

生产力水平发展的快与慢不仅是人类社会关系和经济关系的直接反映，同时也是人类伦理道德形成的最直接的因素。有什么样的社会生产力，就会产生与之相匹配的社会关系和伦理道德文化。在“瓦刷”制度的影响下，傈僳族无论男女老幼，都不分亲疏，像亲人一样团结一心，互帮互助，共同面对来自人类社会和大自然的各种挑战，形成了有难同当、有福同享的民族心理。正如《怒江旧志》所载，傈僳“唯团结最坚，各人均持大同主义，乐则同享，苦则同受。一家有粮，则任意煮酒，全村共饮，日夜欢笑，食尽则散，并无怨言。故虽属赤贫，而向无乞丐倚门求食，殊足钦羡”。这段描述真实地记录和反映了历史上傈僳族所处的社会背景和氏族成员之间不分彼此、相依共存的社会关系。

极低的社会生产力水平决定了傈僳族长期处在原始公有经济制度形态，经济制度必然会影响到人们的思想观念和道德准则的形成，在傈僳族固有的意识里，他们把氏族成员甚至其他同源民族都视为自己的兄弟姐妹。在这种意识的支配下，在极其恶劣的自然环境里，傈僳族异常地团结，只不过傈僳族把这种团结一致、协力同心的民族向心凝聚力用一种特殊形式来表达，那就是广泛流行于川、滇两省傈僳族聚居地的同心酒，以此表达他们患难与共、心心相连、共同战胜困难的民族文化心理。基于此，傈僳族在饮同心酒时才不会存有男女私情的杂念和欲望，取代它的是两颗纯净的心灵。

同心酒，是傈僳族历史上有别于其他民族的文化现象，是傈僳民族团结的象征。我们应该庆幸，当人类社会进入21世纪的时候，傈僳同胞还为我们保留下了同心酒这样一种古老的文化。

文化传承

浅谈傈僳族语言传承危机和对策

蜂　香①

一、傈僳族语言传承危机现状

傈僳族是中国少数民族之一，也是分布在中国、缅甸、印度和泰国的一个跨国民族，我国傈僳族主要分布在云南、四川两省。云南境内的傈僳族主要分布于怒江傈僳族自治州和迪庆州维西傈僳族自治县，此外保山、丽江、德宏、楚雄、大理、思茅、临沧等地州也有分布。云南省傈僳族总人口有61万多，分别分布在滇西50多个县，其中丽江有近12万多人口。傈僳族大都居住在三江并流流域（即金沙江、澜沧江和怒江流域）海拔1500～3000米的河谷区、山区和高寒山区，多数以家庭氏族为单位居住，结成5～50余户的小村落。

（一）傈僳族语言文字简介

傈僳族拥有自己的语言和文字，语言属汉藏语系藏缅语族彝语支。20世纪以前，傈僳族没有文字，重大事件全靠一代一代以口耳相传。傈僳族先后使用过三种文字。一种是20世纪初由西方传教士用拉丁文字母及其变形体创

① 蜂香，女，傈僳族，中共党员，云南省玉龙县人。现在丽江市玉龙县统计局工作。

制的拼音文字，称“老傈僳文”，主要通行于怒江、保山、德宏、耿马等地基督教信徒中。第二种是由维西傈僳族农民哇忍波创制的音节文字，每一个字代表一个音节，有1000多字，这种文字主要在维西部分地区用过。第三种是在新中国成立以后多次语言调查的基础上，1957年由中国科学院专家以拉丁字母形式创制的新文字，称“新傈僳文”，并在云南怒江傈僳族自治州内推广，翻译出版了课本、通俗读物等。1990年以前新老傈僳文并行使用，现在主要以老傈僳文为主进行扫盲。云南人民广播电台于1957年10月25日开办傈僳语节目。1977年云南民族学院民族语言文学系开设傈僳族语言专业，如今已培养出了傈僳族语言文学的本科生和硕士生。

（二）傈僳族语言传承现状

由于受历史、地理等因素的影响，大多数傈僳族居住在条件相当恶劣的山头上，生产生活条件十分艰苦，交通信息严重闭塞，从而造成各地傈僳语言也各具特色。但大多傈僳语是相通的，这也许是傈僳同根同源的缘故吧。新中国成立以来，怒江傈僳族自治州和维西傈僳族自治县是原始傈僳语保存得最完整的地区。但是自改革开放以来，特别是随着全球经济一体化的加快推进，各地的傈僳语都不同程度地受到了影响。估计已有10%～20%的傈僳语已经开始退化。主要体现在：

其一，傈僳族日常生活用语，掺杂了许多其他民族语和汉语。比如：火钳傈僳语叫“马扭”，牡丹傈僳语叫“本打”，灰挑傈僳语叫“耐俄”，平常几个傈僳人互相吹牛时，有些名词都用汉语。现在在农村也如此，除了老人基本用傈僳语外，日常生活中有些词都在用汉语，傈僳语中掺杂了许多其他民族语言和汉语。

其二，怒江傈僳族自治州和维西傈僳族自治县是原始傈僳语保存得最完整的地区。这片土地上孕育了傈僳族原生态文化为主的多民族多元文化，包括口传傈僳族神话传说、民间故事、音乐舞蹈、原始宗教、农牧生产、纺织服饰、民俗风情等文化在这里是保存最完好的。然而，随着社会的不断发展，这里的傈僳语传承也面临被同化的危机。

其三，生活在条件相对较好地区的傈僳族村庄，因为与汉族或其他民族大杂居，现在大多数傈僳青年已不爱讲本民族的语言了，也讲其他民族的话或汉话，他们认为讲傈僳话会被人看不起，被人耻笑。他们自己放弃了母语，对他们的下一代已不教傈僳话了，有些甚至把民族也改了。

其四，生活在大中城市的第二、三代傈僳族后代，虽然拥有傈僳族的血缘关系，但由于后天缺乏学习民族语言的得天独厚的空间和环境，已几乎失去了对傈僳族语言的听说能力，甚至对本民族的风俗习惯都不清楚。这只能说是傈僳族语言的悲哀。对此不能不引起我们的高度重视。

二、造成傈僳族语言传承危机的原因

语言危机是一种全球现象，只不过在不同的国家或地区所表现的濒危程度或者范围有所不同而已。结合傈僳族地区实际，傈僳语面临危机的主要原因大体有以下几方面。

（一）汉语言对傈僳语具有很大的影响

中华民族，是56个民族共同组成的一个民族大家庭。由于汉族的生产方式、政治组织形式、生活习惯、传统礼俗等都较为先进，所以周边不少民族都深受其先进文化的影响，而这种影响是从作为文化载体的语言开始的。就历史情况看，傈僳族语言处于较为劣势状态，久而久之，渐渐地失去空间，不能真正发挥应有的积极作用。

（二）成功推广普通话的结果

多年来，我国一直非常重视普通话的推广工作，推广普通话无疑是正确的。我国地域辽阔，民族多、语言多、方言多，需要确立、普及一种共同语言以保证交际畅通，维护国家统一和民族团结。由于汉语言（普通话）在中国的大江南北被普遍接受和认可，在所有中华语言体系当中处于强势地位，所以汉语言被作为我国普遍通用的官方语言。作为我国的国家通用语，普通话的推广对于有效协调社会生产和生活，普及教育，发展科技文化事业，增进各民族、各地区之间的交往，增强民族凝聚力，有着无可替代的重要作用。

现在全国推广普通话工作的力度在不断加大，普通话的普及程度在大幅提高。傈僳族地区的每个村小、完小已全面普及普通话。傈僳儿童从小学一年级就开始学习普通话，他们对普通话充满了向往。同时，由于村村通电话和数字电视的推广，住在山头上的傈僳族各家各户都安上了电视，连当地汉语方言都不会讲的傈僳族也能讲一口流利的普通话了，越来越多的傈僳族喜欢上了普通话。在普通话得到成功普及的情况下，傈僳族语言和汉语方言一样，逐渐萎缩了。在傈僳族村寨，人们以讲普通话为时髦和潮流，在婚庆等场合及打手机、打电话时都在操用，有的甚至把讲傈僳语视为跟不上形势的老土。

（三）全球经济一体化的结果

各民族各具特色的文化是在千百年的历史长河中，在相对封闭、文化风格比较单一的社会生产劳动中自然形成的。如今，全球经济已高度一体化，在此背景下，傈僳族与汉族之间，傈僳族与其他少数民族之间的交际非常频繁，而这些交际都必须使用普通话来进行。不论是汉族还是傈僳族，从听说读写到文字运用甚至是人们的思想意识等，处处都体现出汉语言的表达和汉文化的思维方式，由此，傈僳族语言的使用空间变得狭窄。

（四）教育制度的原因

在我国，除蒙古、维吾尔、藏等人口较多的少数民族聚居的一些地区实行双语教育外，全国大多数少数民族地区都只实行汉语教育。有些傈僳族学生家长担心学生在学习和考试升学时吃亏，从小就跟孩子讲汉话，鼓励孩子学汉语。特别是进城打工的子女，即使父母都是傈僳族，但为了不落后于城市里的汉族，父母从小就教孩子汉语。现在最严重的是定居在城市的傈僳族或者是在单位上班的干部职工子女，虽然是傈僳族，但他们有的一点都不了解本民族的语言文化。就丽江市而言，每年阔时节时傈僳族同胞都在一起聚会，但他们的子女，会讲傈僳话的几乎没有，甚至听得懂一点的都很少。更离谱的是有的子女连“吃饭”这样简单的词都不会。

（五）对傈僳族语言工作的重视不够

民族工作无小事，党和政府历来高度重视边疆少数民族，特别是少数民族语言的研究和普及工作，曾帮助许多少数民族创建和改进过语言文字，对人口比例较大的民族区域自治地方实行了民族语言文字官方普及和通用制度。但对比较落后而人口比例相对于其他大民族来说较少的傈僳族迄今为止未能实现语言通用和推广。近年来由于傈僳语工作任务艰巨，涉及面大而广，国家财政补贴投入不足，许多工作尤其是对傈僳语传承工作只是代面而过，更多深层次性的问题没有得到深入调查和解决。

三、傈僳族语言传承和保护的建议对策

（一）全力做好傈僳族语言传承教育工作

做好傈僳族语言传承教育工作是拯救和保护好傈僳族历史文化的重要基石，为防止傈僳语流失和消亡，我们必须认真做好傈僳语传承工作。傈僳族语言传承教育，就是要对学生进行特殊的傈僳族语言文字教学模式，目的是培养学生会运用傈僳族语言进行语言沟通与交流，培养一支熟悉和精通傈僳族历史文化的各类专业人才队伍。可采取以下措施：一是开展傈僳族语言调查统计工作；二是开办傈僳族语言文字培训班；三是由市县政府在相关部门成立傈僳族语言研究室；四是在条件具备的情况下出版或发行傈僳族语言研究刊物和书籍；五是县级以上政府每年资助傈僳族语言传承和保护专项，用于开展傈僳族语言调查研究开支等。

（二）在傈僳族地区营造一个崇尚民族文化的社会环境

让傈僳族人民懂得，语言是一种珍贵的文化，孩子会讲傈僳族语言，不但不会影响学习，还将更有利于学习和使用普通话及其他语言。由于多懂一门语言就多开发了孩子的语言能力，将来再学第三、第四种语言就容易得多，鼓励孩子在家与父母讲傈僳语言。

（三）建立傈僳族语言资源库

用高科技成果建立傈僳族语言资源库，是时代发展的需要，是传承傈僳族文化的需要。对傈僳族语言，通过调查、收集、研究、整理等工作，设立语言资源库是一项繁杂而又艰辛的工程。每一个环节、每一项任务都需要花费一定的时间和精力。对各乡镇、村寨的地方土语的采集、收录、编制和整理工作，也将面临新的挑战。针对调查采集过程中的一些问题，要突出重点

和难点，认真把握民族政策，防止工作简单化等。

（四）制定政策措施

政府应通过制定政策，对傈僳族语言的使用和发展进行宏观布局，为傈僳族语言教学和使用、有关研究和管理机构的设立、有关项目的实施等创造便利条件。在高考加分方面，把会讲傈僳话与不会讲傈僳话的考生拉开加分档次，不会讲本民族语言的傈僳族考生加分要比会讲本民族语言的考生低些。同时，在招干时，会讲傈僳话的考生也可享受傈僳族加分待遇。这样就能使傈僳族明白，民族优惠政策，主要体现在热爱本民族而会讲母语上，而不是简单体现在身份证的记载上。

（五）在傈僳族地区推行双语教学

双语教学是针对边疆少数民族学生而言，由于语言的差异性，少数民族学生在学习过程中不能完全对老师所实施的汉语教学内容充分理解，必须通过民族语言教学翻译的形式才能掌握所讲的教学内容。要做好傈僳语的传承和保护工作，必须要在傈僳族地区推行双语教学。双语教学既让本民族学生有时间学习汉语的机会，同时又让其不断巩固和提高傈僳族语言水平，在双语教学的互动中获取知识，增长智慧。在傈僳族比较集中的地方，配备本民族教师，推行双语教学，使学生在学懂汉语知识的同时，还能流利地讲本族母语。当然，实施双语教学任务繁重，环节具体，时间要充分，对老师而言有更高的要求，即不但会讲少数民族语言，而且要精通汉语及相关教学内容，掌握相关民族理论政策。

（六）尽快制定关于傈僳族语言传承和保护工作的法律法规

机构是保障工作顺利开展的基础条件，法律法规是保护傈僳族语言消亡的法律保障，同时也是实施傈僳族语言传承和保护的重要条件。有关部门要尽快统一思想，付诸行动，着手应对当前傈僳族面临的语言危机，为阻止本民族语言濒危的状况，制定相关法律法规迫在眉睫。

（七）通过宣传教育，增强民族自信心

有些傈僳族青年不愿讲本民族语言，是民族自信心不足的体现。认为讲

傈僳话是“老土”，会被汉族和其他民族看不起。所以地方政府要大力宣传党的民族政策，不断提高傈僳族社会地位。同时，使傈僳族青年都懂得，能够传承到今天的傈僳族语言是因为它具有一定的优越性，是宝贵的非物质文化遗产，从而使傈僳族同胞都充满民族自信心和民族自豪感，无论在什么场合，都敢于自豪地用本民族语言交谈。

中国社会科学院民族学与人类学研究所研究员徐世璇认为：是否使用和保留乃至保护本民族语的问题，最能够起决定作用的，首先是本族语群体自己的愿望和态度。只要群体成员都愿意学习和使用自己的语言，这种语言就不会消失。在这个群体中，使用本族语应该是语言群体中每一个成员主动和自觉的行为，年长的人应该通过语言交际活动为年轻人树立语言规范的样板，年轻的父母应在家庭中积极使用本族语，将语言自然地传授到下一代。

参考文献

[1] 普忠良．从全球的濒危语言现象看我国民族语言文化生态的保护和利用问题，2001－11－18

[2] 傈僳族语言文字．中国网．2010－10－13

浅谈傈僳族古歌《创世纪》的史学价值和保护传承

杨世祥[①]

傈僳族是一个跨境民族，全世界傈僳族共有120万左右，其中国内70多万人，国外50多万人。国内傈僳族主要分布于滇、川两省，以云南为主要聚聚区。在云南境内，傈僳族大都居住在金沙江、澜沧江和怒江三江流域的峡谷山坡地带，自称为三江的主人，为氐羌人后裔，即藏缅语族汉藏语系彝语支的一个民族。公元1世纪左右，傈僳族先民与彝族先民共同生活在雅砻江、金沙江两岸的广阔地区，也就是今天云南丽江市、四川省攀枝花、凉山彝族自治州境内。3世纪以后，傈僳族先民与其他民族先民不断向西南迁徙融合，到8世纪，在今云南西北地区出现了“栗粟”的部落。15—19世纪，逐渐扩展到澜沧江、怒江流域和东南亚，目前国内70多万傈僳族主要分布在四川的攀西地区、凉山州，云南的迪庆、丽江、怒江、大理、保山、楚雄、德宏、昆明等州市，国外50多万傈僳族分布在缅甸、泰国、印度、孟加拉等10个东南亚国家，形成大分散、小聚居的格局。在漫长的民族发展过程中，傈僳族形成并创造了很多优秀的传统文化艺术，《创世纪》古歌就是其中的民族文化奇葩。

---

① 杨世祥，男，傈僳族，云南省华坪县中心镇楠木村十五组人，华坪县烟草专卖局（分公司）职工。中国少数民族作家学会会员，云南傈僳族研究会会员，丽江市作家协会理事，华坪县傈僳族文化会副秘书长。

一、《创世纪》古歌形成的历史及原因

傈僳族《创世纪》古歌形成的历史及主要成因有三方面。

一是口传历史的需要。傈僳族是个迁徙的民族，傈僳族的历史基本上就是迁徙的历史，傈僳族由于没有文字，很多历史、风俗、哲学、传统道德等需要传承下来，就只有靠傈僳族的智者必扒有意识地来记住并传唱了，比如祭祀古歌《创世纪》里有很多内容是对混沌世界的认识、重大事件的叙述、伦理的教育等。

二是叶落归根的思想。傈僳族叶落归根的思想观念很明显，人死后如有条件回老家安葬，就千方百计要送回老家。现在有些在外工作的傈僳族老人去世后，都要求儿女送回老家山里埋葬，尽管有条件在城里购买墓地，也不愿意埋在公墓，但过去由于整个族群迁徙频繁，送回老家安葬的几率很小，所以就是形式上回老家，就是灵魂要回家的意思。灵魂回家还体现在驱鬼的形式上，如傈僳族人生病后找勒帕[①]驱鬼，有一句念词是必说的，就是“哪里来的哪里去”。傈僳人观念中的鬼包括亲人、朋友、邻居凶死后变成的厉鬼，厉鬼在家里不走，惊扰亲人，就是生病的原因。“哪里来的哪里去”就是回到你的老家的意思，这个老家狭义上是厉鬼的老家，广义上指的是傈僳族这个族群的发源地。

三是尊老以及祖先崇拜的观念在起主导作用。傈僳族是比较尊老的一个民族，祖先崇拜就是一个体现，祖先崇拜是傈僳族最普通、最为虔诚的一种崇拜。傈僳族认为，老人死后，他们的灵魂不死，要送回祖先发源的地方安息，并在远方保佑亲人，可以造福家人，故设神龛供奉祖先，神龛不能任意搬动。除祭祖节日外，逢年过节要向神位献酒肉。祖先神位的神龛安放在堂屋的左右上角，男放左边，女放右边。因此傈僳族《创世纪》古歌的形成是傈僳族尊老的道德规范的体现。

① 勒帕：不受师传或神传，不懂史诗，为人驱鬼送神。

二、《创世纪》古歌与必扒的产生

“必扒”（祭司）是倮倮族口头文化遗产的继承者、传播者和发展者。他们常常能背诵《创世纪》、《伦理道德》、《生产调》等上万行的倮倮族叙事长诗，人们公认，这是倮倮族从蒙昧时期进入文明时期的产物。过去“必扒”的社会地位很高，土司及上层人物都很器重他们。“必扒”是倮倮中有学识有修养的人。他们熟知倮倮族的历史渊源，通晓史事典籍和占卜，还懂得天文历法、医药等知识，可称为古代倮倮族的知识分子，在社会上很受人尊敬。在历史上，“必扒”曾多次发起过反抗土司、地主封建统治压迫剥削的大起义，其中云南华坪文乐公寨倮倮族“必扒”唐贵（丁贵）于1820年至1821年组织云南华坪、大姚、永胜、永仁和四川德昌、盐边等地各族人民进行的抗清起义，声震滇西，震惊清朝廷，为求得各民族生存、地位平等而立下了不朽的功勋，多少年来被各族人民广为传颂。

“必扒”一般由男性承担和接班，不脱离生产，也不在各种祭祀活动中索取更多的报酬。基本上兼职，在倮倮族中较有威信和影响。他们能唱上万行诗歌，能吟诵人死后三天三夜的悼词史诗。“必扒”的主要职能是：主持丧葬和平日祭礼，治病、合婚、占卜等。新中国成立后，“必扒”仍是倮倮社会生活中不可缺少的人物。

倮倮族必扒是因丧葬的需要而产生的。纵观社会发展史，每一个职业的产生或细化都是社会发展的需要，必扒也不例外，倮倮族社会发展到一定的阶段，对去世亲人简单的倾诉已表达不了他们对亲人的留恋哀思，他们需要对亲人有一个全面客观的评价（这个内容其实和汉族的悼词差不多），还有就是每个族群的迁徙线路需要确认，这就需要专门的人来做，因此倮倮族历史上的“必扒”就产生了。

必扒又分为师传和神传（祖传）两种，师传的概念很简单，就是找一个老必扒当师傅，但找必扒师傅也有一定的地区和氏族规则，比如，倮倮族图腾崇拜中有鸟、熊、鱼、羊等，而云南永胜、华坪、四川盐边的鸟氏族（姓亚、郭、鸭）和碗氏族（姓王）之间可以相互学必扒。神传（祖传）的必扒就复杂得多了，有些必扒世家每三代人中的男性会出现一位神传的必扒，这里面就有点神秘的色彩和诡异的成分了。基本情形是：家族中某一个 40 岁后的男性某一天会突然疯了，然后唱一些沧桑的古歌，懂行的人就知道这是神疯了，不用给他治病，他自然会好的，隔一段时间，他的疯病就自然好了，好了以后就具备必扒的水平了，能吟唱完整的《创世纪》古歌，知道祭祀的程序，有的还会同时具备脚踩、舌舔烧红的铧犁的技能。

三、《创世纪》与傈僳族丧葬习俗

傈僳族对死者都行棺木土葬，棺木要用罗汉松，忌用长毛松。砌墓有两种做法：一种是石头垒墓填泥土；另一种是云南华坪丁王地区丁姓家族葬墓不砌石头，在选定的地面挖坑放入棺材然后用净土盖上，再用木棒击打压紧。但两种葬法举行葬礼的仪式是一样的。人死后，男喂银器九粒，女喂七粒。男用九皮麻，女用七皮麻。净水洁身（洗身）。男剃头发后再葬。人死当天或三天后，要请必扒举行送魂礼（即吟唱《创世纪》，傈僳语称“麻札么”）。唱死者生前的事迹和希望，送魂礼的仪式隆重。必扒要唱吟完“开天辟地”、“人类来历”、“人生哲理”、“伦理道德”和傈僳族的整个迁徙过程等 22 章，使之把死者的魂送回该民族的发源地。如古歌《指路经》唱道：

……
现到了祖山
我不再送你
你父母接你
你妻子接你
这里三条路
你父母指你
父母居住地
前后两座山
一山银遍地
一山金满坡
从此家人聚

……

傈僳族相信人死后有灵魂存在，因此埋葬死者时，要把死者生前的器物烧了，目的是让死者在阴间能正常生活。人死后，丧家要为其洗身、穿衣，女的就为其梳头，男的要为其剃发。然后将尸体停放在堂屋中，请来“必扒”进行“交魂”仪式，即给死者亡灵指路，引领他的灵魂返回祖先居住的地方，并祈求祖先收留他。“交魂”仪式后，由死者的子女牵着羊到房内杀死，意为献给了死者。同时在屋外宰牲招待前来吊丧的人。葬礼要选好“黄道日”，若接连几天日子都不好，就在夜间埋葬。入葬前，事先请亲属、邻里先上山选择安葬的理想地方。傈僳族选择墓地以将来不会出现山崖崩坍、看刀子能插起为条件。此时，家中的人把遗体搭放在木架上，抬往墓地。到达墓地后，先将棺木在坑内搭好，再把遗体移入棺材内，盖好棺盖才开始垒土成一小丘。将玉米等种子以及酒撒在坟上，余下的用背兜装好，放在坟侧。一般在垒土前要在棺材头部埋上茶罐、碗、背篓等作殉葬品。背篓里还装有玉米、瓜子等，据说这样死者到阴间时才能像在阳世一样耕种。送葬队伍行葬归来，要绕道行走，并且在回路上烧香树叶和松枝叶，让送葬的人越过，使其烟雾绕过全身或洒清泉水，目的是给送葬队伍洗去疲劳和病毒。相传人死后3~7天内其灵魂要回家一次，在此时间内，过去习惯在堂屋门口打灰塘看死去的亲属灵魂回来时是否留下足迹。傈僳族在外凶死，尸体不进家入堂，麻风病患者死后要火化成灰再葬。

四、《创世纪》与傈僳族迁徙史的关系

由于傈僳族历经战乱，受周围民族的挤压，所以不断向边地迁徙。傈僳族的迁徙路线一直向西，向着太阳落下的地方，是一个追赶太阳的民族。傈僳族的历史就是一部迁徙史，古歌中有峨绿瓦（玉龙山）、娜依墨博（金沙江）、蒙罕滴理（青海湖）等地名，可以比较直观地感受到其壮观的迁徙场面。

“哪里来的哪里去”，这是傈僳族的祖先崇拜观念。这和汉族的叶落归根是一个概念。不管迁徙到何方，灵魂总归要回家。如古歌所唱：

这家人死了
死了魂要到
先祖居住地
他不知道路
回不到那方
死魂不出家
时时扰亲人
主人请我来
给死人指路
尔萨山神鬼
天下各路神
请让一条路
……

傈僳族的祖先崇拜认为：人死灵魂不死，在弥留之际，灵魂即离开躯体，回到祖先居住地方然后超生，但在死后，灵魂因不知道祖先发源的路线，还在躯体周围逗留并扰乱亲属，所以在装棺和下葬时，需由必扒吟唱古歌《创世纪》，为死者的灵魂指路，送回祖先发源的地方，这就是傈僳族所说的“麻札么”，汉语的意思就是“做道场”。

从史学的观点来看，《创世纪》内容以迁徙为主，还包括哲学、宗教、占卜、艺术、牧耕、医药、道德、战争等内容，对一个史料记载少的民族来说，有重要的研究价值。比如傈僳族最终形成单一民族的发源地蒙汗滴哩（青海湖），就是在《创世纪》中一段古歌中发现的，这段歌大意是这样的：我们的祖先住在湖边，早上太阳从湖中出来，晚上太阳落入湖中……另外，从古歌中还可以考证与彝语支各个民族的渊源关系等，如祭祀的具体方法、黄水淹天、兄妹造人、英雄射日等传说以及图腾崇拜和彝语支的彝族、纳西、拉祜、哈尼等民族大同小异。

清朝后期傈僳族几次大的农民起义失败后，为躲避清廷的追杀，傈僳族进行了三次大的迁徙，使傈僳族由明朝时期居住在云南永北、丽江、华坪，四川德昌、盐边、米易等地，扩展到怒江、楚雄、大理、德宏、保山等地，部分越过国境线进入缅甸、泰国、孟加拉等东南亚国家，形成大分散、小聚居的格局。在这种居住格局的状态下，通过对《创世纪》的了解和分析，我们发现，不管是金沙江、怒江的傈僳族，还是缅甸、泰国的傈僳族，几次民族迁徙的原因及主体线路在各地《创世纪》古歌中基本上一致。缅甸傈僳族做“麻札么”中所吟唱的《创世纪》中就有峨绿瓦（玉龙山）、娜依墨博（金沙江）等地名，这给傈僳族是由东往西迁，还是由西往东迁的争论提供了可供考证的论据。

五、《创世纪》古歌的音乐魅力和禁忌

《创世纪》古歌单纯地作为一部音乐作品来讲，可以说是傈僳族最古老的调子，傈僳族从形成单一民族到现在已有2000多年的历史，而《创世纪》从那时起就开始形成一种固定的曲调和唱词，用于做指路道场，指路道场是傈僳族中最庄严肃穆的宗教仪式，所以是不可能更改《创世纪》调子的，因此，今天所听到的《创世纪》古歌调子和2000年前应该说没多大差别。吟唱《创世纪》古歌具有与众不同的音乐魅力，一种悲壮的音符自始至终贯穿着整个内容，让听者感受到远古的气息扑面而来，甚至让人泪流满面，长泣不已。《创世纪》吟唱的曲调在不同的章节有局部的变化，这主要是根据吟唱的内容来变化，如前部分的吟唱，主要是傈僳族对宇宙混沌世界的认识和与人为善的传统教育等内容，这部分的曲调就显得轻松一些，到最后的《指路经》的部分就显得苍凉悲伤，而且节奏明显加快，这主要是为了表达亲人留恋死者，对死者依依不舍的感情。

《创世纪》古歌的吟唱是很庄严肃穆的，而且吟唱是有禁忌的，首先是女人不能吟唱，必扒使用的宗教上的法器女人不能摸，这和傈僳族漫长的父系氏族社会有关。过去女人在家庭中没有地位，如家中来客人女人不能上桌，比如华坪的傈僳族还有一个“男人节”，就是专门避开女人的宗教节日。其次是平时不能吟唱，这个“平时”就是指没有人去世的时候，平时没事吟唱《创世纪》古歌认为是不吉利的，认为会触犯神灵而遭受厄运的。第三是必扒在吟唱的时候，旁边的人不能说汉话等别的民族语言，不能嬉笑打闹，否则就视为对死者、祖宗、神灵以及对必扒的不尊重。第四是不能在别人家哼唱

《创世纪》古歌调子，这种行为相当于咒人家死，这是傈僳族家庭最犯忌的。第五是古歌只有必扒和所教授的徒弟才能吟唱，必扒的观点是，古歌如果要学就要学完，不能断章只学部分，这样会受到神灵惩罚的，具体的惩罚就是让你疯掉，而且无药可医。以上禁忌出现在傈僳族的传统礼仪中，所以一般傈僳族都不会去触犯。

六、《创世纪》古歌内容的甄别和保护传承

一是对《创世纪》古歌内容在地域性差异的正确认识。由于傈僳族居住地域的分散和宽广，一句“千里傈僳”就是比较直观的注解。以至各地《创世纪》古歌的差异也相当明显，使得有些狭隘的同胞便以正宗和不正宗来评价《创世纪》的真伪，这其实和前几年区分什么正宗傈僳和假傈僳的说法一样，是一种毫不辩证的说法。傈僳族不像纳西族那样聚居，差异是客观存在的，所以民族内部的差异性我们要辩证地看待，即需要统一的方面，比如傈僳族不存在支系的观点，我们就要统一说法统一资料。另一方面，又要有包容的求同存异的观点，比如，语言上的局部差异，服装上的差异和宗教上的差异（傈僳族有原始宗教、基督教）等。特别是《创世纪》的内容，因为迁徙线路大同小异，造就了《创世纪》内容上的差异，所以不能信口开河地下正宗与不正宗的结论。

二是《创世纪》古歌内容的地名上的甄别，比如“江西”、“湖广”等地名，有些人道听途说，不加思考，一说“江西”、“湖广”就是现在的江西、湖南、广东这些地区。这就产生傈僳族包括彝语支的民族都在江西、湖南、广东生活过的误区，这根本就是风马牛不相及的说法，翻看中国历史也没有氐羌后裔在这片区域生活过的痕迹和记载。其实，《创世纪》说的江西是江的西面，有可能是怒江西面或是金沙江西面，还有可能是澜沧江西面，都有可能。造成这样的误区一是很多必扒不识字，古歌是鹦鹉学舌从上辈师傅学来的，不了解系统的中国历史特别是西南历史，以讹传讹的成分多些；二是明朝时期来永北地区屯兵的汉族兵勇与当地傈僳族通婚后，他们父系的籍贯依旧保留江西、湖南、广东地区的说法。而有些专家学者下去调查又不加分析和甄别，以至造成这样的结果。这就需要从民族学、彝语支民族历史方面加

以研究和甄别。

三是《创世纪》古歌的保护。《创世纪》古歌是傈僳族历史、文化、政治等综合性的沉淀物，是傈僳族历史发展过程中的百料全书。说它珍贵，历史研究价值是一个原因，更主要的还是这部古歌随时都有流失的危险，因为是口碑流传的，一个必扒出师后很难比较完整地传给下一个徒弟，现各地为数不多的必扒都是高龄的老人，一旦这些老人去世，就将无法收集。因此保护《创世纪》古歌已经刻不容缓。说到保护，有些人一说宗教，就认为是迷信活动，而有些人又不加甄别地当作经典，这都是不讲科学不讲辩证的行为。对于一个上千年的进程中没有文字记载的民族来说，史诗是最好的史料，而傈僳族最完整最系统的史诗就是《创世纪》，因此，要尽快协调有关部门组织人力、物力，尽快收集、翻译、整理《创世纪》古歌，在此过程中，要保持资料的原始性、完整性。

四是《创世纪》古歌的传承。任何民族文化的传承，首先要有传承的环境，还要有传承的条件。环境就是民族的语言风俗习惯集中的地区，如果你到一个连傈僳语都不会说的傈僳村子搞傈僳族文化传承就是无稽之谈。条件是至少要让这些指定的传承者有生活保障，所以要有一定的经费是搞好传承的基础保障。

最后一个是人的因素。由于受汉文化及社会经济的影响，现在的年轻人很难专心致志地用几个月甚至几年时间去学古歌。一方面，学习者要对古歌感兴趣，并有悟性；另一方面，《创世纪》古歌本身禁忌又很多，比如不能在家里念或唱，一般情况下不能念或唱，只有在死人做丧葬祭祀时才能念或者唱出来，学的人也就只能在这种情况下才有学的机会，这样的机会一年中或者一生中有几次呢？传承也要考虑民族的特性和禁忌，因此需要一个恰当的方式方法来做好传承这个系统工程。

以上论述以云南永胜六德、仁和，华坪县，四川盐边、德昌、米易的傈僳族为例，实例和观点难免有不妥或不成熟之处，敬请傈僳族专家学者指正。

傈僳族传统医药文化研究述评

王志红[①]

傈僳族是一个跨境而居、有着悠久历史的古老民族，在我国主要分布在云南省怒江傈僳族自治州，其余分布在丽江和迪庆、大理、保山、德宏、楚雄、临沧等州县。四川省的盐源、盐边、木里、德昌等县也有分布。根据2000年第五次全国人口普查统计，傈僳族人口数为634912，云南省就有609768人，占到了96%。傈僳族与怒族、独龙族、藏族、白族、汉族、纳西族等交错杂居，主要从事山地农业。

一、傈僳族传统医药历史的简要回顾

傈僳族先民们为了生存和种族的繁衍，在与自然和疾病长期抗争的过程中，积累了丰富的医药知识和用药经验。“公元800年左右，傈僳族先民就有了‘毒箭射虎、草根治病、树叶止血’之传说，至清嘉庆二十年（1816年）的史料中明确记载了傈僳族先民与其他民族交易药材的情况”。[②]

傈僳族虽然先后使用过三种文字：第一种是西方传教士创制的拼音文字，

---

① 王志红，女，云南玉溪人，云南中医学院教授，硕士研究生导师。主要从事中医基础理论教学和民族医药研究工作。

② 王寅、郑进、盖沂超：《东方大峡谷的民族医药之花——云南傈僳族医药简介》，载《云南中医学院学报》，2008（1）。

第二种是维西县傈僳族创制的音节文字，第三种是新中国成立后创制的拉丁字母形式的新文字。由于傈僳族医药经验主要通过口承传授，所以傈僳族没有对医药相关内容的文字记载，更无相关的书籍可考。傈僳族主要的聚居地——怒江流域，由于交通不便，与外界极少交流，也无外来医药。据《怒江傈僳族自治州卫生志》介绍，直至1912年，国民政府派出殖边队进驻怒江地区，中医才随之而传入。1927年，外国传教士深入怒江地区进行传教活动，为了招收信徒，吸引群众，利用西方先进的医疗手段为人治病，才有西医传入境内①。

二、丰富的药材资源

傈僳族地区大都在高山深谷，海拔高低不一，温差较大，形成了热、寒、温三种气候并存的“立体气候”，雨量充沛，生物资源丰富，动植物分布广泛，种类繁多，中草药资源丰富。据怒江州卫生局中草药调查组的调查表明，怒江州蕴藏有中草药1000余种，其中为国家药典收录的有146种，为地方药品标准收录的有44种，其中不乏黄连、贝母、茯苓、天麻、鹿茸、熊胆等珍稀药材。

中国民族医药学的奠基人之一云南中医学院的曾育麟教授主编的《中国民族药志》也收录了14种傈僳族药，《云南药品标准》（1974）收录了岩血竭和岩陀两种傈僳族药。周元川于1991年在《中国中药杂志》中还将丘西克（鼠尾粟）、纳帕奥南（火筒树）、布鲁兹（大将军）、泽（花椒）、吉（棕榈）、伊夸（多花蒿）、阿莱奥戈洛（石莲子）等12种傈僳族民族药公之于众。②

2005年云南中医学院马伟光等对怒江地区民族医药进行了考察，不仅在《怒江中草药》的基础上又增添了11种药用植物，还发现了一些疗效确切，

① 《怒江傈僳族自治州卫生志》，277页，昆明，云南民族出版社，1997。

② 王寅、郑进、盖沂超：《东方大峡谷的民族医药之花——云南傈僳族医药简介》，载《云南中医学院学报》，2008（1）。

应用广泛，值得深入发掘和研究的品种。①

傈僳族还有较长的栽种药材的历史，如胡黄连、黄连、贝母就有较长的栽种历史。据《福贡文史资料选辑》（第一辑）中“福贡黄连种植史访”一文记述，福贡黄连系从缅甸引进，是一个叫贾面此的人大约在1880年前后从缅甸带回黄连秧栽种，由于其具有较好的品质，能带来经济效益，所以被大面积种植，也因此为祖国中药宝库增添福贡空心黄连这一珍贵品种。

三、宝贵的用药经验

傈僳族世世代代居住在相对封闭的环境中，必然对周围生态环境中天然药用资源十分熟悉。傈僳族同胞因地制宜，利用这些生长在田间地角、房前屋后的天然药物资源来防病治病，所以傈僳族民间几乎是家家懂数方，人人识几药。

在长期的生存发展中，傈僳族与生活在同一地区的怒族、白族、藏族、独龙族有一定程度的交流，不断丰富着用药的经验。该地区各民族医药知识很多方面是“你中有我，我中有你”。据史料记载②：1954年、1955年，兰坪县、泸水县相继召开中草医代表会议，泸水县从8个民族民间医生中收集到常用中草药74种，民间单方24个。1956年兰坪县、福贡县号召民族民间医生献方，兰坪县献出单验方112个，福贡县献方50多个，交流中草药30多种。1985年，怒江州卫生局成立中草药调查组，采制标本、核实药名、验证药效，以收载历史医籍文献有记载的中草药为主，兼及收载民族民间医生用之有效的药物，进行了较为系统的整理，汇集成《怒江中草药》，于1991年由云南科技出版社出版发行。该书分药用植物和药用动物两部分，附图153幅，收载药用植物166科689种，药用动物19科32种，共721种药物，每种药物下有中文名、拉丁学名、别名、生境、采集加工、性味功能、主治用法、附注等。采用汉文与傈僳文双语对照，堪称是我国第一部傈僳族药物学专著。

林芳飞总结介绍了傈僳族对咳喘肺痨、食积胃痛、腹泻、口舌生疮医治的4

① 马伟光、郑进、李玉发等：《怒江地区民族医药考察掠影》，载《中国民族民间医药》，2005（2）。

② 《怒江傈僳族自治州卫生志》，279～280页，昆明，云南民族出版社，1997。

个民间单方[①]；彭朝忠、祁建军、李先恩收集并介绍了宁蒗傈僳族治疗呼吸系统疾病验方录12首[②]。杨玉琪等对收集到的流传在福贡县傈僳族民间的一些治疗营养不良性水肿、腹泻、痢疾、软组织损伤、小儿疳积、小儿感冒、咽喉疼痛、蛇咬伤等常见疾病的单、验方进行了介绍；同时总结了维西县傈僳族民间对马蹄香、一支箭、鱼腥草、青刺头（别名青刺花、油果刺尖、黑刺尖）、土三七（别名三七草、血当归、红背三七）、血满草（别名奔草、血封草）、小五爪金龙（别名肉血藤）、大红袍（别名铁锈根、牛大豆）、大血藤（别名鸡血藤）、岩陀（别名芋头七）、挖耳草（别名烟锅草、兔耳草）、驴慈（别名板头）、喉咱、阿奶浅布、尼不慈（别名大红升麻）15种常用药物的用药经验。[③]

傈僳族还根据用药经验，研制过一些简单的制剂。1966年，福贡利沙底区卫生所组成中草药研制小组，先后研制出平胃散、风湿药酒、止白粉、九里光药膏、四季青药膏、理肺止咳糖浆、雪上一枝蒿针剂、鱼腥草针剂等。[④]

四、独具特色的治疗方法

除了使用药物防治疾病之外，在民间还形成了一些独具特色、行之有效的外治方法。据怒江州神农民族民间医药研究所所长周元川收集、整理，傈僳族常用的治疗方法主要有：手术取毒箭头法、火罐和灸疗法、割治疗法、线捆针刺血疗法、拔提拉法、刮痧疗法、催吐疗法、止血接骨法、温泉洗澡治疗法、热敷疗法、火灸法等。[⑤]

傈僳族民间用药及治疗方法，具有就地取材，操作简单，简、便、验、廉的特点。

总之，在长期与疾病斗争的过程中，傈僳族同胞积累了较为丰富的用药

---

① 林芳飞：《傈僳族特色疗法》，载《医药养生保健报》，2008年2月4日。

② 彭朝忠、祁建军、李先恩：《宁蒗傈僳族治疗呼吸系统疾病验方录》，载《中国民族医药》，2008（3）。

③ 杨玉琪、贺铮铮、方路等：《云南跨境民族傈僳族医药现状调查》，载《云南中医中药》，2010（12）。

④ 杨玉琪、贺铮铮、方路等：《云南跨境民族傈僳族医药现状调查》，载《云南中医中药》，2010（12）。

⑤ 周元川、郑进：《怒江流域民族医药》，18～25页，昆明，云南科技出版社，2010。

经验和一定的医疗技术。但人们对生命运动的规律、疾病和健康的认识都还较为粗浅，多停留在感性、零散的阶段，尚未达到理性阶段，因而也就没有形成系统的傈僳族医药理论。这些在长期与疾病的斗争中积累下来的宝贵医学知识和医疗经验，是傈僳族传统文化的重要组成部分，为维护傈僳族民众的健康和本民族的生存和繁衍发挥了重要的作用，也是中华民族医药百花园中的重要组成部分。

五、傈僳族传统医药的生存现状

傈僳族生活的地区具有丰富的药材资源，为傈僳族在长期的生产生活实践中积累医药知识提供了便利。一些传统中草药至今仍是傈僳族居民所使用的主要药物，并有少数药用植物（如黄连、贝母、重楼等）被人工栽培。但总体来说，对傈僳族医药的总结和研究还比较少，其宝贵经验还有待进一步发掘和整理，而傈僳族药物的现代开发研究基本属于空白。

2010 年 1 月至 9 月间，我们在怒江州贡山县、福贡县、泸水县、兰坪县进行实地调查走访，傈僳族等民间医生仍然在使用傈僳族医药为傈僳族人民的健康服务，在一些民族药物的使用上有独到之处，在治疗当地常见多发病，如骨折、跌打损伤、风湿关节疾病、妇科炎症、结石、肝炎等方面往往有着自己的一技之长，有值得总结的经验。但目前多数傈僳族民间医生属于自由行医，缺乏统一的组织和管理，生存较为艰难，其宝贵的医疗经验更是处于后继无人的窘境，面临失传的危险。

六、傈僳族医药继承和发展的思考

（一）宝贵的医疗经验急需“抢救性”的收集和整理

在对傈僳族医药的实地调查中我们发现，傈僳族地区很多人家都识几味药，懂几个方，傈僳族村寨中也有一些经验丰富的傈僳族民间医生。但随着“现代化”进程的不断加速，生活方式的改变和现代医学的迅速发展，傈僳族医药在防病治病方面的作用逐渐弱化。并且，随着一些经验丰富的傈僳族医生的故去，傈僳族医药面临着失传或后继无人的窘境。在现阶段，系统地收集、整理和研究傈僳族医药，保留下这份珍贵的民族医学遗产已成为迫在眉睫的“抢救”性工作。

（二）从民俗入手研究民族医药文化思想是一条重要的途径

医学不仅仅是防病治病的知识体系，它还是一种生活方式，防病治病的知识和经验往往还会成为一种习俗而传承。所以民俗与医学相互交叉、相互渗透、相互影响。

傈僳族由于其医学思想和医疗经验没能形成系统的医学理论和完整的诊疗体系，丰富的医学思想和维护健康的智慧更多地散在于民间，具体体现于人们的生产、生活实践之中，表现于衣食住行、丰富多彩的民俗活动之中。这同样是一份不可多得的医学文化遗产。总结这些祖祖辈辈流传下来的智慧，对于弘扬优秀民族传统，移风易俗，提高本民族的身体素质具有重要的意义。如傈僳族习俗中的很多禁忌，对于预防疾病很有意义；傈僳族的传统饮食中，有丰富的食疗资源。如有助于体能恢复的“漆油酒”，常喝能让人鹤发童颜，延年益寿；品种丰富、味道鲜美，还具有药用价值的野生菜如野百合、竹叶菜、牛舌菜、树头草、野竹笋、野芹菜、野山药、蕨菜、野蒜等；还有防治感冒和降血压的药效的傈僳族五味茶；每年春季的澡堂会（又叫春浴节），对于防治疾病也有积极的作用。

所以，“从民俗角度收集、整理民族医药文化是一条重要的研究途径，并将大大拓展民族医药研究的视野，这种源于生活、贴近生活的研究成果，也将为弘扬优秀民族文化传统，革除不良习俗，倡导健康、科学的生活方式提供重要的基础”。①

（三）加强傈僳族医药的现代研究

在收集、整理傈僳族医药的基础上还应探索其用药规律，通过科学实验进行机理研究，逐步开展特色药物的开发研究。

---

① 王志红、谢薇、侯宾等：《怒族传统医药的现状考察和发展思考》，载《云南中医学院学报》，2011（2）。

婚姻家庭

中缅边民跨国婚姻与边境社会稳定

——以云南保山四个边境乡镇为例

侯兴华[①]

保山地处我国西南边陲，辖区内有木城乡、猴桥镇、滇滩镇和明光乡四个边境乡镇与东南亚国家缅甸北部接壤。优越的地理位置、民族的同源关系和特殊的时代背景等是引发保山边民大量涉外婚姻的主要因素。涉外婚姻在一定程度上解决了部分社会矛盾，促进了当地经济文化的发展，但是也造成了当事人入籍难、孩子落户难等现实困难，引发了吸毒贩毒、嫖娼卖淫、偷盗、艾滋病传播等一系列社会问题，给边境地区的户籍管理工作、社会治安管理和稳定带来巨大压力，影响了边疆安全和国家的长治久安，应该引起相关部门的高度重视和关注。

① 侯兴华，男，傈僳族，云南保山人。现任保山学院讲师、博士，兼任云南民族大学傈僳学研究中心副主任，云南民族学会傈僳族研究委员会副会长。

一、保山边民跨国婚姻：特殊的事实婚姻存在

（一）跨国婚姻现状调查

中缅两国是山水相连的友好邻邦，边界线全长2186公里。在这漫长的边界线两侧居住着汉、彝、回、苗、瑶、哈尼、傣、傈僳、拉祜、佤、景颇、布朗、阿昌、怒、德昂、独龙等16个跨境民族及尚未识别的群体克木人。[①]由于边境线两侧的同一个民族之间语言相通，风俗相同，往来密切，因此相互通婚的现象甚为普遍。据有关部门统计数据显示，到2011年初，仅仅在云南保山，跨国婚姻人员就多达3798人，且多数分布在边境乡镇地区。[②]

保山位于祖国西南边疆，有国境线167.78公里，下辖的龙陵县木城彝族傈僳族乡与缅甸掸邦第一特区果敢县幕太乡连接，腾冲县猴桥镇、滇滩镇、明光乡分别与缅甸克钦邦第一特区甘拜地县和板瓦连接。四个边境乡镇共辖23个村委会，446个村民小组，2008年末，总人口达101875人，其中，少数民族人口14722人，占14.5%。少数民族人口中傈僳族10294人、彝族2402人、回族915人、景颇族475人、白族219人。[③] 由于地理位置较近，往来方便，四个边境乡镇居民与缅籍人员相互通婚的人数较多，详情见下表。

---

① 周建新：《缅甸各民族及中缅跨界民族》，载《世界民族》，2007（4）。

② 保山市政协人口资源环境委员会：《关于保山市边境地区边民通婚及生育管理情况的报告》（内部资料），2010年10月31日。

③ 胡应舒、余在富：《关于保山市边境乡镇傈僳族经济社会发展问题的思考》，载《云南民族》，2010（4）。

保山四个边境乡镇跨国婚姻现状（单位：人、种）①

乡　镇	人数	女	男	中国国籍	结婚登记	生育孩子	落户	未落户	涉及民族
木城乡	178	176	2	0	40	212	142	70	6
猴桥镇	156	150	6	0	10	251	250	11	4
滇滩镇	54	53	1	0	4	85	71	14	5
明光乡	92	85	7	0	8	108	80	28	5
合　计	480	464	16	0	62	656	543	123	8

上表显示：（1）四个边境线乡镇跨国婚姻人数较多，有480人，其中以缅甸妇女嫁入中国的为最多，达464人，约占跨国婚姻总人数的97%，男性仅有16人，约占3%。② 对于中国女性和男性嫁入（赘入）缅甸的人数比较少，四个乡镇只有6人，并且对他们目前的生活状况无法了解，相关部门也没有统计数据。（2）据调查，跨国婚姻人员中，目前还没有一例嫁入中国的缅甸妇女通过正常法律程序获得中国国籍。（3）绝大多数跨国婚姻人员家庭没有办理结婚证，属于事实婚姻。（4）跨国婚姻家庭生育孩子较多，有些孩子还没有落户口。（5）涉及民族众多，有汉、傈僳、彝、傣、景颇、回、缅、白8个民族。

（二）跨国婚姻的历史背景与原因

1. 相同的文化背景

同根文化是人们相互交流、往来及其产生婚姻关系，特别是跨国婚姻关系的基础。③ 这也是保山边民与缅籍人员通婚的重要前提和主要原因。木城，猴桥、滇滩、明光四个边境乡镇主要居住着汉、傈僳、彝等民族，而与之接壤的缅甸一侧主要也是居住着汉、傈僳、彝等民族，他们文化相近，语言相

① 此表根据各个乡镇相关部门和派出所提供的数据绘制。对龙陵县木城乡的调查是于2010年8月份进行的，对这以后发生的跨国婚姻人数和出生的孩子均没有统计进去。

② 480人这一数字是从当地派出所和政府有关部门获取的，据田野调查，还存在遗漏的未统计的人员，还有的乡镇只统计到2009年底，因此，四个乡镇目前的跨国婚姻人数应该在520~540人。

③ 李雪岩、龙耀：《中越边境跨国婚姻问题研究（妇女篇）——以广西大新县德天村为例》，载《世界民族》，2008（4）。

通，有着共同的心理特征，服饰、饮食、居所、工艺、伦理、婚嫁、岁时（节日）、丧葬、宗教信仰、礼仪、娱乐等日常生活习俗方面也几乎完全相同。有的家庭间还是亲戚朋友，遇有丧葬婚嫁、起房盖屋、生育孩子，甚至祭祀活动，相互间也都走动。特别是在节庆或岁末，两国边民更是亲如一家。每年农历二月初八和三月初八，部分缅甸傈僳族会到猴桥、滇滩等地与中国傈僳族一起欢度刀杆节；每年农历六月二十四、二十五日，缅甸果敢的部分彝族会到木城彝族傈僳族乡与当地彝族共庆火把节。正是这种相同的文化背景及文化认同，促成了中缅许多边民的跨国婚姻。因此，虽有国界，但长期以来生活在边境线两侧的他们基本上都是自由交往，自由通婚。

从另外一个方面也可以看出共同的文化背景是促成跨国婚姻的重要因素：保山四个边境乡镇的跨国婚姻民族间一一对应的婚配率达到85%，即中国汉族男子大多数娶缅甸汉族妇女为妻，这种情况在木城跨国婚姻中表现得比较明显；中国傈僳族男子大多数娶缅甸傈僳族妇女为妻，这种情况在猴桥镇的胆扎和猴桥两个村子表现得最为明显。其中，在猴桥村27对跨国婚姻中，有26个傈僳族男子娶了缅甸的傈僳族妇女，有一个傈僳族妇女嫁给了缅甸傈僳族男子。在胆扎45对跨国婚姻中，43对是在傈僳族间通婚的，一对在汉族间通婚，只有一个傈僳族妇女嫁给了汉族男子。

2. 时代背景

金三角地区以鸦片闻名于世，一百多年以来，缅甸北部地区普遍种植鸦片，果敢老街一带始终是鸦片的集散地。种植鸦片需要大量的劳动力，边境一线的中国公民纷纷到缅甸种植鸦片或打工，促进了跨国婚姻的发展。由于受到国际社会的指责，近年来缅甸政府采取了多种措施，禁止种植罂粟，打击毒品犯罪，并在边远少数民族山区实施了“替代罂粟工程”，努力使少数民族在经济上摆脱对种植罂粟的依赖，使其改种其他经济作物，或获得其他谋生手段。以果敢为例，1990年特区政府主席彭家声同意在果敢进行改种禁毒。2002年底，果敢根除了罂粟种植。但是，替代经济作物短期内无法获得成功，大量边境一侧的缅甸妇女选择到中国打工，从事砍甘蔗、插秧、栽种烟草、收割稻谷等工作，很多人就此嫁到了中国。

受市场经济和对外开放的影响，近几年来，保山边民大量到缅甸从事伐木、修路、做生意等工作，同时缅甸人到保山务工的人员也越来越多。随着中缅边民的贸易往来和交流接触日益频繁，通婚人数也将达到一个高峰期。统计数据显示，四个边境乡镇80%的跨国婚姻正是在近10年内形成的。

另外，缅甸经济落后和政治不稳定也是缅甸妇女嫁入中国的主要原因之一。缅甸被联合国确定为世界上经济最不发达的国家之一，人民生活贫困，边境一线的居民更是苦不堪言。据调查，当询问缅甸妇女为何嫁到中国来时，大多数人都提到缅甸生活困难、日子不好过，她们居住的很多村寨不通电，不通水，道路崎岖不平。还有，父母、兄弟姐妹和亲戚朋友为她们能嫁到中国来，为她们有一个好的归宿高兴万分。改革开放以来，特别是随着这几年“兴边富民”工程的实施，我国西南边境一线民族地区经济得到快速发展，居民生活水平迅速提高，优越的物质生活是众多缅甸妇女所向往的。

与我国相比较，多年来缅甸北部地区战火不断、政治不稳定、社会动荡不安，人民不能较好地安居乐业。以与龙陵木城彝族傈僳族乡相邻的果敢地区为例，2009年8月，缅甸军政府以果敢特区枪械修理厂制造毒品为由欲搜查该厂，遭拒后军政府向果敢特区调派军队，与果敢特区政府主席彭家声领导的果敢同盟军形成对峙，继而引发军事冲突。在木城彝族傈僳族乡花椒村调查时，当问及几位缅甸女孩嫁入中国的原因，她们回答说，虽然她们在缅甸家境不错，但果敢动乱，父母担心她们会遭到士兵或社会恶霸的糟蹋，所以很快就把她们嫁到中国来了。2005—2006年克钦邦第一特区内部发生内乱，战火重燃，人们苦不堪言。这次内乱的影响到目前还没有完全消除，为了躲避战乱，部分家庭纷纷把女儿嫁入中国。在滇滩调查时，遇到一位据说是主席丁英的副区长的女儿，当问她为何选择嫁入中国时，她回答说，板瓦那边经常打仗，生活不稳定，还是嫁到中国好。

3. 其他因素

跨国婚姻是诸多原因造成的。纵观保山边民跨国婚姻，首先必须强调四个边境乡镇便利的地理位置。这四个乡镇直接与缅甸接壤，除木城乡与果敢有怒江相隔外，其他三个乡镇均无天然屏障，并有无数条通道或山间小路通往缅甸，边民来去自如，交通便利，民间往来频繁。据调查，四个乡镇75%的跨国婚姻人员家庭间的直线距离一般不超过60公里，也有到密支那、瑞丽国门附近等超过150公里外的地方娶妻的村民，但为数不多。例如，猴桥镇猴桥村居民多数到附近的大扎河、马嘎山、鲁通山、文莫等地娶妻，这些地方距离猴桥村不到 30 公里。滇滩联族村的居民到板瓦及其附近地区去娶妻，距离更近。这种特殊的地缘优势无疑为跨国婚姻提供了便利条件。

低廉的结婚费用是引发跨国婚姻的另一个重要因素，这在猴桥镇永兴村表现得较为明显。永兴村有 40 多户跨国婚姻家庭，大多数娶了缅族和景颇族妇女为妻。问及原因，村民小刘回答说，他们家里穷，娶缅族和景颇族妇女为妻花费少。据调查，永兴村跨国婚姻男方家送给女方家的彩礼为 3200 元 ~ 5600 元不等，平均不超过 4500 元，远远低于在当地娶妻的费用。

二、跨国婚姻的若干问题

（一）跨国婚姻人员管理困难

1. 不依法登记，办理结婚证

大概 70% 左右的跨国婚姻人员没有办理结婚证，属于事实婚姻，男方家庭按照女方家要求，送上一定的聘礼，然后根据个人经济情况，在家里摆宴席，邀请亲朋好友吃一顿饭，得到大家的认同即可。这种事实婚姻必将与我国婚姻法发生冲突，有损我国有关婚姻法的权威，因为我国《婚姻登记管理条例》第 24 条规定：未到法定婚龄的公民以夫妻名义同居的，或者符合结婚条件的当事人未经结婚登记以夫妻名义同居的，其婚姻关系无效，不受法律的保护。据调查，人们不办理结婚证的原因主要有两个：一是长期的风俗习惯影响。大多数边民认为，只要两个人在一起生活，过日子，社会承认就可以了，没有必要办理结婚证。二是办理程序复杂，不知道如何办理。随着对户口重要性认识的提高，一些跨国婚姻家庭也希望办理结婚证，但他们不知道如何办理，也没有办理证件需要的相关材料。1995 年颁布的《中国与毗邻国边民婚姻登记管理试行办法》第六条规定，毗邻国边民申请结婚登记必须持有下列证件和证明：（1）本国护照或代替护照使用的经双方通过外交途径确认的边境地区出入境证件；（2）本国有效居民身份证件；（3）本国边境县（市、区）政府机关出具的经公证机关公证的婚姻状况证明和同意与中国边民结婚的证明；（4）中国边境县（市、区）指定医院出具的婚前健康检查证明。且不说四条，就是其中一条她们也很难办到。既然办不到，大部分人就听之任之，随其自然。

2. 小孩落户比较困难

《中华人民共和国国籍法》第四条规定：父母双方或一方为中国公民，本人出生在中国，具有中国国籍。这条规定简单明了，但实际操作起来却非常困难。孩子落户口首先要证明父母婚姻的合法性。四个乡镇的跨国婚姻多数是非法的，连结婚证也办不了，孩子根本就落不了户，所以，跨国婚姻家庭生育的小孩落户比较困难。在实践中，当地户籍管理部门具体问题具体分析，依据相关法律法规和各个村委会提供的材料，解决了大部分孩子的落户问题，但还有部分孩子确实因为材料不足，证据不充分，导致最后无法落户。

3. 社会治安管理难度大

绝大多数嫁入的缅甸籍人员在中国能够遵纪守法和社会道德规范，遵循当地的风俗习惯，与邻居和睦相处，但是，自她们嫁进来后，她们的家人、亲戚朋友以此为据点，纷纷非法进入中国，给治安管理带来巨大困难。明光乡派出所所长熊树刚说，明光发生了两件类似案件：一是一位缅甸籍男性借着来妹妹家串亲戚的机会，多次顺手牵羊地把当地村民的摩托车、黄牛、电视等偷出境外贩卖；二是几位亲戚以一位跨国婚姻妇女家里为据点，从事吸毒、贩毒、赌博等违法犯罪活动。在猴桥镇，还出现过三起以介绍婚姻对象为名，从事拐卖缅甸妇女，组织嫖娼、卖淫等淫乱活动的案件。近年来，还发现跨国婚姻家庭人员中有 8 个缅甸籍妇女患有艾滋病或 HIV 携带者。这些都给边境一线的社会治安管理带来巨大困难。

还有少数缅甸籍妇女嫁入时带来的子女和一些无法落户的孩子①，由于没有户口，小学毕业后无法继续上学，他们便整日游荡在村口和街头，成为社会动荡的主要诱发因素之一。

（二）户籍管理难，容易出问题

跨国婚姻人员的户口管理困难，带来一系列社会问题。因为人口流动性

① 这些孩子在父母到缅甸打工（多数在缅甸种植鸦片）期间出生，由于没有出生证明，大多数还是超生，所以一时无法落户。

比较大和一些历史遗留问题，边境一线的户籍管理工作本来就比较棘手，加之这些跨国婚姻人员属于“非法入境、非法打工和非法同居”的三非人员，给户籍管理工作带来巨大困难。例如，当地派出所要求跨国婚姻人员需要到派出所登记，办理合法居留证和暂住证，但大部人不到公安机关办理。由于派出所没有有关他们的任何材料，无法对他们进行有效的监督和管理。明光乡派出所所长熊树刚和滇滩镇派出所所长袁虎都提到，由于无法跟踪他们的行踪，对这些跨国婚姻缅籍人员的管理非常困难；特别是无法了解他们入境前的年龄、婚姻状态、宗教信仰、身份等信息，这给边疆社会稳定和国家安全埋下了隐患。

另外，由于2000年前边境地区户籍管理工作还不太规范，之前嫁入的缅甸籍妇女已经基本加入中国国籍了。在某个村子调查时，村里的领导说，他们村共有50多个从外嫁入的缅甸籍妇女，但现在在派出所登记的不到一半。据说，大都在2000年第五次人口统计的时候以漏报的名义登记了。

据调查，某个妇女嫁入时带来了一个男孩，到中国后又生了个女孩。家人想，女孩出嫁后就是泼出去的水，而男孩子将来一定是家里的顶梁柱，于是，决定偷梁换柱，让男孩子代替女孩子落了户。这种做法严重违反了我国相关法律法规，对女孩来说是非常不公平的。这也说明户籍管理不规范，存在一些漏洞和问题。

还有，由于过去户籍管理混乱，在某个边境乡镇，一些缅甸籍人员以金钱引诱我公安干警和相关村社领导，通过非法手段，获得我国国籍和身份证。据统计数据显示，近10年间，约有300多人获得了中华人民共和国国籍和身份证。这事在当地影响恶劣，激起极大民愤。跨国婚姻家庭成员都说：他们家讨来的媳妇老老实实地生活在中国，生儿育女，勤俭持家，成为名副其实的中国人，都没有能够获得国籍；而那些人并没有生活在中国，只要给了钱就可以获得国籍。虽然相关部门在2010年11月份第六次人口普查中发现并及时纠正了这一问题，取缔了300多人的中华人民共和国国籍，销毁了部分人员的身份证，但恐怕社会影响短时间内难以消除。这件事严重损害了当地党委政府部门特别是派出所的权威和公信度，给边疆社会稳定蒙上了一层阴影。

对于外嫁到缅甸的中国公民，由于无法了解到他们目前生活的真实状态，不知道他们是否已经取得缅甸国籍，持有缅甸身份证，所以，如果他们不主动申请脱离中国国籍，相关部门也不敢贸然注销他们的身份证，而这又与《中华人民共和国国籍法》第三条“中华人民共和国不承认中国公民具有双重国籍”的规定相矛盾和违背。

（三）合情合理与合法的矛盾，集体层面与国家层面的矛盾

不可否认，作为中国公民的妻子和中国孩子的母亲，嫁入中国的缅甸妇女为缓解边境一线居民大龄男青年结婚难、男女比例失调等一系列社会问题产生了积极的作用，并且她们中绝大部分人能够很好地相夫教子，赡养老人，为家庭尽心尽力，与邻居和睦相处，为我国边疆地区和谐社会的构建和经济发展做出了重要贡献。这一切得到了当事人家庭和周围村民们的认可。据猴桥镇猴桥社区主任蔡文辉和副主任余文辉说，猴桥社区已经把所有嫁到村里的缅甸媳妇视为社区的一员，每年社区或村民小组“分红”按人头进行，包括缅甸嫁过来的媳妇，每人一份；林权改革前嫁到该社区的缅甸妇女也分到了山林，如余福珍、余大女、余三女、乔恩美等人都分到了35亩到110亩不等的山林面积，[①] 都享受低保和参与了“新农合”，看病就医与中国公民一样享受同样的待遇。据调查，为充分体现民主和公平，边境四个乡镇村（社区）选举主任、选举村民小组长时，嫁入的缅甸妇女都有选举权，参与投票，只是还没有被选举权。从人道主义出发，村（社区）民小组这种合情合理的做法不但具有人情味，体现了人文关怀和博爱精神，还解决了许多实际问题，但从法律层面讲，这是不合法的，违法了我国有关法律法规的规定，违背法治精神，有损法律权威。法律权威就是指法律在整个社会调整机制和全部社会规范体系中居于主导地位，一切国家及社会行为均须以法律为依据，法是唯一的权威。跨国婚姻得到了社会的承认，但短期内还得不到国家法律的承认，造成了合理与合法之间的矛盾，集体层面与国家层面之间的矛盾。这是两对一时难以化解的矛盾。

---

① 数据在田野调查时由她们本人向调查者提供。分得的山林面积主要由本人所在的村民小组的山林人均面积决定，某个村民小组的山林面积越多，成员分得的面积就越多。

三、建议和对策性思考

（一）国籍、户籍问题

如何解决相关跨国婚姻人员的国籍、户籍问题是跨国婚姻的核心问题和相关部门的工作重心。我国法学家从法律角度出发，强调法律的规范性和权威性，指出依法对跨国婚姻人员管理的重要性和必要性；[①] 而人类学者更注重人文关怀的策略性研究，扬弃法律制度的一些刚性，注重解决方法的弹性，对现行法律的滞后性与局限性进行反思，对跨国婚姻群体给予更多的同情与关怀。[②] 龙耀、李娟学者认为，跨国婚姻妇女已经嫁入中国家庭，成为中国丈夫的妻子和中国孩子的母亲，并且长期定居在中国的土地上，成为事实上的中国公民，我们有必要积极考虑她们的入籍问题。[③] 确实，没有身份证给外嫁入的缅甸妇女的日常生活带来了巨大不便。在田野调查时，针对问卷调查中"没有身份证有哪些不便之处"，她们说，想到保山看看都来不了，因为过边检站时要检查身份证；她们到腾冲城里想找个住宿的地方都找不到，因为都要身份证才能登记住宿；有钱了，她们到银行也存不了，因为要提供身份证；甚至就连办理一张手机卡，签一份合同或协议，也要使用家人的身份证。

嫁入保山四个边境乡镇的缅甸妇女们都希望加入中国国籍，获得身份证，这对于她们来说简直就是一个梦想。当问到您喜欢中国吗？她们的脸上都露出灿烂的笑容说，非常喜欢，并反问道，不喜欢怎么会嫁到中国呢！当问到"您觉得您是中国人还是缅甸人"时，98%的人认为自己是中国人。据了解，除了她们都有嫁鸡随鸡、嫁狗随狗的观念外，更重要的是，她们大部分没有缅甸的"马帮丁"或"马棒丁"（相当于我国的身份证），嫁入中国后就找到

---

① 高崇慧：《云南边民涉外婚姻中的法律问题初探》，载《云南民族学院学报（哲学社会科学版）》，1997（4）；胡晏：《涉外婚姻法律适用研究》，中国优秀硕士学位论文全文数据库，2004年9月；金治泉：《中越边民通婚的现状及法律思考》，载《广西大学学报》，1995（1）；李娟、龙耀：《中越边民跨国婚姻法律问题探析》，载《广西政法管理干部学院学报》，2007（1）。

② 罗柳宁、吴俊杰：《中越边境跨国婚姻研究现状及研究设想》，载《东南亚纵横》，2009（1）。

③ 龙耀、李娟：《西南边境跨国婚姻女子的国家认同——以广西大新县隘江村为例》，载《民族研究》，2007（6）。

了归宿感，所以认为自己是中国人。

针对上述问题，我们认为，入籍问题是一个严肃、慎重的问题，稍不注意，就会产生严重的不堪设想的后果。猴桥镇有关部门负责人说："我们不宣传、不鼓励、不倡导跨国婚姻。从人道主义讲，我们应该帮助他们解决入籍问题，但是目前我们还没有准备好，具体说就是还没有这个能力。"试想，如果我们都让嫁入妇女加入中国国籍，办理了身份证，取得中国公民资格，那么，将会有成千上万个缅籍妇女以骗婚、假婚等各种理由像潮水般涌入中国边境地区，申请入籍。我们如何应对这种情况，至少目前还没有有效的措施。否则，将引发边疆社会不稳定，甚至可能引起中缅之间的国际纠纷和争端。我们建议：

第一，跨国婚姻是由两个国家的公民间通婚引发的，只依靠一个国家政府单方面的努力是无法也不可能彻底解决的，因此，我国政府必须与缅甸政府沟通、交流和协商，争取对方的理解、协助与支持。可喜的是，随着缅甸和平路线图计划的实施，通过大选，实现了从军政府向民选政府的转型，并选出了以吴登盛为总统的缅甸联邦共和国的国家政府，国家朝着好的方向发展。另外，应中华人民共和国主席胡锦涛邀请，缅甸联邦共和国总统吴登盛于2011年5月26日至28日对中华人民共和国进行了国事访问。期间，双方发表了"中华人民共和国和缅甸联邦共和国关于建立全面战略合作伙伴关系"的联合声明。声明第六条说，中缅双方"加强边境管理合作，及时就边境管理事务进行沟通，努力维护边境地区的和平、安宁和稳定"。[①] 这为中缅跨国婚姻的解决提供了平台和根据，同时把跨国婚姻的解决提到了议事日程，为下一步开展工作打下了坚实的基础。

第二，这些外国妇女已经嫁入中国家庭，成为中国丈夫的妻子和中国孩子的母亲，并且长期定居在中国的土地上，成为"事实中国公民"。[②] 因此，我们要关心她们的生活，积极主动地帮助她们解决一些实质性的问题。在田野调查和询问大量相关人员的基础上，我们建议：可以让没有获得缅甸"马帮丁"的跨国婚姻人员嫁入中国10年后取得中国国籍。前提条件是，首先，嫁入中国并在某个村寨持续生活了10年。其中前5年中，她们每年必须到当

① 《光明日报》，2011年5月28日。

② 李娟、龙耀：《中越边民跨国婚姻法律问题探析》，载《广西政法管理干部学院学报》，2007（1）。

地派出所办理暂住证，遵守中国的一切法律、法规和当地的所有村规民约，不偷盗，不淫乱，不吸毒贩毒，不超生，与人为善，在派出所没有犯罪记录，能与邻居和睦相处，赡养父母和孩子，能勤俭持家、过日子，群众口碑好。其次，5 年后，由国家相关部门颁发给她们类似于绿卡的证明，且不用每年更换。在上述条件下，跨国婚姻人员还要坚持四项基本原则，爱国爱党，积极参与一切有益的社会活动。符合上述规定，5 年后，国家相关部门给她们颁发身份证，允许加入中国国籍，承认其为中国公民。这符合我国 2003 年颁布的《外国人在中国永久居留审批管理办法》第六条之规定，即“中国公民或者在中国获得永久居留资格的外国人的配偶，婚姻关系存续满五年、已在中国连续居留满五年、每年在中国居留不少于 9 个月且有稳定生活保障和住所的”，并且“遵守中国法律，身体健康，无犯罪记录”的，可以申请在中国永久居留。

（二）管理问题

第一，针对边境户口管理的民族性、多变性、复杂性、国际性、重要性等特征，我们必须从思想上引起高度重视，把它提升到政治高度和边疆社会稳定、国家安全的层面，进一步规范户籍管理工作，使之不断完善和规范化，特别强调外来流动人口不能随便落户，加强治安管理责任制。对于嫁入（赘入）中国的缅甸籍妇女和男子，要尽可能地掌握他们过去的情况，及时了解他们最近的生活状态。就四个边境乡镇的跨国人员统计表看，尚存在一些不足之处，可以不断修改和完善，目的就是要尽量体现和反映他们的详细资料，具体应该包括嫁入人员和其配偶的姓名、性别、出生年月、年龄、民族、国籍、相貌特征、采集的照片、来源地、疾病情况、生育孩子数量、落户情况、家庭成员情况等重要信息，做到档案完备，底子清楚。

第二，在相关法律法规尚待完善的情况下，对于其他相关跨国婚姻人员的管理，一定要紧紧依靠当地村级和社级基层组织，依靠当地居民，发动群众参与，充分发挥他们的监督管理作用。另外，要尽量利用少数民族的习惯法来管理和教育外来人员。因为，随着历史的发展，一些民族习惯法逐步成为人们共同遵循的约定俗成的村规民约，具有较强的威慑力和约束力。例如，过去傈僳族社会中就有“路不拾遗、夜不闭户”的传统美德和“宁可饿死，也不去乞讨、偷盗”的习俗。[①] 这些都是约束人们思想和行为，防止其违法犯罪的有力武器。

四、结语

随着云南向南亚和东南亚开放的“桥头堡”战略的实施，中国与东南亚国家，特别是与毗邻的缅甸、越南、老挝三国的跨国婚姻的人数必将不断增加，边民通婚引发的入籍、管理问题及其一系列后续问题，在未来一段时间内定会长期存在。如何处理好这些社会问题，把它们控制在安全阀门之内，确保“桥头堡”战略的顺利实施，实现边疆民族地区经济社会和文化的发展，同时维护边疆稳定和国家安全，必将是一个长期的艰巨的复杂的任务，除了积极与邻国沟通协调，获得他们的支持外，就国内来讲，我们需要进一步加强综合执法力度，外事机关、婚姻登记部门、计生部门、派出所、民政部门、当地社区基层组织等相关部门间应沟通协作，形成齐抓共管的局面。

① 斯陆益主编：《倮倮族文化大观》，115 页，昆明，云南民族出版社，1999。

怒江傈僳族婚礼嬗变研究

——以腊乌村为个案

陈业强[1]

自20世纪初以来，云南怒江地区的傈僳族逐渐受到基督教的影响。时至今日，他们当中已有相当比例的人口信仰基督教，至今仍在使用着由当年传教士创制的傈僳文，基督教已经给怒江傈僳族烙下了深深的痕迹。基督教文化对怒江傈僳族的影响自然也会体现在傈僳族从传统婚俗向基督教婚俗的嬗变之中。

一、怒江傈僳族的传统婚俗

在基督教传入怒江之前，怒江傈僳族世代承袭着传统的婚俗形式。怒江傈僳族传统婚俗一般包括提亲、送礼和迎亲三个程序。

（一）提亲

每年开春农闲时节是怒江傈僳族小伙子提亲的时候，小伙子们一般都会先考虑在本村提亲。如果小伙子看上哪家的姑娘或者是父母想让哪家的姑娘做他们的儿媳妇，就会事先向姑娘家打招呼，告诉姑娘家哪天来说媒。提亲

---

① 陈业强，云南大学西南边疆少数民族研究中心博士研究生，主要从事婚姻家庭研究。

人一般是由小伙子有直系血缘关系的人、亲戚或父母组成，男方一般是拿着酒去女方家提亲。如果女方家不答应这门亲事，也会把男方家带去的酒与来提亲的人一起喝了。提亲不成功的人家回家继续酿酒，等下一年开春时节继续找；如果女方答应了这门亲事，一起喝酒之后，男方父母与女方父母开始认亲家，双方定下送彩礼的日子。

（二）送礼

送彩礼时，男方还要带着酒，这次带的酒要比提亲时带得多。双方边喝酒边商谈结婚的事项，商谈的内容一般是：女方家会有多少亲朋好友需要男方家宴请，男方需送给女方家几头猪、几头牛等。双方商定好结婚的事情之后，就开始喝酒、跳舞、唱歌。女方家一般会这样唱："我家的菜，现在要变成你家的了，到了你家有做得不好的地方请你们多多指教。哎，女儿没教好是我们的错。"男方家对唱："从此以后你家的菜就是我家的了，我们会好好对她。哎，如果我儿子做得不好，是我们大人没教育好的结果"。在男方离开女方家之前，双方就把结婚的日期定好，定好了结婚的日期，男方就可以回家了。

（三）迎亲

迎亲时，男方一般需要准备的是：米、肉（一般是猪肉，家庭条件好的会杀牛）、酒。在傈僳族传统婚礼中，男方一般不给女方家钱，酒喝够了就好，有些人娶媳妇 10 坛子酒还不够喝。男方家的亲戚会赞助给男方家一些米，赞助多少，没有规定，根据自己的家庭情况来定。迎亲那天，女方家请的亲朋好友到男方家喝酒，一进门就要喝三杯酒。然后，男方送上一杯盛满酒的竹筒酒，让客人继续喝酒，边喝边唱。有时，参加迎亲的人还会在房间的角落里摆上三只碗，倒满酒，分成两组进行对歌比赛。不会唱的人不能参加比赛，唱不赢的要喝酒，喝完酒后才吃饭。饭后，有些想留下喝酒的可以留下继续喝，有的喝到凌晨两点多才结束。有时，男方家会把酿制好的酒倒在大锅里面，不加水，用准备好的麻树杆插在中间，然后请客人一个一个轮着吸酒喝。怒江傈僳族传统婚礼的主要活动就是喝酒、跳舞、唱歌，当迎亲和送亲的人都酒足饭饱之后，迎亲仪式才算结束。传统上新娘除了一些自己的衣服外，没有什么嫁妆。

个案一①

尼金村黑富庆，24岁。娶妻时，出了2头牛，买了2口猪、3只鸡，除用掉自己的30元，还借了别人的钱。

个案二②

贾师，结婚时杀了9头牛、4头猪，用去包谷稗子酒26瓶、清酒20瓶，请客吃饭。女方带来1把镰刀、1只鸡（这是女方的私有财产）。

二、怒江傈僳族的基督教婚俗

基督教传入怒江地区后，信仰基督教的傈僳族信众越来越多，怒江傈僳族的婚礼俗逐渐从传统的婚俗向基督教婚俗转变。怒江傈僳族基督教婚俗一般包括提亲、定亲和迎亲三个程序。

（一）提亲

男孩如果有喜欢的姑娘，可以在教牧人员的带领下直接去女方家提亲；若男孩没有喜欢的对象，就请教牧人员打听哪家有合适的姑娘再去提亲；如果本村没有合适的姑娘，就请教牧人员到别的村子里面打听哪家有未定亲的女孩，然后前去提亲。习惯上男方先向本村的女孩提亲，只有在本村提亲失败的情况下才可以去外村提亲；若男方没有在本村提亲而直接去外村提亲，会遭到来自本村的舆论压力，说他们看不起本村的姑娘。提亲之前，教牧人员就已经和女方家打好了招呼，告诉他们哪天要来提亲，让女方家在家里等着。如果女方家父母觉得女儿可以嫁人了，就让男方家的来提亲；反之就会拒绝，女方父母会对教牧人员说女儿还不到嫁人的年龄，还不打算让她出嫁，

① 《傈僳族、怒族、勒墨人（白族支系）社会历史调查》，109页，北京，民族出版社，2009。
② 《傈僳族、怒族、勒墨人（白族支系）社会历史调查》，109页，北京，民族出版社，2009。

这样说了男方家就不好去提亲了。提亲时，男孩在家人和教牧人员的陪同下带着一封由牧师帮忙写好的傈僳文情书，拿着一些白糖、茶叶、瓜子、饮料等去女方家。提亲时，男方请来的牧师和亲人会把男方家的家庭背景和情况如实地告诉女方家，如果女孩子愿意嫁，父母也不阻拦，男孩就把那封信留给女孩，女孩收下就表示答应了这门亲事（也有当时还没有想好，收下信一两天后，再把信还给男方的，表示不接受），然后把带来的白糖热了喝。如果女孩若不喜欢男孩，父母会尊重女孩的意见，拒绝男方的提亲请求。

个案三

提亲人：阿邓，男，25 岁，日马子村副主任，怒江师范毕业，本村没有合适的，来腊乌村提亲。被提亲人：阿娜，女，18 岁，腊乌村，初中毕业，因初中毕业后一直在外打工至今还没有成亲。①

提亲时带的物品有：8 大瓶健力宝（8 ×5 =40 元），1 包茶叶（1 ×15 = 15 元），1 袋奶粉（1 × 10 = 10 元），2 包白糖（2 × 3. 5 = 7 元），3 斤瓜子（3 ×6 =18 元），合计 90 元。

提亲时带的信：

爱的信：

在主的恩典里的阿娜平安！我为你成为我的妻子而祷告后送信给你，你也向主祷告，在主里答应我吧！

送信人：阿邓

2011 年 1 月 11 日

（二）定亲

定亲的时候，男方家带着白糖、茶叶、饮料、瓜子之类的礼品到女方家。定亲时双方交代清楚具体事项，女方家一般都会说："女儿到了你们家后要好好教育她，但是你们家儿子不得欺负她；如果婚后对女儿不好，离了婚，所有的费用（就是男方提亲、定亲的彩礼）都不退还。"关于彩礼，由于受基督

① 本地有"早婚"的习俗，男的 20 岁还没成家，女的 18 岁还没有嫁人，就算是"大龄青年"了。

教教义的影响，信教家庭不能向男方要彩礼，男方根据自己的经济情况来定，条件好的就多给女方一些钱；条件不好的就少给女方一些。现在腊乌村定亲的彩礼在3000元至5000元之间。定亲这一天，女方也会把写好的信交给男方。最后双方定下婚礼的日子，婚礼一般都会定在周末举行，婚礼一般在订婚一周后举行。

（三）迎亲

女方家在举行婚礼之前要找好送嫁的人，教会负责人一到两人，本村会唱赞美诗的几个人，新娘还要从自己未婚伙伴中找一位自己的好朋友作为伴娘。

在结婚的那天上午，新娘一行一般步行至男方家，因为傈僳族一般都是村内通婚，新郎和新娘家离得比较近；另外，村里的道路全是山路，崎岖不平，车辆无法行走。当新娘一行来到新郎家的“迎亲门”① 前时，新娘一行先在“迎亲门”外唱赞美诗《新娘到》，男方在“迎亲门”内唱赞美诗《门口有个陌生人》。等男方唱完之后，男方请来的教会负责人掀起“迎亲门”的门帘，请女方进门。这时新娘和伴娘走在送亲队伍的前面，新郎和伴郎站在迎亲队伍的最前面跟新娘一行一一握手，表示欢迎。当送亲人员来到新房后，女方的教会负责人领唱赞美诗《幸福的一家》，接下来教会负责人带领大家为新郎和新娘祷告。祷告结束之后，男方为送亲人员递上装在鲜竹筒里的热白糖水。

大约休息半小时后，迎亲和送亲的人员去教堂为新郎和新娘举行教堂婚礼。来到教堂后，新郎、伴郎和新娘、伴娘先在教堂外面等候，等其他人进入教堂坐好后，教会负责人通知新郎、伴郎和新娘、伴娘进入教堂。这时教堂内的人起立鼓掌迎接他们。新郎一行共同坐在教堂讲台上的一条长凳上，新郎、新娘坐在长凳的里面，伴郎和伴娘坐在长凳的外面。接下来，教会负责人开始为新郎、新娘祷告。祷告结束后，教会负责人带领大家唱赞美诗《奇妙的恩典》和《荣耀全是上帝的》。唱完赞美诗后，传道员讲道，讲道的内容一般是：为什么结婚？结婚的目的是什么？结婚后为什么不能离婚？离

① “迎亲门”是用鲜竹子或鲜松枝临时扎成的，门上贴着对联。对联的左边写着：“新年到了”，右边写着：“让她进来”，上面写着：“迎亲门”。

婚的后果是什么等。然后，传道员带领大家唱赞美诗《结婚歌》，当唱到歌曲的第四节时，新郎、新娘要站起来，站到唱完为止。唱毕，传道员分别拿出新郎、新娘提亲时写给对方的信读给在场的人听。读完信之后，传道员分别问新郎和新娘："无论生活幸福或困难，你都爱你的妻子（丈夫）吗?"这时新郎和新娘分别回答："是的，永远爱她（他）。"然后，传道员对新郎、新娘说："你们要记住你们所说的话，你们的话不但是在人们面前说的，而且是在上帝面前说的，你们要说到做到。"接下来，新郎和新娘握手，传道员把手放在他们手的上面，为他们祈祷、祝福。然后，主持人把新郎准备的礼品（毛巾、热水瓶、水杯等）分给主持仪式的教牧人员。最后，大家为新郎、新娘唱祝福歌，接下来由主持人为婚礼祷告。仪式结束后，新郎和新娘在伴郎、伴娘的陪同下先走出教堂，在教堂门口与后面走出教堂的人一一握手，并分发糖果和瓜子。教堂仪式结束之后，参加仪式的人员回到新郎家。

下午两点左右，男方家开始为参加婚礼的客人分发食物，食物是装在塑料袋里大约一公斤的米饭，七八块煮熟的肉（猪肉和牛肉）。领到食物的客人各自回家，不在新郎家吃饭。

三、怒江傈僳族婚俗嬗变带来的影响

从传统婚俗到基督教婚俗的变迁过程，是基督教在怒江傈僳族中广泛传播的结果；从传统婚俗到基督教婚俗的变迁过程，也对怒江傈僳族产生了深刻的影响。

（一）从族群认同到宗教认同

"族群认同是社会成员对自己族群归属的认知和感情依附"①。怒江傈僳族从传统婚俗到基督教婚俗的变化过程是从族群认同向宗教认同转化的过程，这种认同的变化，扩大了傈僳族的认同范围，增进了民族间的团结。

怒江傈僳族传统上实行氏族内婚，"除少数与外族互相通婚外，还保存有

① 王希恩：《民族认同与民族意识》，载《民族研究》，1995（6）。

相当浓厚的原始的氏族内婚”[1]。怒江傈僳族传统婚俗是以家族为单位进行的仪式活动，其目的之一是通过仪式展演凝聚族人的认同感，加强同一血缘家族成员之间的团结和认同；而基督教婚俗则是以教堂为单位进行的，同一教堂的信徒超越了家族和族群的范围，既包括同一家族的成员也包括不同族群的成员。每当笔者问起信教的年轻人找对象的要求时，他们大都强调对象一定是信教的；而问起是否可以跟其他民族年轻人结婚时，他们大都持无所谓的态度。基督教婚俗既满足了人与神灵的一次沟通，又使家族、群体和社会关系得到一次整合和强化，从而加强了更大范围、不同族群之间的认同。

（二）不良生活习俗的改变

怒江傈僳族传统上有饮酒的习俗，嗜酒不仅危害身体健康而且浪费了大量钱财，严重影响了正常的生产和生活。书中有如下记载，怒江峡谷的傈僳和怒族“都好游猎，男子各佩长短刀，背弩带箭，出外猎取鸟兽。所得，则以之易酒和供自己食用。因为他们对于酒的嗜好，无论男女都视为第二生命，所以外县移去的商人，多以此为经营商品的主要媒介。傈、怒人打得野兽，除易酒饮用外，再不想做别的事！他们对于种植方面，素不讲求，傈僳还稍知种植玉蜀黍，但不过是听其自生自长，收得多少算多少。所以，多半在纳粮以后，只吃得一两个月，便饿着了。而在饿着的时间，也不想办法接济，如果没法弄来吃的，只好全家睡着烤火”[2]。怒江傈僳族传统的饮酒习俗缺乏节约和积累意识，存在只图一时畅快而不思长远发展的弊端。基督教传入怒江后，传教士根据怒江傈僳族的实际情况，制定了适合本地实际的教规，其中“严禁饮酒”就是基督教根据怒江傈僳族的地方特色制定的教规之一。信徒的婚礼喝糖水而禁止饮酒，既可以节约财富，又避免了寻衅滋事行为的发生。

（三）早婚

现在，怒江傈僳族地区普遍有早婚的习俗。虽然《中华人民共和国婚姻法》规定，男满 22 周岁、女满 20 周岁才可以结婚，但在怒江傈僳族地区，

---

① 《民族问题五种丛书》云南省编辑委员会编：《傈僳族社会历史调查》，132 页，北京，民族出版社，2009。

② 缪悔一：《沧怒两江见闻录》，载《云南边地研究》，1939 年 12 月 29 日。

男信徒一般在20岁之前、女信徒一般在18岁之前完婚，这明显违背了国家婚姻法的规定，但却是怒江傈僳族地区的普遍现象，原因在于信徒认同宗教的权威而忽视了法律的权威。信徒普遍认为教会承认的婚礼比法律承认的婚礼更重要。信徒一般在举行教堂婚礼之后就一起生活、生子，等到了法定的结婚年龄才到婚姻登记机关补办结婚证。怒江傈僳族基督教婚俗与法律相抵触的现实，体现了国家法律执行能力在民族信教地区的消减和国家社会控制力在边疆地区的不足。

案例四

阿普，男，17岁，信徒；阿娜，女，15岁，信徒。于2011年1月10日，教会负责人在教堂为阿普和阿娜主持了婚礼，虽然他们的年龄还远没有达到法定的结婚年龄，但在他们生活的社区里信徒们却认可了他们的婚姻。等他们到了法定的结婚年龄后，他们才会到上帕派出所领取结婚证。

（四）“闪婚”

这里所说的“闪婚”，不是通常意义上的“闪婚”。通常意义上的“‘闪婚’强调的是在择偶标准和择偶方式上个人选择的重要性，对于婚姻的决策很大程度上建立在个性吸引上，‘闪’强调的是迅速，这就意味着在择偶过程中，人际网络包括家庭成员的意见并不特别重要，关键性的因素在于个人的判断，体现了个体在生命历程重大事件上的独立性”①。此处的“闪婚”特指怒江傈僳族基督徒定亲后迅速举行婚礼的现象。在怒江傈僳族地区，信徒一般在定亲一周后就举行教堂婚礼，最长也不会超过一个月。一方面是信徒认为只要双方同意了婚事，就意味着这桩婚事得到了神的恩准，只要是神恩准的婚姻就是神圣的，早日成全神的旨意是每个信徒的职责；另一方面是因为双方家长怕对方变卦，早日为孩子完婚省得夜长梦多，以免操心费力。

① 张杰.《“闪婚”与“啃老”　“80后”理性行为背后的文化逻辑》，载《青年研究》，2008（6）。

案例五

阿娜，女，15 岁，信教，定亲后一周完婚。定亲时，双方父母商定一周后举行婚礼仪式。定亲一周后，双方顺利走进了教堂，举行了婚礼。

案例六

阿娜，女，18 岁，信教，定亲三周后成婚。当时，男方父母催得紧，但是因为正值雨天，女方的父母在县城忙着建房子赶工期，才拖了这么久。

虽然，怒江傈僳族信徒大都选择跟本村的信徒婚配，双方彼此都认识，有的甚至在同一教堂里长大。但是，由于双方年龄小，从订婚到成婚时间短，双方没有深入了解的过程，这为婚后生活带来了隐患。

四、对策

通过怒江傈僳族婚俗的嬗变过程，我们能深深体会到基督教对怒江傈僳族带来的深刻影响，正如任新民所说的基督教“总体上与傈僳族社会变迁进程是相符合的，基督教在其传播中满足了傈僳族社会变迁中社会整合的需求，有机地融入到傈僳族传统文化中，成为怒江傈僳族文化中的重要组成部分”①。当下，如何消解傈僳族基督教婚俗中的不良影响，弘扬其积极因素呢？首先，各级政府应该清楚怒江傈僳族地区教会权威与国家法律权威不协调的事实，增强政府与教会的沟通和协调；其次，各级政府应该加大在信教地区的法律宣传和执法力度，维护法律的权威性；最后，积极引导宗教与社会主义现代化建设相适应，避免国家控制力在信教地区的消减。

① 任新民：《试论基督教在怒江地区傈僳族社会变迁中的整合功能》，载《思想战线》，1995（5）。

哲学与伦理思想

从傈僳族祭祀文化看傈僳族的宇宙人生观及其意义

——以宁蒗西布河为例

徐联翔[1]

傈僳族是中华民族最古老的民族之一，也是最讲传统的民族，千百年来始终保持着自己民族的传统，传承着自己民族的传统文化，坚守着傈僳民族共同的精神家园，无论走到哪里，生存空间和生存环境如何变化，他们都能本然地生活着，以其独特丰富的文化传统闻名于世。尤其是当今社会，在西方文化大行其道的背景下，傈僳民族较好地传承了本民族文化传统，使傈僳传统文化成为中华传统文化瑰宝中的重要组成部分。他们敬畏自然，礼待万物，以特有的表达方式传递着本民族对宇宙自然及人生的理解，形成了丰富多彩而灿烂的民族文化。其中，祭祀文化是具有傈僳民族文化鲜明特点的文化形态之一。祭祀活动是傈僳人民生产生活中的重要事项，是傈僳人民生活中必不可少的内容，体现在傈僳族人民日常各项事务中，充分表达和显示了傈僳民族对宇宙万物及人生现象的理解。笔者试图通过对傈僳族祭祀文化的观察、感知和体悟，透视其中折射的宇宙人生观，阐发傈僳族祭祀文化的现实意义及传承必要性，以期抛砖引玉，推动傈僳文化研究的深化。

笔者是傈僳族，在傈僳农村社区长大。由于从小亲身经历和所见所闻，对傈僳族的祭祀习俗、祭祀文化等傈僳族传统文化深有感悟和体认。加之是

① 徐联翔，男，傈僳族，云南宁蒗县人，现在宁蒗县纪律检查委员会工作，兼任丽江傈僳文化研究会副秘书长。

本民族，有语言识读优势，不会产生误读误解，尤其是有本民族传统思维定式和对事物的传统理解，傈僳文化传统底蕴较为深厚，在做学问上可以避免误传误导或凭空捏造、主观臆断、想当然等不正确态度和浮躁、轻狂等不良学风。因此，本文着重探讨傈僳族祭祀文化及其从中透射出的傈僳民族宇宙人生观意义，并求教于方家。

纵观傈僳族祭祀文化，从人类现代的认识水平看，傈僳族祭祀文化中折射出的傈僳族宇宙人生观及其实践无疑是正确的和可行的。虽然古老、传统，但对现代社会无不指导意义。它既是保持傈僳族社区和谐发展、可持续发展的先决条件，也是世人和谐发展、可持续发展必不可少的精神支柱，可以借鉴。因此，研究、探讨傈僳族传统祭祀文化及其精神实质，抛弃现代思想迷信，让傈僳族民间自觉传承好民间祭祀等传统文化，就显得十分重要和必要。

生活在宁蒗县西布河境内的傈僳族有4200多人，集中居住在西布河、麦地河、碧河三个村委会境内。其中，麦地河村委会在1984年后至村改委前为傈僳族乡。据傈僳族口传，居住在该区域的傈僳族，起先是居住在现在青海一带的古老民族，后不断避乱迁徙，曾经过四川成都、峨眉笮都，先后在山后（现盐边县）、华坪阿比里、永胜县城、永胜良俄、永胜他留、永胜顺州等地居住。明朝时居住在今永胜县三川镇的金官龙谭、清河、杨伍、马金、睦科。因汉家兵（朱家军）强行夺地，迁入现居住地。民国三十八年即1949年时属永北县北胜乡第九保，新中国成立初期至1956年归属宁蒗县前属永胜县第五区（与金官同一乡区）。居住在这一带的傈僳族人民，因交通不便等因素，在“文化大革命”前受到外来文化的干扰较少，因此保持着较完整的本民族传统文化，包括各种祭祀习俗。傈僳族的祭祀活动与生产生活相伴，生产生活在各类祭祀中进行，形成最具特色的文化生活形态，影响着一代又一代傈僳儿女，指导着傈僳族后人本然而幸福快乐地生活。

一、关于祭祀文化

文化是个抽象的概念，其外延和内涵都极为丰富。这里所说傈僳族的祭祀文化专指由傈僳族祭祀活动涉及的物质和精神活动诸方面，包含了祭祀活动的物质形态、语言形态和精神形态。日常生产生活中，傈僳族非常重视祭祀，祭祀内容也十分丰富，全面多样，且形式有别，禁忌考究，并认真对待每个细节。居住在西布河境内的傈僳族就是其中的典型和代表，其古老的祭祀文化一脉相承。常言道“以小见大，见微知著”。研究西布河傈僳族的祭祀文化及其相应学术问题，就能旁通整个傈僳族的祭祀文化及相应问题，探知傈僳族群的宇宙人生观，破解傈僳族的神秘文化。

西布河特别是麦地河傈僳族的祭祀习俗、祭祀文化，可从祭祀的种类和形式、祭祀禁忌等方面进行观察和表述。

二、祭祀的种类和形式

（一）神祭

傈僳族的神祇种类繁多，几乎一事一物均可谓之神。从日常主祭神祇分，一般分为傈斯祭、珉斯祭、珉陆祭、瓦尼斯尼祭、火神灶神祭、新杰珉斯祭、祭天等种类。

1. 傈斯祭

傈斯是傈僳族所祭祀的陆地上最大的神祇，它是傈僳族最大的护法神。以山为神，周边居住的所有傈僳族村社要共同祭祀。一般为三年一祭，特殊情况下如发生战事、疫情等可临时公祭。傈斯担负着对所属区域傈僳人民的安康、幸福及生产生活全程护卫，保护傈僳人民免于战争、疾苦，使当地风调雨顺、生产发展、六畜兴旺。祭祀日定为初一或十五，凡逢初一、十五才能开祭。祭山时，所有傈僳族家庭每户必须至少派一名身体好、品行好的男子，代表家庭备足份酒、香条等供品、用品，在尼扒的带领下进山祭祀。无男子的家庭可备足供品后委托其他男子入山公祭。公祭时除各户供品外，以羊为牲，焚香献酒，尼扒诵经与傈斯尼沟通，并以一棵强壮、高大的吉净树为标志做山神傈斯的总代表，对其进行祭祀，表达傈僳族全民的感激之情。感谢山神护佑，传递虔诚，希望山神继续给予护佑。一天的祭祀活动结束后要封山，尼扒诵封山令。从此不允许任何人及牲畜入山。对傈斯的祭祀，除集体公祭外，家庭也进行独立祭祀。一般在夏历十一月逢初一、十五日进行秘密祭祀，祭祀时不让外人或狗等察觉。祭祀地点选在与公祭傈斯山相对应的能见傈斯的一山中进行，仍以一固定山神树为代表，进行祭祀。祭祀时除燃香外，要以纯色大红公鸡开祭。

2. 珉斯祭

珉斯也是山神，是傈僳族一村一社或几村几社共同的山神，祭祀活动及要求与祭傈斯完全相同，不同的是由该山神负责护佑的傈僳村寨及范围较傈斯相对小些，一般不承担助战责任。

3. 珉陆（龙）祭

珉陆祭是龙神祭，一般不用定期祭祀，只在旱情严重时节才进行祭祀。祭祀选在当地较大的龙洞前举行。祭祀时由村寨统一组织，各家庭备足份香、酒等供品后，在尼扒的带领下进行公祭。公祭以猪为牲，村寨男女老幼皆参加。祭祀时由尼扒焚香念诵求雨经，以白色纸幡悬挂于松树上，男人结对模仿斗牛、学牛叫，其他人员向“斗牛”泼洒清水。至日落前祭毕，人各归家，并盆中置水放置于院坝待雨。至晚雨至，大地湿润，万物滋润便毕。

4. 瓦尼斯尼祭

瓦尼是一山的山神，是小神，一山的山草树木皆由其管辖。斯尼是由瓦尼管辖的树神。若生产生活需要开山或采伐林木时必事先祭告瓦尼，征得瓦尼同意。这种祭祀一般不用牲祭，也不需专请尼扒主持，但要由男子祭祀。祭祀时焚香献酒，并向其陈明缘由，以求允许。是否征得山神瓦尼同意，有特别的方式和标识。如建房需采伐时，祭祀后用刀、斧砍树干一刀，不取刀斧，若待第二日刀斧不落地则标志瓦尼山神同意采伐，否则要另选他处。

5. 火神灶神祭

这类神傈僳语称为“甲洛底”。火神灶神祭是傈僳族的家庭祭祀，逢春节或其他节庆喜事时祭祀。春节祭祀在大年三十、正月初一、初二、初三、初七、十五进行。祭祀时烧香火为引，供奉清酒清茶、饭、肉食及其他年节食品。火神灶神是锅桩神，负责稳固一家和护佑一家，也是一家的血脉香火维护神，并负责定期向天上专管人类的大帝——“无散神”汇报一家人的言行举止及品行，是傈僳人的稳定神、传宗神和傈僳人与天中管人大帝神祇——“无散神”之间的传达神，负责与上天沟通。

6. 新杰珉斯祭

新杰，傈僳语指房屋后，新杰珉斯是指房屋后的山神，是宅神，是所有傈僳族祭祀的山神在家庭的总代表，每家以房屋后的一棵吉净树为标志进行固定祭祀。一年中从春节大年三十至正月十五定期祭祀。大年三十要用红毛或黑毛纯色大公鸡祭献，以跪式的整只熟鸡进行祭祀。祭祀由男主人主持，无男主人的可请邻居傈僳男子代祭。祭品有清酒、清茶（无盐无油无其他添加物，并由土茶罐用开水煮制的茶水），辅以饭食，焚香、烧黄草纸，并在山神树下用石块搭就的山门上粘贴红色门联纸，以示节庆。正月初一至初三清晨仍继续焚香祭茶、祭酒，后初七、十五清晨再次晨祭，以求安宅和人畜平安。

7. 天祭

天，傈僳语称为“乌萨”，乌萨在傈僳族的认识中是指整个宇宙。天神是傈僳族祭祀的最大的神祇，是营造化育万物的生化母。一般不进行独立祭祀，而是在其他各种祭祀中体现。在祭祀时祭辞首先颂及宇宙神万物母，首祭宇宙神万物母，从源头祭起，使祭祀从大到小有根有源。因此尼扒在各种祭辞中首先颂及的就是宇宙神万物母。所以傈僳族的天神有别于其他民族所指的像玉皇大帝那样的神，其他神在傈僳族理念中只是属于宇宙神之一，是万物母之子。对天神的祭祀在集体公祭山神中更加突出，更为敬重。

（二）祖祭

祖祭是傈僳族神圣、庄严、肃穆的重大祭祀活动之一。几乎在傈僳族生活中的每个环节中都要进行祖祭。日常离不开祖宗祭祀，甚至客人来也要进行祖祭，只是形式较为简单。由是，傈僳人民在祭祖中生活，傈僳人民生活在祭祖中。祭祖形式多样，按场合、需要、景况分以下几种。

1. 祭亡

祭亡是傈僳族在人过世时的祭祀活动，傈僳语称“幔咋蟆”或曰“咋咋哈”。意为为招引亡灵走向天堂的路。祭亡是傈僳族祖宗祭祀中祭祀时间最长、参与人员最多、场面最为悲壮的祭祀活动。先期由傈僳族神职人员必扒主持仪式。当人亡故后，先由亲人为其洗脸、剃头（女者梳头）、换装入棺，并在院坝正房檐下用特定树枝搭灵棚，在棺头底部敬清酒、清水及燃长明灯，置香炉燃香不断。棺头竖白纸孝幡和天幡，作为亡灵归祖处的路和桥。准备就绪后由必扒带领两个助唱师，傈僳语称“乃然见”。手执特制的新鲜竹桐杖唱诵度亡诗经（即本文作者在《流传千古的傈僳族必扒文化》一文中定义的《必扒诗经》），七天七夜不间断。期间每晨鸡叫头遍时所有孝子（不分男女）集体跪祭先人，助亡者顺利走向先祖处和天上造人万物母处。当灵棺进山入土后三日、七日、十三日、二十五日为大祭，所有亲友参加祭奠。入土二十五日大祭时还要为故者坟搭建山房，傈僳语称“龙很苾”，以男九女七的倍数放置鲜松柴块搭盖坟架上。一般一木劈为两半。坟上正中置盛满清水的陶罐。当日晚要将男九女七魂中需留置家中的家魂引回家中在火塘上方分男左女右置灵位牌供奉。当晚由尼扒主持除丧仪式，用脚踏烧红的铧口，口衔火红犁铧等绝学绝技驱邪除魔，所有人员（除去孝帕）在院坝中燃起篝火进行特定歌舞。自此，逢亡者入土 49 天、72 天、120 天才进行山祭。三年后脱孝。以后每逢春节、清明两个节庆方到坟山进行宗族公祭。

2. 节日祭

节日祭是傈僳族在各种节日活动中的祭祖活动。内容丰富，形式多样。按时序分为春节祭祖、清明祭祖、端午祭祖、七月半祭祖等。通过节日祭祖，感恩祖宗养育和教导，感谢祖宗为后人创造的幸福快乐的节日习俗及物质精神财富。

（1）春节祭。春节祭分为山祭和家祭两种。山祭是在大年三十晚到来之前几日内备齐春节用品，择日到坟山上公祭祖宗，并在坟门上粘贴红纸门联，让祖宗及先故的后人提前过年。若无法提前公祭，则在大年初二到山上公祭，以示向祖宗及故人拜年。禀告先人在世家人的快乐及幸福，并祝先人在天之灵也与家族亲友同欢共乐，感受节日的快乐气息，保佑家亲新年快乐幸福。家祭则在大年三十晚、正月初一至十五在先行山祭后对祖宗及先人的祭祀。祭祀时对三代以内有灵位的则直接将祭品供于灵牌板上，并焚香以告。三代以上的历代宗亲则集中于火塘正墙正中位形成无形祖位，用木制祭祀板，置供品点香、烧黄草纸（只在大年三十晚），进行统一祭祀。供品中的饭留置到正月十五晚才收回，以示宗亲保佑全年丰衣足食。

（2）清明祭。清明祭是继春节山祭后又一次大规模的宗亲山祭，按时令，逢夏历三月清明，则提前几天或清明节当日祭祀，若逢夏历二月清明，则在清明日或后几天进行祭祀，民间称为“三月清明莫上前，二月清明莫退后”。清明祭祀时，要整理坟山环境，清除杂草并扫墓。在坟上撒青松针，并按男九女七分别压三排九或七倍数的小方形打孔白草纸线，更换坟山土陶罐内的清水。坟山遍插杨柳枝。清明祭可邀请其他亲友参加。祭祀时没有哭声，香烟袅袅，其乐融融，与春节山祭一样，是祭祀活动中较为和乐的祭祀。祭祀整日在山上，至傍晚太阳落山后方归。公祭结束前所剩食类供品按等份分给各家带回，同受宗祖的护佑，同得一年的清静和闲适。

（3）端午祭。端午祭是傈僳族对药王的祭祀。端午节是傈僳的药王节。这与汉族相传祭祀屈原全然不同。相传，药王是傈僳族，所以到端午这天清早，一家人起早净身焚香祭祖祭药王（除焚香外，只供一碗清泉水），喝清泉水，之后就到野外采药。傈僳口传当天天下只有三棵毒草不能入药。端午这天是药王下凡并到各家的日子，只要一脚掌着地就有九十九味药，凡采来的都是上等的好药，日常不懂药理的人也在当天能成医生。药采回后择一些泡制药酒，一些则择来煎药汤，晚上一家共同享受。晚饭还得用当年新收获的小麦面自制鲜面条吃。在所采药物中有一种傈僳称为“佳哼努”的药物是必采之药。它是药王的标志，只有请其回家，药王才能到达该家。此药也是解毒、杀菌、防疫的最好药物，散发出一种特别清香的药味，所以这天采药一般先挖该药，并全年放置家中。晚饭前要焚香祭祀，感谢药王的救治和护佑，祈求一家全年安康。端午祭祀一般不用另请尼扒主持，各家自主祭祀，祭祀词令和仪式，一般傈僳家庭都能无师自通。

（4）月半祭。月半祭是指农历七月十五或前几日的祭祖活动。七月半是傈僳族各种节日中唯一一个专门为祭祀祖宗而设的节日。傈僳族认为七月半是一年中唯一一次历代宗亲和已故后人集中回家探望的时日，是后人缅怀、孝敬先祖先人的最好时节。因此，十分重视七月半的祭祀活动。此时也是一年中新米新粮成熟时。通过祭祀让先人首先尝新，以尽天孝。七月半祭分为路祭和家中祖灵祭祀两种。路祭是专为那些无后人继承香火因而无归处或生前不良造作而灵魂无法回归祖先处和万物母处而四处漂游的宗亲外的可怜魂灵设的祭祀和对宗亲外的旁支先人的祭祀。祭时在屋后路边敬香，烧送纸衣纸钱，献供品等，并念诵安魂经。禀告游灵，他们一样受到供奉，得到像宗亲一样的供品和所需，让孤魂野鬼们得到安抚和慰藉。告诉旁亲先人同时得到外戚的祭祀和尊重、感恩。对宗亲的祭祀则在家中有形或无形祖宗灵位前进行。焚香烧纸钱，敬献当年新鲜粮饭和清酒、清茶。念诵感恩经、缅怀经，歌颂祖宗的美德，感恩祖宗的护佑。七月半的两种祭祀活动都由家庭主妇主祭。当晚家祖灵位前要燃长明香油清灯，直至七月十六日历代宗亲各归上祖和万物母处为止。

(5）婚嫁祭。婚嫁祭也是傈僳族的重要祭祖活动之一。婚嫁祭无论是婚或是嫁，双方家都要各自祭祀祖宗三天三夜，与其他祭祖稍有区别的是将无形祖先灵位移设到堂屋正上方，燃长明灯两盏，日夜不息。敬香、敬献清酒，用红纸封封口酒，以求婚典愉快、顺利。出闺或迎娶时都由媒人“瓦拉扒”主持，“瓦拉妈”协助，一对新人跪拜堂中进行祭祀。“瓦拉扒”念诵祭词，感谢祖宗的血脉传递、护佑和无形教导，使后人有幸传承香火。并向祖宗保证不忘祖恩不忘祖训，好好做人，好好持家，培育后代，传继祖德，不辱祖望。三天后打开封口酒让亲友同享婚姻喜乐，并祝愿新人和美幸福、传家奉祖。

(6）日常祭。傈僳族的祭祖，除了特定场合、特定需要进行外，日常也进行祭祀，只是形式较为简单，使祭祖活动日常化，日常生活祭祖化。日常祭祀分为来客祭和三餐祭。来客祭是每逢客人来都要焚香敬奉祖宗，供奉待客食品和酒水，祈求宗亲欢迎客人来家中增人气，护佑主客平安。三餐祭则是日常三餐前的祭祀祖宗和先故后人活动，一般除吃凉饭凉菜外，餐前都祭祀。因此，傈僳族家中常年备有土制黄色香条，以供祭祀用。

（三）鬼祭

给鬼祭祀是傈僳族祭祀文化中的一大特点，又是傈僳族家庭祭祀的一项重要内容，但不用经常进行，一般按需要而定。傈僳族认为，鬼是那些已故者亡灵因种种原因不能回归祖宗处和万物母处，四处游离，饱受饥饿、寒热、歧视，且灵性不高、神通不大的孤魂野鬼。这些可怜鬼，若不善待他们就会择机骚扰人畜。因此要进行必要的祭祀，满足其所需，规劝其从善，远离人畜。祭鬼一般由尼扒主持进行。一般性祭祀则无需尼扒专门主持，一家之长便可行法。当一家出现不正常事件或人莫名得病且多方用药治疗效果不明显以及重大年节中需祭祀时，就请尼扒测算、开祭。祭祀时主祭者念诵祭辞，并根据鬼的不同给予一些物质祭献和精神安慰，对其进行开导，劝其愉快离开。并用特定附着物将其送到野外，还人安乐。这种祭祀一般不用牲，有时用鸡则是用来招待尼扒，一般只用火灰烧玉米和以冷茶淡饭即可。除这类祭祀外，傈僳族每逢大年十五还要进行祭年鬼活动，将停留在房前屋后的各类乞食鬼送以饭食、茶渣及鸡蛋等，将其送走，以保一家一村平安。祭祀由尼扒主持，由八员彪汉抬送纸做的牛头马面及百兽龙船逐户鸣枪祭送。抬送纸船人逐户派祭，祭完内屋后，逆时针方向绕屋前一周，户主家则将面粉、饭食、生鸡蛋砸入纸船中，后游船绕屋后一周，结束后将纸船送至村寨西南水沟中烧毁，以求村寨平安。

三、祭祀禁忌

禁忌是规范。禁忌也是傈僳族祭祀文化中的重点之一。傈僳族认为，没有禁忌，不遵守规范，祭祀活动就不能顺利完成，更达不到祭祀目的，实现不了祭祀目标。更严重的是亵渎神明，不敬重神明，破坏民族的生存环境和生存状态，后果必然是严重影响后人后世的生存质量。因此，傈僳族在祭祀活动中十分讲究禁忌，遵守禁忌规定。虔诚以待，不敢有丝毫违越。禁忌随祭祀内容、对象的变化有所区别和侧重。一般有以下几方面要求。

一是着装要求。公祭山神“傈斯”和“珉斯”必须全身着黑装，不能出现杂色，婚嫁祭祖时也要着黑装，系黑色腰带。否则就是亵渎神明和祖宗。祭亡尽孝则按血缘远近，全着麻布孝服，近亲着纯麻不着色孝服，远亲可着条格麻布孝服。

二是参祭人员要求。公祭“傈斯”、“珉斯”只能由成年男子参加，并在祭山前七日就净身，夫妻不同床。家祭“傈斯”、“珉斯”也只能由男性参与。而七月半祭祖则由家庭主妇主持。家庭主妇是一家之主管，名为“哼史妈”，直译为房子的主人，意为一家之主。

三是意念要求。祭祀时所有人员必须一心一意，不生杂念，至诚至虔，至敬至笃。不言语，不嬉闹，专心恭听尼扒诵念祭词。一举一动，一言一行都要合乎规范，保持整个祭祀活动的庄严、肃穆和神圣。

四是保密要求。公祭山神一般公开进行，但无关人员不能参与或围观。知道内情和习俗的人也要自觉回避。若家庭在山上私祭“傈斯”，或家中请尼扒作法与鬼神沟通，进行驱邪祈福、消灾疗疫时，要秘密进行。并选在夜晚，严禁外人造访。遇到这种情况时，外人一看大门口挂插有新鲜松树枝就会自觉回避。若为消灾作法祭祀则主人在三天内不能出门远行。

五是用香点香要求。香是傈僳族祭祀常用品。傈僳族认为，只有袅袅香烟才能超越时空传递信息，与神沟通。祭祀用香条必须是民间土制黄色香条，禁用彩色香条和化学香料配制的香条。点香时，若在火塘上点，必须在火塘上方引火，不允许在火塘下方点香。香条点燃后不允许用嘴吹香条火，只可用左手扇熄火苗。

四、傈僳族祭祀文化体现的宇宙人生观

宇宙人生观是人对宇宙起源、万物生成以及事物之间相互联系相互影响等的认识，以及人在万事万物之中的地位、角色以及与万事万物之间关系的认识。祭祀作为人神沟通的特定方式方法，必然受认识的影响和导引。形态体现认识，认识决定形态。纵观傈僳族的祭祀文化，无不显示着傈僳民族的宇宙人生观，是傈僳族宇宙人生观的诠释。

一是万物同源、宇宙同体观。傈僳族对万物的体认是万物有灵。傈僳族认为万物共同成就于万物宇宙母的营造化育，万物不同性状的显现只是组合、结构和层次上的区别，事物间根本不存在贵贱、高低之分，人也概莫能外。万物都能识读信息，并能产生对应效应，万物之间相互影响，万物有灵有性。因此，傈僳族通过祭祀向万物传递良性、柔和而又强烈的信息，与万物时常沟通，以期长期产生对应的良性效应。

二是万物和合、宇宙同律观。傈僳族认为世事万物同受一个总规律制约，本来是各就其位，各行其是，互不干扰，和合共生。但一旦任何一方出现异动，就会出现相关反应，波及其他。因此人要想平静生活，就必须讲规矩，本然生活，包括念头和言行举止都要合乎自然，合于天道。并通过祭祀活动，表达这一理念，教育族群，规范念头和言行，以求族群平安。

三是人神相通观。认为人神共处、人神相通。人和神明是能相互沟通的，也能相互影响和交换信息能量。因此，通过祭祀燃香让袅袅香烟把祭祀者的良性信息传递给无形的神明，调适人神关系。

四是人的自然属性观。傈僳族认为，人是自然之子，是自然的宠儿，受恩于自然。人绝不是自然的主宰，人要生存发展必须尊重自然、敬畏自然、善待自然，与自然和谐相处，并通过祭祀山神等活动传递这一理念和真知。

五是因果观。傈僳族认为，人世间遭受到的一切灾害和不如意都是人的心行不良引起的，是人的认识和行为偏离宇宙正道引起的恶果。根源在人，必然因果相应。因此通过祭祀和禁忌告诫族人，惊醒族人，不要自种恶因而影响群体。

五、傈僳族祭祀文化的价值和意义

纵观麦地河傈僳族的祭祀文化，祭祀这一精神文化形态无不透射着对族群、对社会的客观影响，无不显示出良好的社会功能及意义。它对傈僳民族心理、思维、精神及行为始终起到规范、教育及指引的良好作用。祭祀文化成为全体傈僳民众的精神依托，成为全民的共同心理、思维模式和自觉行动，成为生产生活必不可少的环节和内容。它是傈僳文化的重要组成部分，也是傈僳族非物质文化遗产的重要组成部分。传承傈僳族祭祀文化，对傈僳族社区建设具有特殊的作用和积极的意义。

一是有利于守住民族自身的精神家园，提升对宇宙人生实相的本然认识。让人们正确认识人在宇宙自然中的地位和作用，从而生起敬畏心，消除世人的无知、浮躁和轻狂，回归人性的本然，获得心灵的幸福和快乐，提高人的生存质量。

二是有利于提升人的感恩心、孝心。从中正确认识到宇宙自然是人生存发展的唯一物质来源、物质条件和空间，自觉生起对宇宙自然的感恩心，并落实在行动上。正确认识人类生存繁衍的血脉传承关系，感知祖宗恩德，尽天伦之份。并上行下效一代代传承不衰。

三是有利于提升民族凝聚力，提高民族认同感。通过祭祀活动，礼敬自然万物，孝对家族宗亲，孝对民族共同的祖先，使民族文化认同成为傈僳族的强大遗传基因，形成众志成城的坚强民族意识。

四是有利于弘扬民族优秀的传统文化，规范人们的思想行为，正确处理人与自然、人与人以及人与社会方方面面的关系，科学发展，构建和谐社区、和谐社会。傈僳族祭祀文化就是通过祭祀活动和禁忌规范，将正确的宇宙人生观下形成的认识论、思想论和方法论落实到行动上，身体力行。祭祀山神，保护自然；礼敬万物，和谐发展；孝对祖宗，为人谦卑。这使傈僳族社区成为至今环境保护最好，山青水秀，族群和睦，且离婚率最低，无犯罪率的模范社区。

五是有利于调适人们的心理，获得身心康宁。通过祭祀活动，使祭祀文化转换为强大的精神支柱和精神动力，增强战胜各种困难和疾苦的信心和勇气，利于身体的康复和心灵的安适与宽慰，提升精神状态，防止不良心理和行为的发生。

六、傈僳族祭祀文化的传承与保护

通过对傈僳族祭祀文化的透视、感知和体悟，对其文化实质和意义的现代分析，可以认识到，传承傈僳族祭祀文化十分重要和必要。当前要深入研究，抛弃现代思想迷信，并尽力避免将民族习俗、民间祭祀文化政治化和娱乐化倾向，鼓励民间自然传承、自觉传承、严肃传继，使其继续发挥良好的社会功能和作用，继续为人类社会的健康发展服务。要加强挖掘、整理、保护和传承工作力度，利用现代记录工具做好完整、全面的记录工作，保存珍贵的文字和影像资料，以供研究、学习和传承，给后人留下丰富的精神文化遗产，以便后人世代传承和践行。

参考文献

[1] 罗三五、谷 艳．简述傈僳族盐边“山后扒”遗迹与变迁．傈僳人，2010（1）

[2] 叶大槐．盐边傈僳族的社会历史文化．傈僳人，2010（1）

[3] 谷艳．盐边傈僳族习俗．傈僳人，2010（1）

[4] 徐联翔．流传千古的傈僳族必扒文化．丽江社会科学，2006（宁蒗

县庆特刊）

［5］鲁建彪．傈僳学创建傈僳学发展．芒市：德宏民族出版社，2009

［6］李自强．三江神韵．昆明：云南民族出版社，2008

［7］符宝玉．黎族传统禁忌文化．今日民族，2010（6）

维西同洛傈僳族村寨传统家庭伦理初探

章敬先[①]

一、同洛村概况

（一）同洛村地理环境

该行政村隶属维西傈僳族自治县叶枝镇，地处叶枝镇南边，距镇政府所在地 2 公里，到镇道路为土路，交通方便。辖白质洛、同洛、打吾底等 12 个村民小组。现有农户 262 户，有乡村人口 1200 人，其中农业人口 1194 人，劳动力 821 人，其中从事第一产业人数 703 人。

全村国土面积 60.95 平方公里，海拔 1840 米，年平均气温 14.30 ℃，年降水量 947.70 毫米，适合种植水稻、玉米、小麦等农作物。全村耕地面积约 1802 亩，人均耕地 1.6 亩，林地 72425 亩。2006 年全村经济总收入 124.98 万元，农民人均纯收入 640 元。该村属于贫困村，农民收入主要以种植业为主。

---

① 章敬先，新疆阿克苏人，云南民族大学伦理学专业 2009 级研究生。

（二）同洛村生产方式

同洛村的主要生产方式为种植农作物、养殖、采集。全村有耕地总面积1802亩，人均耕地1.58亩，主要种植水稻、玉米、小麦等作物；经济林果地131亩，人均经济林果地0.11亩，主要种植核桃等经济作物 。主要养殖牛、猪、鸡等家畜。牛主要用来耕地或者运送货物；猪每家饲养少则三四头，多则十几头，多用来做腊肉或者年猪；鸡主要用来拿去集市上卖钱再来买日常生活用品。村民采集多是去人烟稀少的地方采集野山菌和中药材，然后拿到集市贩卖。

（三）同洛村的文化背景

同洛村全村都是傈僳族，无人信仰基督教。全村分为王、余、蜂等几个大姓，大家关系和睦，相处融洽。村民对于傈僳族传统文化的宗教信仰也有了新的认识，傈僳族传统文化中的巫师被认为可以操控人的灵魂，可治百病，但现在，家里有人生病，大家会送他去卫生院，巫师只是在传统的节日以及结婚或者葬礼中出现。

（四）同洛村的家庭模式

傈僳族传统的家庭模式实行分家制，即家中有几个儿子的要分家，一般来说父母与最小的儿子一起生活。家庭成员一般是父母与未成家的子女。但是现在分家的传统在同洛村的傈僳族家庭中在慢慢弱化。父母与子女相处得比较好的就住在一起，如果相处不来就分家。

二、同洛傈僳族的家庭伦理

（一）自由恋爱、自主结合为婚姻的主要形式

傈僳族的传统是恋爱自由，婚姻包办，但现在大多数都是自由恋爱结婚。据同洛村的几位老人介绍，以前同洛村的年轻人谈恋爱找对象都是自由的，年轻人可以在节日或者平时的生产活动中通过对歌的方式认识自己喜欢的人，

可以随意选择自己喜欢的对象。但到结婚的时候就不能自己做主了，主要是父母包办，嫁女儿很重要的一项内容就是收财礼。新中国成立初期，在同洛村嫁女儿要收彩礼一头牛甚至几头牛，是一项很重要的经济收入。如果男方要和女方离婚，财礼是收不回来的，算是作为女方的遮羞费，而女方要和男方离婚也是分不到财产的，这个传统也保证了想离婚的人出于经济成本的考虑而慎重对待离婚。新中国成立初期，傈僳族中经济条件不好的人或者偏远地区的人还会用抢婚的形式来娶妻。所谓抢婚就是在半路上埋伏，然后把路过的女孩子抢回去成婚，如果女孩子不愿意而且女方家的家族势力很强盛，那么男方还是得把女方送回去，否则就面临械斗，而如果女方家的势力不够强大，尽管女方即使不愿意也有可能被留在男方家中成婚。转房也是傈僳族传统的婚姻形式之一，即兄死弟娶寡嫂，弟死兄娶弟媳。其原因是防止家庭的财产外流以及为照顾未成年子女。傈僳族还有姑舅表优先婚配的传统。姑姑家和舅舅家的适龄小孩享有优先婚配的权利，体现了母系氏族的残余，也体现了傈僳族很注重家族的团结和凝聚。傈僳族父母包办婚姻和抢婚制度是建立在双方没有感情基础上的，造成了离婚或者婚后不能和睦相处的比较多。无论是父母包办还是抢婚又或者转房以及姑舅表优先婚配都体现了当事人婚姻的不自由性。据村中老人介绍，同洛村历史上几乎没有抢婚的习惯出现，究其原因，抢婚只出现在偏远、经济落后的地方，只出现在特定环境下，在傈僳族家庭中不具有普遍性。

现在同洛村的傈僳族结婚都是自由的，双方互相喜欢就可以结婚，父母也不会干涉。笔者做的100人的调查问卷中，由父母指定结婚的只占4%，年轻人认识结婚对象的方式是父母介绍的占30%，自己认识的占65%，自己认识而结婚的比例比几十年前高了许多，说明同洛傈僳族年轻人结合的方式变得越来越自主。现在结婚财礼也还是要的，但不像以前几头牛那么多。现在去提亲，请吃一顿饭就可以了，父母更加重视的是这个传统的形式，而不是那么在意财礼。现在能结合的双方是有感情的，所以同洛村离婚的现象非常少见。而像姑舅表优先婚配、抢婚、转房等婚姻形式现在也不存在了。究其原因，姑舅表婚的不良后果逐渐让傈僳族人所认识。傈僳族是个“直过”民族，其社会发展程度差异也比较大，有还处在原始社会末期的、有刚进入封建社会的、有完全进入封建社会的，所以其婚姻形式也是种类繁多，但是新中国成立后，随着观念的转变，同洛村的年轻人婚姻形式趋于自由婚姻，甚至还有几家的女儿远嫁山东。财礼方面要求的降低也保证了年轻人能够自由地与喜欢的人组织家庭。在观念上，父母已经不像以前一样，把嫁女儿看作是卖女儿，现在都是希望女儿能够过上幸福的生活，这都反映了同洛村村民的婚嫁意识的进步。在同洛村周围还生活着纳西族和汉族，与这两个民族相比，同洛村傈僳族的发展相对滞后，新中国成立后，在叶枝镇周边的这三个民族是互相影响、互相融合，与纳西族和汉族的接触导致了同洛村傈僳族观念上的改变。

（二）夫妻相处以互相尊重、互相信任为原则

傈僳族家庭中女性地位是比较高的，可以说与男子是一样的，而且多数傈僳族家庭中的女性和男性是平等的，因为女性在家庭生活中扮演着重要的角色。男性狩猎，女性可以采集野果，去田地耕作，女性也不输于男性，甚至在械斗的时候女性负责侦查敌方前进的路线，因为女性被发现了也不会受到伤害，女性还可以在械斗的时候去调停，任何一方都不能伤害女性。所以在夫妻关系中傈僳族女性的地位比较高。同洛村傈僳族女性在家里能去山上采集野生菌，去山上放养牛、猪、羊等家畜，田地里也能和男性一样劳作，为家庭带来可观的收入，因此，同洛村的女性地位在平时生活中几乎与男性是一样的。在笔者的调查中，认为生男生女都一样的占 87%，认为男孩更重要的只占 6%，认为家里遇到事情时大家一起商量解决的占 95%，认为该听长辈的占 3%，认为该听男方话的只占 2%。可见同洛的傈僳族从传统到现在一直都是男女比较平等的。

同洛村地处半山，无论是去山下的水田种水稻还是去山顶放羊，都很远，同洛村的村民去半山最近的坡地也要走一两个小时，很多时候出去就是长时间回不来，外出打工的人更是一年可能才回来一次。所以同洛傈僳族夫妻之间相处强调互相尊重、互相信任。在长时间不能相见的情况下要信任对方，不能互相猜忌。傈僳族是一夫一妻制的家庭，一夫一妻制产生的基础是私有制和父权制对母权制的取代。继承观念的产生是一夫一妻制产生的直接原因。为确定继承私有财产的子女确系父亲所生，丈夫开始要求妻子严守贞操。而同洛村傈僳族的传统中几乎没有受到过儒家的三纲五常等不平等伦理思想的影响，所以夫妻相处中互相保持忠诚互相信任成为他们相处的基本原则。与汉族女性不同的是，傈僳族女孩子在婚前的恋爱是很自由的，由于没有受到

儒家思想的影响，相应地对贞操观念也不像汉族的女子那么强烈，但是反过来，傈僳族女子正是因为婚前有机会多次选择，所以更知道谁适合自己，再加上现在能够自由结婚，所以一般都能很幸福地生活下去。同洛村的傈僳族夫妻在生活中少有很大的矛盾，多数情况下都是为了生活和劳动中的小事争执，离婚的非常少，在调查的人中，离婚家庭数只占1%。但是如果真的觉得过不下去，双方都能平和地离婚，村子的人不会对离婚的女人有什么看法，只是觉得那是他们两个人的事情。对于离婚后孩子的抚养也是夫妻双方互相民主协商，有两个孩子的，就一方一个，如果只有一个，一般是女孩子跟着母亲，男孩子跟着父亲。

（三）长辈与晚辈之间相处以尊老爱幼为原则

傈僳族一直有尊老的传统，这一点一直不曾变过。傈僳族有句俗话说“在外敬老人，在家敬父母”。路上遇到老人，无论认识与否，都要让路、问候；闲谈聊天时，说话要客气，不能高声喧哗；吃饭的时候，敬酒要先给老人敬；家里或是村子里有争执不下的事情，都是请老人来评断，一旦老人评断了，大家必须遵从。对于小孩子大家都会照顾，比如离婚家庭的小孩子或者父母双亡的小孩子，大家尤其是亲戚都会尽可能地帮忙抚养长大。在以前的氏族械斗中是绝对不能伤及妇女和孩子的，否则赔偿加倍，械斗双方也都会把本氏族的小孩子保护好，不让他们随便出门。在同洛村，如果老人的子女很孝顺，但老人还是过分地苛责子女，会受到村里人的指责；小孩子如果不尊敬长辈，不孝顺父母，也是最容易受到村里人批评的。同洛村的道德规范还是受到大家舆论监督的。孟子曰：“老吾老以及人之老，幼吾幼以及人之幼。”就是要人尊重自己的长辈推及到尊重他人的长辈，爱护自己的子女推及到爱护他人的子女。汉族儒家思想中强调尊老的思想有维护封建等级制度的成分，在宗族中按照长幼有序来排列人的地位，同样身份地位的人，长者为尊，目无尊长的人是要遭人唾弃的。他们的尊老，除传统因素外，还因为在面对大自然的挑战时，大家要生存下来，老人的作用至关重要。老人意味着丰富的生存经验，他们知道哪里有充足的食物，怎样度过严寒的冬季，怎么躲避各种自然灾害，老人担负着部落各种生存、生产经验传承的重任。

（四）家庭之中、邻里之间以平等互助、和谐共处为原则

新中国成立前，傈僳族和其他民族是很少通婚的，因为那时候民族特征太明显，如生活习惯、语言、服饰、思想观念等都不同。而且民族之间的隔阂也比较明显，甚至于民族之间互相看不起对方。现在同洛村主要的大姓有王姓、余姓、蜂姓等，不同姓氏之间的相处和同姓的没有什么区别。70%的人认为在村子内部，大家最重要的是互相帮助，超过85%的人认为同洛村的人与外人都能够和睦相处。寨子里如遇到婚丧嫁娶或者盖房子等事情，不需要主人家去喊他们来帮忙，同寨子的人会自动来帮忙，不要一分钱，完事了请大家吃顿饭喝点酒就可以，大家以寨子为单位团结在一起。在家庭内部以前是父母对子女有一定的权威，父母说什么，子女要听，现在处理家庭内的事情都是大家一起商量，谁有理就听谁的，体现了一种朴素的民主思想。同洛村历史上曾经产生过一种具有组织和召集村民的职责的头人，这种头人是大家选举出来的，他只是在村子有事情的时候负责召集大家开会，没有一个人决定村子事情的权力，平时也是要去劳动的，不因为这个职位就脱离生产劳动。可见同洛村傈僳族还保留着一种比较原始的平均主义思想，究其原因还是同洛村的经济发展滞后，私有制没有充分发展起来。同洛村的巫师“尼扒”，能够召唤人的魂魄，在历史上其地位也是非常高的，可是尼扒平时也还是要参加生产劳动，要用自己的劳动养活自己。无论是头人还是尼扒都没有权力通过剥削其他人来养活自己。可见在同洛村的历史上没有产生过完全的特权阶级。村子里面处理邻里之间关系也是互相协商解决，如因为土地边界、水田灌水等发生纠纷，当事双方自己无法解决时，就请村子里面有威望的人进行调解，无法调解的话就找当地的村委会来调解，一般都能够解决，几乎没有通过打官司来解决问题的情况出现。同洛村的傈僳族人之间很少有打架斗殴的情况出现。对于个人不好的评价也是说这个人比较懒惰、不勤劳、对父母照顾得不够好、对子女太严苛之类的。

傈僳族是一个不断迁徙的民族，在与其他民族的相处中傈僳族很重视团结互助。傈僳族艰苦的生存环境，使得他们只有紧紧团结在一起，互相帮助，才能更好地生存，才能抵御外敌。所以在同洛村，可以感受到他们是互相关心、互相帮助的，但同时对于别人的事情又是宽容的、民主的。都说傈僳族爱酒，可是在同洛村，也有不喝酒的，不喝酒那是个人的事情，大家也不会说什么。嫁女儿即使嫁到山东大家也不会说什么。

参考文献

[1] 鲁建彪．傈僳族社区发展研究——以云南省武定县插甸乡安乐德村为个案．北京：中国社会科学出版社，2007

[2] 鲁建彪．傈僳学创建与傈僳族发展．芒市：德宏民族出版社，2009

[3] 高发元．傈僳族——泸水上江乡百花岭村．昆明：云南大学出版社，2001

[4] 王恒杰．傈僳族．北京：民族出版社，1987

[5]《傈僳族简史》编写组．傈僳族简史．昆明：云南人民出版社，1983

[6] 斯陆益．傈僳族文化大观．昆明：云南民族出版社，1999

[7]《民族问题五种丛书》云南省编辑委员会．傈僳族社会历史调查．昆明：云南人民出版社，1981

[8] 鲁建彪主编．傈僳学研究（一）．北京：民族出版社，2010

调查报告

洛玛底傈僳族乐舞调查报告

李文林[①]

“洛玛底”，傈僳族语，有二义。其一是巨谷之父、之祖，表其长；其二是有大石头（的大沟），表其大。历史上，自黎光色七里（现河边上组）至黎明石寨子的10公里被称为“洛玛底”，后逐渐推而广之代称整条山谷，成为镇兰河流域歌舞、音乐文化外传的代名词，如维西傈僳把源于该地的傈僳族民歌、情歌分称为“洛玛底模刮”、“洛玛底意本”。这种称谓随着新中国成立后行政区划名称的不断规范，其影响逐步淡化。但是以洛玛底为中心的老君山（洁莱我罗）北麓的黎明乡、鲁甸乡、石鼓镇等乡镇的傈僳族文化从表征到内在特质的各个侧面都是相对统一的一个区域性整体。所以，我们把这一区域及其世居民族（以傈僳族为主）与居住环境的总和称为“洛玛底风情”。而音乐舞蹈是“洛玛底风情”中最具代表性的文化类别，特概括为“洛玛底傈僳族乐舞”。

一、基本概况

黎明傈僳族乡总人口15600人，3800户，全乡有傈僳、纳西、汉、白、彝、苗、藏、普米等9个民族。傈僳族占总人口的42.5%，除全乡通用汉语、

① 李文林，傈僳族，丽江玉龙县人，现在黎明傈僳族乡文化站工作。

应用汉文外，傈僳族都讲本族语，使用标音文字。

现黎明的傈僳族乡属于玉龙县，下辖上片黎明、黎光、美乐、堆美和下片中兴、金庄、茨科共7个村委会，118个村民小组。解放后，上片及下片均属原丽江县金庄公社，现有各村委会为生产大队，各村民小组大致上为生产小队。1982年，又设金庄区，各现有上片、下片村委会又为小乡，行政机构称乡公所；1988年撤区建乡，金庄区分割为金庄乡、黎明傈僳族乡，下辖现有各村委均为两乡各自的行政村，下辖各自的自然村共118个；2005年，乡镇机构改革，又将两乡合并为黎明傈僳族乡，乡政府设在下片中兴村委会所在地，乡属各单位均合二为一。

黎明傈僳族乡海拔自沿江1800米至洁莱雪山（冬季雪山）4453米，呈立体气候，涵盖温带、寒温带、寒带等高原气候，有雪山冰渍湖群、原始森林、丹霞地貌、河谷田园、高山草甸等自然景观。山高谷深、气候多变复杂。由自然环境条件及农业生产基础设施积累程度决定，上片与下片经济状况的差异较大。上片以烤烟、芸豆、经济林果为主的经济作物生产较脆弱，粮食生产受土地影响，产量、产值较低，而下片大部分农村均有肥沃的水田作保证，以烤烟为主的经济作物产量、产值相对较高，粮食产量也比上片高得多。两乡合并后，平均经济收入明显降低，全乡人均纯收入约为1300元，人均有粮506公斤，处于温饱型经济水平。

二、洛玛底乐舞文化调查

黎明傈僳族乡有傈僳、汉、纳西等9个民族，其中傈僳族人口占总人口的42% ，是全乡的主要民族，大部分人口居住在上片黎明、黎光、美乐、堆美和下片金庄等村委会，分布在金庄河的两个上游支流镇兰河、美乐河流域。旧称美乐为“鲁美罗”，纳西语，意为“大石头沟”，与“洛玛底”的第二义相同。所以，我们把这一区域的音乐、舞蹈统称为“洛玛底傈僳族乐舞”。

这里的世居傈僳族，追溯其来源，经唐、宋、元、明、清历代，由雅砻江与金沙江交汇地带的四川省盐边县、攀枝花一带和云南丽江的永胜、华坪、宁蒗一带不断向西迁徙而形成。迁徙有政治、战争、起义等历史原因，使傈僳族形成了大分散、小聚居的居住格局。“大分散”使傈僳族内部文化形成了相对独立而有差异的区域性分化，而小聚居却保留了整个民族文化较有特质部分的沿革。在漫长而较微弱的本族内部文化认同过程中，仍有较连续的交流，但是没有形成真正意义上统一的各种文艺体裁。比如声乐，永胜、宁蒗、华坪一带有“放羊调”，怒江有“阿迟模刮”，但其唱法完全不相干，而内容都与原始畜牧和游牧生活有关。比如器乐，怒江以四弦琴“七本”为主，而丽江都以葫芦笙为主，兼有“七本”；迪庆州香格里拉县和维西县分别以葫芦笙和四弦为主。我们认为，洛玛底、鲁美罗在傈僳族西迁史上曾是非常重要的一个栖息地，这里在半个世纪前仍是草深林密、百兽出没的处女地，傈僳族先人看到这里丰富而完善的生态资源和易守难攻的天险峰谷地况，在历经战乱沧桑后把这片广袤区域视为休养生息、远避灾祸的乐园，称之为巨谷始祖“洛玛底”，并以丰厚的人文情怀附丽这片土地，形成了庞大而繁复的口述文学、舞蹈音乐和声乐等风情文化。

值得注意的是，这片土地上包括石鼓和鲁甸部分村寨在内的文化共同区域中，集中了东部和西部（丽江和怒江）大部分器乐传统，完整而全面地传承了葫芦笙和四弦的大部分舞蹈专用音乐的体裁、曲目及表演形式，还独创了短柄长身二弦弓弦乐器“吉自”及其曲系。总之，我们认为“洛玛底”音乐舞蹈区域，是在傈僳族大迁徙过程中遗留此地的一部分先民沿习祖制文艺并不断博采众长，接纳东部和西部文化逐渐演变而形成的，具有了相对独立的区域性特征。

洛玛底音乐、舞蹈具有非凡的艺术造诣和观赏价值。其所有的文化特征都体现在原始性上。我们把它称为原始音乐和原始舞蹈。而且，有一个特点是众所周知而又无人提及的，那就是洛玛底乐舞往往是音乐和舞蹈密不可分。特别是体现在器乐体系上，几乎无一例外地全是用于舞蹈的音乐，体现了音乐、舞蹈二者之间从萌芽到发展的相互依存关系，具有毋庸置疑的原始性。就声乐而言，绝大部分是无伴奏的清唱，只是在演唱技法上形成了领唱、和唱并进行双方对唱的多声部自由合唱形式，具有鲜明的原始歌谣在简单中心乐句上进行复沓变化的基本特征。

在涉及宗教的部分活动中，有几种很少的声乐形式也具有鲜明的原始性。如祭家神的乐曲，介于祷颂和吟唱之间，庄重而虔敬的腔韵充满原始宗教音乐古朴的特点，只有一小部分如“招魂曲”发展为严格的声乐唱技。就舞蹈而言，傈僳族称自己的大众性自娱舞蹈为“刮七七”，其中有“刮”即唱的成分，也有“七”即跳的成分，而强调的是后一个“七”，所以落脚点在跳上，即这是一种可以边歌边舞的大众性舞蹈。我们一般所讲的“会说话就能唱歌，能走路就能跳舞”，也体现了舞蹈步法简易粗放的主要特征。换言之，傈僳族舞蹈还未形成严格意义上的舞台艺术，不存在“演”和“观”的对立，舞蹈以简单步法、身法和手法为基础，蹒跚学步者也能入圈跳跃，是复杂舞蹈形成的前奏，是典型的原始舞蹈。洛玛底乐舞，其可贵之处，在于它的原始性和原生性。而且这种原始性和原生性能顽强、完整并广泛地存活和兴盛。无论土著居民还是外来客众，享受洛玛底音乐舞蹈在于全身心的参与，具有一定的文艺亲和力，原始音乐舞蹈可感受程度显然高于舞台艺术。如果要把观赏主体独立出来，那么，要遇上数百人、上千人合圈在熊熊篝火旁，由数十名乐手共同领舞奏乐的场合这必然是令人荡气回肠的艺术欣赏体验。

洛玛底乐舞的民族风格及特色突出表现为：鲜明的原始艺术特征；普及性、大众性很强，具有广泛的群众基础；相对独立的区域性；深厚的口头文学内容凝结于民歌套路对唱中。现将音乐和舞蹈具体形式分述于下：

音乐分为声乐和器乐两部分内容。

声乐：洛玛底声乐主要有民谣（“意吾移”、“模刮移”、“模刮卜”等）、情歌“意本嗟”、神巫禁忌曲、山歌杂调四大体裁。前三种都有简单的谱式，都要以精美的骈偶对句歌唱。民谣、情歌可以对唱，民谣以七字为主，情歌七字至十一字不等，神巫曲的词五字或多字不定，不对唱。山歌杂调主要指外来、非原生的流行性歌曲。

器乐：洛玛底器乐主要有葫芦笙、四弦弹奏乐“七本”、二弦弓弦乐“吉自”、竹笛、口弦等，其中笙、四弦、吉自为三大主要乐器，保存较好。

舞蹈：舞蹈统称为“刮七七”，按步法分为“刮迟”、“适延”两大类，其中又细分为一步到七步的不同步法。按手法和身法又分为“刮来米”、“刮来厄”等跳法，其中有一种专用于丧仪的“门抓刮七”已失传，据传言应属“刮来米”类。无论何种舞蹈，都有一个共同点：舞者持手或交叉双方的手隔一个人互持，围篝火边的一个或多个领舞乐手领跳，要根据乐手的奏乐变化来舞蹈，一般群众都能分辨出乐句与步法、身法、手法间的联系，加上乐手的示范跳，整个舞场能很快统一起来。

洛玛底音乐歌舞之所以能成为一个独立而完整的区域性文艺类别，得益于思想自由、风情浪漫的广大傈僳族群众对其自身艺术的喜爱。傈僳族的能歌善舞之所以名闻遐迩，是因为自己有不可替代、不可或缺的乐舞传统。几乎所有的傈僳族同胞，无论男女，不论老幼，都非常喜爱传统的民族文化，一堆篝火、一口火塘、一曲笙歌、一碗浊酒足以召唤所有的子民共舞同歌。这里有他们永无厌倦的精神追求。他们对歌舞的痴迷，对生活的热爱之情，感染了与自己杂居的纳西族、汉族等兄弟民族以及一切外来的宾客，以至于其他民族中也有能歌善舞者，也被吸引来与傈僳族共享天籁之音及天伦之乐。

洛玛底傈僳族乐舞的传承以自然传承为主。声乐传承中的民谣、情歌要通过参与相应的对唱场合来逐步掌握填词并歌咏的技巧，而器乐的传承并无严格的师承关系，有父传子、子传孙的祖传方式，也有相互学习切磋或请教许多艺人而自学成艺的传承人。在老一辈领舞乐师、领唱歌手中，有以丁树才、乔世杰、和仁义、和耀明、雀成章、李茂兴、李正先等为代表的民间声乐、器乐传承人，而年轻一代中也不乏有如王永刚、丁国仁、李忠、李勇等多才多艺的后继力量。在我们的调查范围内，调查所及的50岁以上的乐舞艺术传承人有20多人，其中代表人物有9人；年轻一代包括初学乐舞、歌唱的少儿在内共50余人，其中50岁以下的代表人物有12人之多。无论老一辈和少一辈，男子传承人居多。在调查中，我们发现许多民间乐舞传承人都是综合型的。一个人身上集中了民谣、情歌、山歌、神巫等声乐，还同时擅长器乐演奏领舞，同时还是民族原始宗教活动传承人。

洛玛底傈僳族乐舞的对外影响主要是宣传方面的。随着黎明乡对外宣传与旅游产业扶持过程的深入，外界对本文化区域的关注日渐增强，从地方到中央的电视台、报纸杂志等媒体历年来对这一区域的乐舞艺术结合自然风光的宣传进行了一些零星的报道，但还未形成强大的专题性大型宣传阵势。在丽江城里，有不少关于民族歌舞方面的盒带、光盘等出版物，不少是洛玛底乐舞的内容。在市级范围内的上层，已初步形成“境如诗、情如火、歌如海、舞如潮”的积极影响，原始音乐被誉为“世外桃源”的“天籁之音”。

由于尚未形成专业从事乐舞的组织和团队，洛玛底乐舞的对外交流是随机性的，非规模化和常规化的。不过在为数不多的本地或外出的展演交流过程中，乐舞艺术本身的原生态、原始性及内在的傈僳族特质征服了观赏者。1998年原丽江县民间文艺调演中，黎明乡的乐舞艺术从台上到台下，自始至终深受各界喜爱和好评，获二等奖。以黎明的洛玛底乐舞素材为基础的傈僳族著名民间艺人阿石才即出自黎明文化站。在历年历次全乡性重大活动中，本乡傈僳族乐舞是接待、庆祝、共娱、交谊等社会活动的主要内容。随着零星的对外宣传的深入，本地乐舞的对外影响日益扩大。

为解决本地乐舞传承、发展的历史性问题，黎明乡政府及其文化站借助外援项目，自2008年以来开展了一系列保护传承活动，从社区群文、民间歌舞组织建设、手工艺开发、传承人培训、口头文学发展工作、民族文化进课堂等方面入手，采取一系列有效措施，竭尽一切可能刺激文化传统的觉醒和传统文化的复兴，取得了可喜的成功经验和切实的工作实效。其中，洛玛底乐舞巩固、发展工作从民间到学校教育得以全面铺开，呈现出纷繁热闹的乐舞传习风潮。

由于洛玛底乐舞本来就具有非常深厚的底蕴，可参与性、可体验性和可感受性都很强，其可开发利用价值不言而喻。关键在于开发利用的方式和原则。方式上，目前，政府引导、民间运作为主的“洛玛底之声”民间业余歌舞队，把原生态的散漫文艺及其主要传承人组织起来，使乐舞的存活和发展兴旺有了一支骨干队伍。数年来，以他们为主力，有计划有组织地投入旅游文化的供求中去，尝试传统文艺的舞台化、商品化，取得了一定的经济和社会效益。目前，我们还可以考虑扶持一批家庭型、世家型的文化展演经营。如黎明下组的熊占宝户的家访文化的运作有一定的成功之处。原则上，我们认为文化的开发利用应在保护、保持原生态特质的前提下进行，使文化本身的发展在规模、数量、规格等方面得到提升，而又要确保其赖以存在的卓越的特征、内涵、本质不发生畸变和大的波动。

三、结论

洛玛底傈僳族乐舞是老君山地区特有的民族文化形态。内容丰富，形式多样，具有深厚的文化底蕴，所有的价值都集中体现在其原始性和原生态上。音乐舞蹈互生互辅，没有独立为严格的两种文艺形式。古拙朴素而又五彩缤纷的外在表现和广涉民族心理、社会生产、民族道德情感、宗教思想、风土人情、传统教化等博大精深的内在特质，共同构成了独具特色的乐舞风情传统。

老君山傈僳族音乐、歌舞是本民族与这片土地在漫长的磨合过程中形成的风情文化。这里的乐舞与纤尘未染的童话般的景观世界相映成趣，营造了天人合一、野逸素朴的“人间天上”精神乐园，使这里的自然与人文都具有持久的魅力。

应通过行政、学术、宣传以及其他有关途径，把这一区域性文化在理论上予以确立，以便进一步深入研究和探讨关于保护和传承的重要课题，采取保护措施，促进正常传承，挽救濒危的乐舞体裁（如“模刮卜”也很少有人从事，“门抓刮七”已无人能跳），使这一区域文化重放原始、神奇、瑰丽的光芒。保护和传承，应加强政府行为的作用，意识形态领域首先要解决对传统的、原生态文化的观念偏颇问题，教育、引导传承主体高度重视民族文化，培养荣誉感、自豪感以及弘扬民族文化的信心和责任感，支持鼓励老少骨干传承人施展才干，多做贡献，探索创造。最重要的一点是要设法为乐舞文化的发展提供切实的支持，搭建民间领军人物和广大群众复兴乐舞艺术的平台。

我们在调研活动中发现了一系列阻碍原生态文化传承的消极因素。这些因素除了上述观念问题外，更多的是因为传承本身失去了客观上的凭借，即许多民间艺人无法用文艺上的一技之长为自己获取安身立命的生活保障，换言之，音乐舞蹈毕竟不能当饭吃，而普遍贫困的洛玛底子民后代也因为功利、价值观念的时代性变迁，因疲于为生计奔波而不愿意或无暇顾及弦簧之乐，能全面继承祖艺的年轻人凤毛麟角，传承的机制脆弱而散漫。鉴于此，如果我们把民族文化的传承、兴盛、繁荣当作社会发展进步的必要手段，那么为传承主体特别是代表人物提供生活保障应该是一件天经地义的事。各级政府及其有关部门不但应为这些人提供城乡居民生活最低保障，还应该设法引导对口社会福利和财物馈赠，给予他们必要的生活依靠。

有位调查人员讲了一句我们认为较经典的警句：“要保护民族文化，首先要保护文化人。”谨以此句作为这次调查报告的结语。

永兴傈僳族乡新农村建设面临的困难及建议

杨国友[①]

永兴傈僳族乡由于受到历史、地理及发展条件等诸多方面的制约，经济社会发展还相对落后，生活在这片土地上的各族群众还相对贫困，处在扶贫开发的攻坚阶段。因此，如何因地制宜地建设社会主义新农村，是加快全乡经济社会发展和全面建设小康社会的重要途径。

一、永兴傈僳族乡基本概况

永兴傈僳族乡位于华坪县西北面，地处两省三县交界处，东与四川省盐边县交界，南与华坪县中心镇、船房乡相邻，西北与宁蒗县战河乡、跑马坪乡、蝉战河乡接壤，是华坪县通往宁蒗县及四川省的交通枢纽。全乡面积314.6平方公里，辖7个村委会131个村民小组，总耕地面积17379.7亩。境内居住着傈僳族、汉族、彝族等8个民族，总人口14071人，其中少数民族人口4768人，占总人口数的34%，傈僳族总人口4328人，占总人口的31%。农业人口13264人，占全乡总人口数的94%。贫困人口9551人，占全乡总人口的67%。2010年末农民人均纯收入1996元，人均有粮335公斤。

① 杨国友，男，傈僳族，华坪县人，现任华坪县永兴傈僳族乡乡长。

二、新农村建设面临的困难

永兴傈僳族乡新农村建设主要面临的困难有以下几点：一是发展滞后。永兴乡位于华坪县西北，离县城43公里，辖7个村委会131个村民小组，2010年末全乡总人口为14071人，除汉族以外，傈僳族、彝族等少数民族占总人口的34%，农民人均纯收入仅为1996元，远远低于全县农民人均收入4095元。产业以茶叶、烤烟、花椒为主，但也只覆盖了82个村民小组，还未形成一乡一品的产业格局。其原因是产业发展规模小，发展后劲不足，难以产生规模效益，因此新农村建设的物质基础匮乏。二是基础设施薄弱。永兴乡除了到县城的43公里弹石路以外，乡内两条主干乡村路及部分村组路都是简易土路，晴通雨阻，目前仍有7个村31个村民小组不通路，2个村4个村民小组不通电。全乡基础设施较差，广播电视覆盖率低，信息闭塞，严重阻碍了永兴乡经济社会的发展，严重制约了新农村建设。三是贫困面大，贫困程度深，脱贫难度大。永兴乡是华坪县至今唯一没有如期解决温饱的山区民族贫困乡，乡情和人民生活环境及条件都与相邻的国家级贫困县——宁蒗县极其相似，全乡尚有贫困人口9551人，占总人口的67%，扶贫攻坚形势严峻，任务艰巨。四是群众文化素质普遍偏低，提高群众素质难度大。近几年，永兴虽然开展了“十星级文明户”创建、文明村寨建设活动、法制示范村建设和精神文明示范村建设等多种方式的精神文明建设活动，同时集中规模办学，优化整合教育资源，提高教学质量，取得了很好效果，但由于长期积淀的低素质群众比例大，无法在短时间内解决这一问题。五是部分村干部的责任心和创新意识差。实行村民自治后，三年一任的村“两委”班子，有部分产生临时思想，所谓第一年熟悉情况，第二年开始履职，第三年又要考虑自己的去向问题。因此，在一定程度上影响村干部的责任心和创新意识，也不同程度地影响了新农村建设。

三、新农村建设的建议

新农村建设不可能一蹴而就，而是一项长期的、艰巨的工作，要按照

“科学规划、试点先行、稳步推进”的原则，结合实际，把握重点，切实开好头、起好步。

一是高起点搞好规划。谋定而后动，则事半功倍。新农村建设，规划要先行，以确保有计划、有步骤、有重点地逐步推进。新农村建设，发展产业是关键，没有产业的支撑，就不能发展生产，就没有新农村建设的物质保障。永兴乡从“三股水”村列入新农村建设试点以来，就是以茶叶为支撑的，通过发展茶叶，示范点的村民小组的村容村貌、产业发展和基础建设得到很大改善，生产得到发展，生活水平得到大幅度的提高。但永兴乡山区群众比较分散，给新农村建设带来一定的难度。由于居住过于分散，建设时投入大，因此建设新农村规划要先行。

二是高质量打牢基础。基础设施建设是一项长期的工程，对新农村建设整体推进具有决定性的作用。结合实际，要切实加强贫困地方的公路、水利、电网、通信等基础设施建设，把贫困地方的基础设施建设同增加农民收入结合起来，把贫困地方的退耕还林同生态环境建设结合起来。认真抓好乡村公路的维护和村组公路的建设工作，切实解决群众的出行难问题。加强电力建设，早日完成全乡的农网改造项目，努力实现村村户户用上放心电、安全电的目标；加强沼气能源建设，把改善生态与发展产业有机结合起来；加大对贫困地区水利设施的投入，提高水利化程度，为新农村建设筑牢基础。

三是加大教育培训力度，培养新型农民。新农村建设的主体是农民，受益者也是农民，农民的素质直接决定着新农村建设的成果和整体的建设方向。要通过基础教育、职业教育、送教下乡技术培训等方式加大教育力度，提高科学技能，提高农民的素质，把农民真正培养成有文化、懂技术、会经营的新型农民。

四是抓好扶贫攻坚工作。通过整村推进与重点村、温饱村建设相结合，扶贫攻坚与产业发展相结合，努力改善山区贫困群众的生产生活，使他们尽快脱贫致富。

五是充分发挥村干部在新农村建设中的作用。村“两委”班子特别是支部书记是村级组织的顶梁柱，是农村党员队伍的主心骨，也是农民群众奔小康的领头雁，在新农村建设中责任重大，使命光荣。要通过教育、培训，使村“两委”干部，特别是村支部书记提高综合素质，使他们真正成为新农村建设的谋划者、宣传者、组织者、实践者，切实推动新农村建设，为新农村建设贡献力量。

西布河乡傈僳族发展现状及对策建议

海金祥[①]

我国有组织、有计划、大规模的扶贫开发，已经走过了35年的历程，取得了举世瞩目的成就。到目前为止，我国是全球唯一提前实现联合国到2015年使贫困人口减半目标的发展中国家。从“十一五”以来，国家整村推进扶贫开发和对少数民族地区的扶贫工作取得了明显成效，少数民族的贫困人口逐年减少。但是，由于历史、社会和自然条件等多方面原因，傈僳族群众的贫困面貌至今还未得到真正的解决。笔者在农村工作多年，又作为一名傈僳族基层工作者，通过对本民族经济生活水平和发展现状进行实地调查和研究，通过对西布河乡各村的傈僳族家庭进行深入访问，从经济、社会、政治、生态、文化、传统等方面进行分析，找出西布河乡傈僳族群众贫困的主要原因所在，并提出今后发展的初步对策建议。

一、现状

西布河乡位于宁蒗县西南部，南面与永胜县光华乡相邻，西面和本县西川、宁利乡为邻，东面与战河、新营盘、跑马坪等乡接壤。距县城58公里，全乡总面积为459.5平方公里，地貌以山地为主，其中山地占90%以上。全

---

① 海金祥，傈僳族，云南宁蒗县人，现任宁蒗县西布河乡党委秘书。

乡总人口为1.98万人，主要有彝、汉、傈僳等民族，少数民族人口占全乡总人口的98%以上，其中傈僳族人口为1980人，占全乡总人口的19%。全乡共有7个村委会，其中有麦地河、碧源、西布河等三个村委会居住有傈僳族。1984年麦地河村经上级批准成立麦地河傈僳族乡人民政府，1988年机构改革后被撤销，是宁蒗县成立最早的少数民族乡之一。

西布河乡作为国家扶贫开发工作重点乡，自2005年开始实施整村推进扶贫以来，投入财政扶贫资金在全乡贫困村开展了整村推进扶贫工作，并取得了一定的扶贫成效。全乡实施扶贫开发使得贫困人口明显减少，傈僳族群众的人均纯收入也明显增加。到2010年底，全乡傈僳族农民人均纯收入达到1350元，较2009年增加160元。但是，由于物价等因素，农民增产不增收，家庭开支逐年增长，经济负担日益增长，大病治疗、婚丧嫁娶、子女上学等就占了农村傈僳族群众经济收入的50%，发生以上的大量费用，使村民离脱贫更远了。加之由于傈僳族群众人情关系重，农村家庭年内发生大事小事不断，村民人情送礼每年开支也达收入的10%。全乡傈僳族群众家庭住房均为土木结构，多数住房都超过20年以上，房屋质量差，抗灾害能力弱。本乡属于多灾地带，常年发生自然灾害，在经历了多年的自然灾害之后，半数的房屋遭到了较大的损坏，许多家庭借债用于房屋修缮，使得住房开支占到总开支的20%以上，负债群众还款压力巨大。村里长期有人患有慢性病，残疾、体弱的人口也占到了不小的比重。虽然全乡70%左右的傈僳族群众都参加了“新型农村合作医疗”，但是医疗收费也相对较高，大病住院等需要自己承担的款项对处于深度贫困的傈僳族群众也是不小负担。

二、原因探析

（一）观念落后

1. 教育观念淡薄

傈僳族家庭子女在初中毕业后多数不愿再接受教育，年轻人初中读完便开始外出打工，高中以上文化的没有几人。在调查的250户家庭中，竟然有

165 户认为接受教育没有必要或者无所谓。25 户在投资孩子教育中，有 6 户是根据孩子成绩好坏，希望孩子今后给家庭带来收入。

2. 对外出打工态度不明确，安于现状

调查结果显示，全乡傈僳族群众是支持外出打工的，但仍然有一部分村民对外出打工持反对意见。安于现状的观念使得大部分傈僳族群众不愿意外出打工，然而有限的自然资源又限制着传统农业的发展，没有新的技术，只是依靠传统农业创收。虽然大部分家庭接受外出务工这一现象，但是这部分村民往往都是盲目地跟风外出打工，在外出打工前并没有进行过专业的技能培训，往往在工作中缺乏竞争力，直接导致收入水平低。同时，多数村民目光还较为短浅，只注意到眼前的经济利益，只是一味地努力节省开支，对于付钱去接受有用的技能培训抱消极态度。特别是几年前县、乡举办的有关技能培训失败使部分村民对此失去了信心。

（二）财政资金投入不足

傈僳族群众在扶贫工作中除了从人畜饮水工程中得到过一些资金扶持外，没有从乡里得到其他任何扶贫专项资金。同时，资金跟着项目走也造成了对傈僳族群众地区扶贫投资目标偏离，“资金跟着项目走，项目又由官方定”，这种扶贫资金的供给模式不能满足贫困农户多样性、分散性及小规模的生产需求，使他们得不到扶贫资金的扶持，其结果是大多数非贫困农户受益。

同时，以扶持贫困村基础设施建设项目为重点的项目安排，虽然也考虑到了项目的覆盖度与受益范围，能使更多的人口得到扶持，但对商品生产程度低，缺乏获取经济收入机会的农户，这种扶持方式只便利了他们的生活，而不能增加他们的收入。

（三）傈僳族地区没有得力的领导班子

1. 村领导主动性差，没有积极争取项目

据了解，我国目前仅财政分配的扶贫资金每年就达 100 多亿，加上通过其他部门安排的扶贫资金以及与扶贫相关的其他各项农业扶持资金等是一笔不小的数目，但是因为分散在众多部门进行分配，大多属于专项资金且在年中进行分配，在扶贫政策开展不是很细致的地方在现阶段只有努力争取资金。

西布河乡也是一样，想要尽快脱贫就要想尽一切办法争取资金。但是由于我国扶贫政策方面的一些原因，造成了当地村民安于现状、等候救济的心理。傈僳族地区的村领导班子也同样，由于受生活环境的影响，村领导主动性差，没有积极争取项目，也没有从村子自身做起，去开发适合本村的项目并引进资金。这使得对扶贫项目的选择和对扶贫资金的争取上缺乏竞争力，使得贫困现状难以改善。

2. 领导班子没有建立科学的管理机制和工作方法

多数家庭对历届村领导的工作持怀疑态度：比如在划定村内享受低保人口的名单事件中，划定的事宜只是由几位村领导商议后便定了下来。没有事先说明标准而且在定员后没有张榜公布，致使多数村民认为其中存在暗箱操作。在村内“两女户”享受补贴的工作中，村内各户两女家庭所得补贴不一致，有的没有按时足额发放。在此工作中，村内领导小组也没有张榜或开会对其说明原因，导致部分村民认为村委存在徇私行为等，造成了群众的误解，使村民凝聚力下降，致使扶贫工作难以开展。

三、对策和建议

（一）建设一个好的领导班子

加强村委会建设，提高村两委班子成员素质。

（1）对现有的村领导班子进行政策、理论培训，提高其决策能力和对傈僳族地区工作热情。

（2）可选调优秀的大中专毕业生充实村干部队伍，加强扶贫工作领导。傈僳族群众要改变现状，离不开好的政策环境和自身的勤劳勇敢，但真正要使得这一切发生翻天覆地的变化，本质上在于思想以及观念上的改变，本土傈僳族农民由于受知识、眼界的局限，很难挣脱传统观念的束缚。通过大中专毕业生作为致富带头人，可使观念发生新的转变。

（二）争取有一个好的发展项目

事实证明，要想摆脱贫困，必须要因地制宜，开发一个能够帮助群众增收的好项目。要根据傈僳族实际情况，提出对策，发展多种产业，提高村民收入，实现整体脱贫。当地的经济林果，是很有发展前途的，对此我们建议大力发展林果生态产业，进而带动傈僳族地区的经济。

（三）搭建一个多元的扶贫资金网络

要使傈僳族群众得到发展，就必须从多个渠道获得资金：

一是上级财政扶贫专项资金。“资金跟着项目走”的现状导致了要想从上级部门获得扶贫专项资金必须要有一个项目，若项目已经明确，那就必须积极向上级争取资金。

二是在乡里、县里或者更高一级的国家公务员，应当积极活动，为傈僳族地区群众争取好项目，让其获得更多的资金。

（四）建立一套有效的扶贫政策体系

1. 上级政府要抓好基层单位扶贫工作方式的建设

对于扶贫项目，坚持采用政府参与式的工作方法，程序力求简化，以便推广、应用。由于资源、时间的约束，在实际探索阶段每个项目先确定一个傈僳族村作为示范，请相关方面专家亲自指导操作。

在扶贫经费上，要以县扶贫办项目办的名义出面，与国家和省、市扶贫项目办配合，认真听取傈僳族群众的反映、汇报，积极争取资金给予妥善解决。

2. 对于村委会，要加强村内组织建设和村民思想凝聚力建设

通过适当的组织结构安排和议事规则的制定，保证傈僳族群众的知情、参与、表达、决策等权利，保障他们公平获得基础设施改善、资金服务和项目受益的机会。

将民主选举表决和民主协商相结合，通过交流、互动，尽可能达成共识，平衡和保障傈僳族群众的利益。

3. 在资金分配问题上，要建立有效的扶贫资金管理机制

政府应建立一套对傈僳族地区扶贫资金的投入管理机制，以统一、公开、透明、规范的方式对扶贫资金进行监督管理，保证扶贫工作的顺利开展。

要建立从上到下的扶贫资金管理方式，扶贫项目资金要纳入预算，由财政部门统一负责安排，直接面对傈僳族群众。

若在近期内遇到阻力，可以实施“整村推进”的村以试点方式进行投入。切实解决傈僳族贫困地区的困难，通过加大财政转移性支付予以保障。

（五）构建一个长效扶贫机制

1. 大力发展教育，提高村民素质

办好现有村级的小学，提高教学质量，增加实用技能教育。教育要从娃娃抓起，针对傈僳族地区小学师资条件差的问题，我们可以积极联系志愿者到农村支教。

在傈僳族地区共同筹集资金，建立“傈僳族教育基金会”，用于资助傈僳族贫困学生，从高中到大学给予不同额度的资助。

2. 加强对傈僳族群众的技能培训，促进就业和创业

鼓励傈僳族群众创业，鼓励外出务工。目前来说外出务工是一条改善村民收入的最有效的方法。若有一技之长又有一定经济条件的村民自行创业，村两委应当鼓励、扶持，积极支持其创业。

加强培训，促进农民工转变观念，落实岗位，做到人尽其才。对傈僳族富余劳动力进行培训，将劳务培训和劳动力技能培训作为政府工作的重要手段。

3. 加强民族文化建设，转变村民观念

文化是一个民族的根，一个民族的魂，文化是进行新农村建设的软实力，是经济发展的助推器。通过加强文化建设，要让傈僳族群众认识到，扶贫的关键一是“扶智”，即提高村民素质；二是“扶志”，即开阔村民的眼界，让其改变安于现状的旧观念，人人都要有一颗致富的心。

傈僳族拥有深厚的文化底蕴，为了传承和发扬民族文化，让村民接受新事物、新观念，有以下两点建议：

开通村内广播，使大家能从广播里了解国家大事，获取农业致富信息，得到最新的气象信息，使广播成为农民群众的顺风耳；建立健全文化站，在村办公室留一间出来，作为村民公益性活动室，可以存放一些书籍和报刊资料，还可以作为文化活动室。

总之，傈僳族地区贫困程度深，群众脱贫致富观念淡薄，这就需要政府及各部门加大扶持力度，引导傈僳族群众更新观念，解放思想，实现致富的目标。

六德傈僳族彝族乡教育现状、问题及对策思考

杨学文①

一、六德傈僳族彝族乡教育现状

（一）基本情况

六德傈僳族彝族乡位于永胜东南部，距县城30公里，东连华坪、仁和镇，南接东山，西与永北镇相依，北与宁蒗县永宁坪乡接壤，川缅公路丽攀干线贯穿全境，全乡幅员面积330.8平方公里。属寒温带气候，最高海拔3205米，最低海拔1400米，乡政府驻地海拔为1800米，年平均气温16.2℃，年均降雨量788.4毫米。主要有水能、煤矿、石料、野生菌等自然资源，森林覆盖率为42%。主要河流为金沙江支流他留河、马过河。全乡辖8个村民委员会71个村民小组，总人口14107人，其中傈僳族人口6615人，占47%，彝族支系他留人4377人，占31%。世居六德乡双河、营山、玉水他留山的他留人，具有独特神秘的民俗文化，以全国重点文物保护单位他留坟林和古城堡遗址及他留风情为主要内容的他留文化是一份宝贵的民族文化遗产，蕴藏着丰富的学术研究价值和旅游开发价值。全乡有耕地19438亩，人均1.43亩。全乡贫困人口2615户10545人，占总人口的74.9%，绝对贫困人口1882户

① 杨学文，男，傈僳族，现任永胜县六德乡乡长。

8255人，占总人口的57.9%，贫困人口多，贫困面广，贫困程度深，贫富差距大。全乡80%以上的群众分散居住在山区、河谷区，农业基础设施脆弱，产业结构单一，传统农业比重大，新兴产业和新经济增长点培育艰难，是集“山”、“少”、“穷”为一体的典型山区少数民族贫困乡。2010年，全乡农村经济总收入2423万元，粮食总产量4951吨，农民人均有粮369公斤，农民人均纯收入2652元。

（二）六德傈僳族彝族乡教育现状

六德傈僳族彝族乡认真实施“科教兴乡”战略，从民族地区的实际出发，采取积极措施，努力发展民族教育改革，取得了一定的成绩。到2010年底，全乡有初级中学1所，村级小学8所，其中有5所为寄宿制学校。全乡共有小学教学班47个，初中教学班6个，在校学生1408人，其中小学1161人，中学247人。有公立幼儿园1所，学前班7个，在园（班）儿童180人，其中少数民族在园（班）儿童94人，占在园（班）儿童52%。有小学8所，教学点2个；在校小学生1161人，其中少数民族学生979人，占在校生的84.45%，傈僳族学生513人，占36%；全乡小学适龄儿童入学率为98.03%，其中少数民族儿童入学率为55%，女童入学率为87.33%；小学有专任教师90人。有寄宿制初中1所，初中在校生247人，其中少数民族学生173人，占初中在校生的70%。

全乡校园占地面积39262平方米，校舍建筑面积为9725平方米。其中小学占地面积33934平方米，建筑面积7025平方米，生均建筑面积6.05平方米；初中占地面积5328平方米，建筑面积2700平方米，生均建筑面积10.93平方米。全乡建起微机教室1个，多媒体教室1个，教学光盘播放教室11个，卫星收视教室9个。小学图书收藏量13553余册，中学图书收藏量6700余册，中小学生人均图书分别为27册和11.7册。

为了让学生进得来、留得住、学得好、出得去，有效提高教育质量，六德傈僳族彝族乡采取了四方面的措施。一是收缩校点集中办学，坚持集中办学，走寄宿制特色之路。学校按“宣传入手，稳步推进，分步收并，资源整合”的思路，先后收并校点33所，创办了5所不同特色的傈僳族、彝族支系他留人寄宿制学校，彻底改变了长期办学分散，学校服务半径小，教学质量低的落后面貌。学校以“爱心促教、活动育人、关注养成、生活自理”为理念，开展勤工俭学活动；以不同的学生都得到不一样的发展为目标，对学生分层教学，分类指导，实现了“进得来、留得住、学得好”的教育目标。二是提倡付出，爱心控辍。六德傈僳族彝族乡有4所寄宿制小学，学生从一年级就开始住校，而大多数学生生活习惯不是很好，自理能力又差，因此，教师不仅教给学生知识和做人的道理，还充当医生、保管员、保育员、家长等角色，指导学生起居穿衣、吃饭洗漱、拆被洗刷、打扫卫生等。让学生时时感受到老师的爱，处处感受到老师的爱，使学生由衷地发出学校比家好的感叹。三是加强教研，教改控辍。教师状况是控辍保学的关键之一，多年来，该乡注重教师培训，加强教研，打破传统教学中“一刀切”、“一锅煮”的局面，全面实行“分层推进，分类指导”，建立和谐的师生关系，教师对学困生给予更多的关注、关心和鼓励。让成绩好的吃得好，中等学生吃得饱，差等学生吃得消，增强课堂教学的感染力和吸引力，提高教育教学质量，让每一个学生都有所发展，让每一个学生都能留下来。同时学校认真贯彻《义务教育法》，严格按“减轻学生课业负担”的要求，做到开全课程，开足课时，把“兴趣”还给学生，因材施教，全面实施素质教育，激发学生的学习积极性，使学生乐学，杜绝了因厌学产生的辍学现象，同时提高了该乡教育教学的质量。四是强化特色，环境控辍。近10年里，该乡走集中办学，强化寄宿制特色之路，以“生活自理，健康自强”为寄宿制学校宗旨，不断深化寄宿制特色。学校开展了科学养猪、人工菌培育、药材种植、塑料大棚蔬菜种植等科技培训与勤工俭学活动，降低学生生活成本，激发了学生的学习兴趣，提高了学生素质。学校还结合乡情，让他留文化、傈僳族文化走进校园，经常组织当地学生喜爱的打跳、民歌对唱等活动，寓教于乐，既培养学生健康向上的兴趣爱好，又丰富了学生生活，通过活动育人，让校园留住学生。

近年来，该乡根据新的历史时期民族教育发展的要求，把基本普及九年义务教育，基本扫除青壮年文盲作为全乡民族教育的重中之重来抓。

一是加大力度打好民族地区“两基”攻坚战。“两基”攻坚的重点和难点在边远贫困的农村，尤其是傈僳族聚居的边远农村。大力推进“两基”工作。

二是采取特殊措施加快中小学校基础设施建设，不断改善办学条件，强化学校管理，加强师资队伍建设，努力提高教育质量。积极筹措资金，开展校园“三化”建设，中学以配套建设带动“三化”建设，小学以“危改”带动“三化”建设。同时，加快了学校教学硬件设施的建设，加大投入，提高了民族学校教育技术手段的现代化水平和信息化程度，全乡3所中小学开设信息技术必修课、10所农村中小学配备多媒体播放及教学光盘播放点。

三是全面启动新一轮中小学教师继续教育活动。强化对教师教育观念的更新转变，加大对教师现代信息技术的培训，积极鼓励教师参加高一级学历培训和第二学历培训，积极探索培养一专多能的山区中小学教师的方法，为深化农村教育改革创造条件。

四是开展民族政策和法律、法规的宣传教育，促进民族团结和共同进步。大力宣传民族理论和党的民族政策及民族法律法规，教育学生树立“少数民族离不开汉族，汉族离不开少数民族，少数民族之间互相离不开”的思想，进一步维护和巩固了各民族之间平等、团结、互助和共同繁荣的新型民族关系。

二、六德傈僳族彝族乡教育面临的突出问题

一是思想意识落后，缺乏对教育意义的认识。贫困的经济只是阻碍他们教育发展的外显性因素，而落后的思想意识确是教育发展的不可逾越的鸿沟。六德傈僳族彝族乡是傈僳族为主的聚居地区，教育发展还比较落后。由于经济条件和交通条件的限制，很多人特别是一些妇女从没有出过远门，更有一些少数民族妇女连与外人交流都有困难，除了本民族的语言，对外来的语言几乎是一窍不通。很多家长文化程度很低，缺乏对教育意义的认识，认为读不读书对务农影响不大，形成了“读书无用论”，认为还不如回家种田放牛羊实在，有的家长甚至自己白天去挖煤，让小孩在家做家务，只顾眼前利益，缺乏教育意识，更不能主动参与教育，家庭教育一片空白。

二是教育经费投入严重不足，教育优先发展战略难以全面落实。虽然国家和各级政府做了巨大努力，可谓投入很大，但离实际需要还相差甚远，满足不了教育发展的需要。教育经费的投入主要用到了发放教师工资和改善办学条件上，真正用到生均公用经费的部分是很少的。六德傈僳族彝族乡自然条件差，经济发展缓慢，财源有限，自身支持教育发展的能力很低。因之，学校办学条件仍然十分艰难，如双河寄宿制小学108个学生，只有两间宿舍，

66个女生住在一间不足50平方米的宿舍里，学校没有洗澡室，没有图书室，没有球场，没有活动室，学习生活条件十分艰苦，严重影响了教育发展和教学质量的提高。

三是经济贫困，导致初中生辍学率高。目前，该乡小学在校生年均辍学率在3%左右，初中在校生年均辍学率在5.5%左右（三年前为10%）。造成学生流失及辍学的原因是多方面的，主要有家庭经济困难，难供子女上学；学生自身学习跟不上，厌学；家长和学生受打工潮影响，提早外出打工挣钱；认为读书无用，还要花钱，不合算，以及重男轻女等。

四是教师综合素质偏低，知识的深度和广度不够，顶尖教师少。存在师资数量不足、素质相对较低、教师专业结构不合理的问题，严重缺少音乐、美术、英语、计算机等专业课教师，教师的待遇、工作生活条件亟待改善。

五是教育管理还存在薄弱环节。在学校内部管理上一部分学校尚未建立激励制约机制；人事制度改革未触动根本，教育部门的人权和事权未能很好统一，存在人权和事权相脱节的现象；未能依法保障对教育的投入；走读生的教学面仍较大，影响教学质量的提高。同时，教育起点低、发展慢、基础薄弱，必须超常加速发展，才可能逐步缩小同先进地区的差距。

三、进一步推进教育改革与发展的对策思考

党的十六届三中全会提出，要树立全面协调可持续发展的科学发展观。结合六德乡教育实际，应树立全面协调可持续发展的发展观，在宏观和微观的有机结合上进一步发展好傈僳族地区教育。

（一）针对落后的思想意识，引导农民转变意识和观念

可以说，贫困不仅仅是一种经济现象，不是一个简单的衣食住行的生活问题，而是一种社会综合现象。低劣的经济条件只是一种外显性的贫困，这种贫困同时还有一种隐性的自我维持的文化的体系。由于贫困地区自然、人文、经济等长期积淀下来的贫困，不能为教育的发展提供必须的动力，所以

教育和文化都不能取得很好的发展。要实现教育自身的改革和超越，必须把教育与文化建设结合起来，实现农民意识和观念的转变。

社会在发展进步，傈僳族农村地区这种封闭的生活方式正在逐步被打破，外来的思想正在影响着他们。但是速度慢得惊人。比如打工，这在我们看来已经是再平常不过的事情，但在这里“打工”充其量只不过是个新名词而已，出来打工的人寥寥无几。几兄弟在家呆着，有空看看别人打扑克，有时为孩子上学发发愁，有时还要为吃的穿的发愁，可就是没人出去打工挣钱。我们问他们原因，他们大多数的回答是没有路费，我想这只是个借口而已。如果他们真的想出去，我想不管是自己省还是借，总是可以弄到的，可是他们没有这么做。可见其原有的思想意识，在其共同的文化和心理的作用下是多么的根深蒂固。不过我们应该看到，在大环境的影响下，他们的思想已经有了不少的变化，我们应该抓住这一契机，改善其思想意识，保留其精华，弃其糟粕。

改善其思想意识还是要从教育入手，通过教育来改变他们思想意识中落后的部分。首要的任务就是帮助傈僳族地区农民认识教育对他们的作用，使他们有教育的需求。教育需求首先是人们对于教育的渴望和欲求，教育需求来自两个方面，既是社会的需求，又是个人的需求。这两方面都产生于所处的环境和对环境的认识程度。对教育的认识可以是政治的、道义的和经济的，更可能是几方面综合的。当社会认识到通过教育可以增加国民的社会责任感和参政能力，提高全社会劳动者的道德水平和整体素质，形成人力资本，推动经济增长和社会进步时，它就会产生对教育的强烈渴求和欲望。同样，当家庭和个人认识到教育能够掌握知识和技能，提高人的素质，并给家庭和个人带来经济收益时，他们也会对教育产生强烈的渴求和欲望。我们在调查中发现，大多数村民让孩子接受教育都是从经济的方面来考虑的，希望孩子以后可以多挣些钱，改善一下目前的生活状况，几乎没有人可以把对教育的认识提高到发展人的素质上来。这正是其思想意识的落后之处，但同时我们也应该看到，毕竟他们对教育已经有了自己最初步的认识。

当然认识不能只停留在这种初步阶段，我们应该帮助他们认识到没有教育就不可能有进一步发展的机会。使他们不断从教育中得到实惠。努力增加他们的受教育机会，这一方面有赖于政府和社会，另一方面则靠他们自己创造。相对来讲后者更为重要。这是进一步提高他们的认识的很重要一步。我们在调查中听说这样一件事：有几位农民出去打工，结果一段时间下来他们没有挣到什么钱。因为他们是文盲，大字都不识几个，别说打工了，就是生活都有困难。他们回来没有自暴自弃，反而重新坐下来学习，结果那个地方的扫盲班，一下子兴旺起来。很多人听说了他们的事以后都很受启发，纷纷主动进了扫盲班。可是以前这里的扫盲工作人员，苦口婆心地说上一天，也没有几个人来上扫盲班，而当他们自身真正体会到教育的实惠的时候，就不需要任何苍白无力的说教了。如果教育能够被他们逐渐接受为生活的一部分，随着教育的发展，思想意识问题也会迎刃而解，紧跟着很多问题也不会像以前那样让人头疼了。当然说着容易，做着难，什么事情都不可以一蹴而就。

（二）针对教育经费短缺，加大基础教育的投入

目前我国对教育的投资占 GDP 的比重低于世界平均水平，而有限的教育投资又主要倾向于高等教育，对基础教育的投资则明显不足。在基础教育这一块，采取的又是国家财政出小头，地方财政出大头的办法。对于地方财政雄厚的发达地区，这种政策是合理的，但对于地方财政捉襟见肘的贫困地区，这种政策无异于雪上加霜。

农村地区实行税费改革后，大大降低了农民的经济负担，但由于取消了农民的教育附加费，也大大减少了农村基层的教育经费。由于傈僳族地区经济不发达，多以农业为主，地方财政收入低，按当地财政收入比例划拨教育经费是远远不够的。而有的地方因为财政收入低，不但没有投入，反而拆东墙补西墙，挪用教育经费，这对本来教育经费有限的地区更是雪上加霜。为此，出现诸多不利影响，恶化了傈僳族地区师资紧缺，拖欠教师工资，教育设备无法改进等原有的一系列问题。这其中包括，一是教师队伍不稳定，开展各种培训班困难，缺乏经费。二是教师业务素质问题。由于经费困难，无法开展各种培训班学习或外派教师进修学习，老师只能自己看书，与外界交流甚少，哪里还谈得上提高业务素质。三是学校本身开展教研问题。由于长期受经费困难的影响，无法从外界取得最新的教研信息，因此，不论是上课还是教研水平都处于落后的状态，这与信息化时代要求格格不入。四是教育教学设施落后，造成正常的教学活动无法开展，如化学或物理课缺乏实验设备，信息技术课缺少计算机等，从而无法保证教学任务的顺利完成，更别提教育现代化和信息化了。

对此，国家首先应更加重视基础教育，正如应更加重视基础科学一样。百尺大树唯有根系发达才能枝繁叶茂，否则长得再高也不过是一枝独秀，成不了气候。教育的根本在于基础教育，如果小学中学教育上不去，不可能打造出所谓的世界名校。此外，在基础教育的投入上可以考虑将发达地区和傈僳族地区分别对待，发达地区应主要由地方财政投入，贫困地区应主要由中央财政投入。对于取消教育附加费给地方财政带来的损失，中央财政应给予补偿。

（三）不断探索和完善寄宿制办学路子，提高教育质量

认真总结河腰村等寄宿制小学办学经验，不断完善寄宿制办学模式，坚持从小学一年级抓起，甚至从幼儿园做起，从最基础做起。

1. 不断提高办学质量

加大宣传和救助力度，确保学生“进得来”。一是做好宣传工作，形成良好的舆论导向。让家长充分了解实行学生寄宿的好处，把我们的政策和措施宣讲到位，取得家长的信任和支持，让他们高高兴兴送孩子寄宿。二是做好学生入学保学工作。学校及时统计学生入学情况，充分了解和掌握学生的家庭状况。只要有一个学生未按时报名入学，学校就要及时派专人上门入户了解情况，区别情况做好有关工作，决不因贫困而使一个孩子辍学。三是加大贫困家庭学生救助力度。①借助中央政府“两免一补”政策和学校“一帮一爱心工程”，重点开展对贫困寄宿学生的生活补助工作。②学校进一步加强学校常规管理，完善寄宿制学校的宿舍食堂的卫生安全管理工作，加大对贫困学生的帮扶。③拓宽救助资金来源渠道，党支部、校委会通过乡党委和政府向七站八所进行宣传，加大对贫困生帮助的力度。各职能部门都要充分发挥职能作用，给予资金或实物上的帮助，把相关物品直接发放到贫困学生手中，减轻贫困学生入学压力。此外，广泛吸纳社会各个渠道的公益捐助，增加救助金总额。④加强救助资金管理。所有救助资金统筹安排，专款专用。明确补助范围和方式，建立补助标准，张榜公示，为学校减轻办学压力加强监督，确保救助资金发放到那些“不救不得读”的学生的手中。四是积极开展勤工俭学。利用校田校地种植蔬菜，由教师带领学生种植符合季节生长的蔬菜供应学校食堂。同时也让学生在劳动中得到实践，懂得劳动的意义和价值，并

且让学生在实践中学到一技之长，为今后他们踏入社会做好准备。

2. 加强管理，确保学生“留得住”

在基本设施条件有限的情况下，充分研究和分析各种可能遇到的问题，制定出一套切实可行的管理方案和措施。选派责任心强的班主任教师，班主任和科任教师配合，首先让学生懂得从小学知识的重要性，解决学生想家的问题，做好自立自强的思想教育，要让他们感觉到大家庭的温暖和丰富多彩的学校生活。

3. “爱心促教、活动育人”，让学生“学得好”

教师的爱心能够促进学校的管理，活动能够加强师生之间的沟通和交流，爱心和活动使师生拉近距离，平等相处，形成一种师生平等共处的平台。寄宿制学生离开父母住宿在校，再加上学生年龄比较小，少数民族学生天性胆小，自信心不足，生活自理能力差。如果学校不创造一种和谐、融洽的气氛，就难以留住学生，让学生学得好。为此，学校要利用爱心促教，用高度的爱心感化学生、引导学生，学校教师不但教书育人，教学生知识和做人，还要充当医生、保管员、保育员、家长等角色。指导学生起居穿衣、吃饭洗刷、打扫卫生等，让学生体会到“学校比家好，老师比父母亲”。学校要注重活动育人，经常开展形式多样的有益活动。充分利用电教设备，开展好育人工作，在课余时间和晚上播放一些教育、少儿等方面的节目让学生观看。活动育人不仅可以丰富学生的课余生活，还能拓宽学生视野，傈僳族学生的语言表达能力也能得到训练和提升，生活卫生习惯有了改变，学习自信心得到加强。

4. 加强安全管理，确保学生快乐成长

加强学校安全工作，确保学生的身心健康和人身安全，认真做好食堂饮食卫生、校园内安全、校园周边环境整治等工作，及时排查并消除安全隐患，营造良好的学习生活环境。

（四）针对师资缺乏，采取补偿性政策

由于师资缺乏，很多中学存在一种普遍现象，即老师所教的课程和所学的专业根本不对口，如学语文的教数学，学体育的教音乐，更有些老师兼教数种科目，这些教师应付正常教学尚且吃力，更别说提高教学水平，推行素质教育了。师资缺乏的原因主要是长期的低工资，并有拖欠工资的现象，还有住房艰苦等。不但吸引不了外地人才，就连本地人才也流失到发达地区。傈僳族地区出来的大学毕业生大都到发达地区打工，很少回到家乡。实际上这是本已严重贫血的贫困地区在向发达地区输血。很多偏远山区的学校由于条件恶劣，不但留不住师专生，连中师生也留不住，剩下初中文化的正式老师和代课老师担当主力，他们中只有极少数受过专业教育，习惯于用传统的教育思想去理解现实的教育，用传统的教育方式去从事现实的教育。而且多数是处于半耕半教状态，农耕必然占去相当大的一部分时间，完成正常教学任务都无法保证，更谈不上教育教学水平的提高。

国家要想鼓励人才留在傈僳族贫困地区，就必须给予相应的补偿，比如提高教师待遇，改善教师生活条件。同时出台各种优惠政策，吸引大学毕业生到傈僳族地区支教。另一方面，既然贫困地区为发达地区做出了很大的贡献，那么按照公平的原则，发达地区应该给贫困地区一些补偿。这就需要国家对社会资源进行再分配。应从发达地区的税收中提取一些资金支援贫困地区的教育，同时鼓励发达地区对傈僳族地区进行对口扶贫。

（五）针对学生失学，实行双管齐下

虽然我国宣布在2005年全面普及九年制义务教育，但实际上到2005年很多傈僳族地区连普及六年制义务教育都无法实现。学校每年开学的时候经常出现的现象是老师下乡去给家长和学生做工作，希望孩子能来上学。学生失学的主要原因是家长不重视教育。现在国家对少数民族有很多扶贫措施，傈僳族地区近年来经济也有很多改善，但是很多家长文化程度很低，缺乏对教育意义的认识，认为读不读书对务农影响不大，“读书无用”，还不如回家种田放牛羊实在，还有些家长认为女孩子迟早要出嫁，自己花钱是帮别人家读书。缺乏对孩子长远目标的考虑。另外，有些家庭确实有困难，刚刚解决温饱，少数还没有解决温饱，现金极度缺乏，即使每学期不用交学费，只交一些住宿费、教辅费也依然十分困难。只有极少数学生是自己不想读书。

从根本来说，只有发展经济才能彻底解决失学问题。但在目前阶段，对于傈僳族地区实行义务教育完全免费是最现实的，同时助学团体对贫困学生的资助也是有益的。另一项重要措施是认真推行计划生育政策，失学现象其实

与计划生育关系很大，很多傈僳族地区的家庭有三四个孩子，光养活子女都很困难，更别说接受教育了。如果计划生育真正落到实处，家庭负担将大大减少，家长也有钱供孩子读书了。

当然，对家长的宣传也很重要，改变其对教育的观念是让他们重视教育的前提。

（六）针对教育脱节，实施职业教育

据对傈僳族地区学生的调查，学生普遍缺乏学习动力，对未来迷惘是他们缺乏学习动力的主要原因。对于他们来说，要么升学，要么回家务农，或是出外打工。因为学习基础薄弱，大部分学生对上高中的信心都不足，更别说考大学了。回家务农或外出打工，初中所学的大部分课本知识对他们并无实际用处，这也是形成读书无用论的另一个主要原因，导致很多学生厌学情绪严重。

对于傈僳族地区来说，由于经济和教育上的原因，能够考上大学的学生是极少数。对于绝大部分学生来说，职业教育比正规教育更加有用。一方面应在正规教育中增加职业技术的教育（比如农技知识），一方面应大力发展职业技术学校（比如职业高中）。对于回家务农的学生，职业教育将帮助他们发展生产，脱贫致富；对于出外打工的学生，职业教育将帮助他们找到一份工作，改善生活。

总之，教育与经济是密不可分的，傈僳族地区的经济得不到发展，教育也不可能得到发展。教育得不到发展，经济发展也很困难。从这个意义上讲，单纯的资助学生或者资助学校都不可能从根本上改善贫困地区的教育状况。教育是最好的扶贫，只有人口素质提高了，经济发展才有动力。教育对经济的影响是长期和深远的。由此看来，在傈僳族地区发展教育，必须结合当地的经济状况，才能有的放矢，治标又治本。

德宏州傈僳族人力资源开发面临的困境及其解决途径

曹　韩①

一、问题的提出

如何提高西部贫困地区，尤其是少数民族地区经济发展水平，改善人民生活，一直以来成为各级政府努力的目标。邓小平同志早在 1975 年指导起草《中国科学院工作汇报提纲》时，就以马克思“生产力中包括科学”的论述为依据，指出了科学技术是第一生产力。这一论断在我国经历了三十多年的实践检验，至今依然是我国社会经济文化发展的政策性行动纲领。西部地区要缩小同发达地区经济发展严重失衡的现状，必须走科学发展的道路。舒尔茨在《改造传统农业》中认为：“各种历史资料都表明，农民的技能和知识水平与其耕作的生产率之间存在着有力的正相关关系。”“大多数现代农业生产要素是其所形成的国家的生物和其他环境所特有的。当一个依靠传统农业的国家决定获得并采用现代要素时，仅仅输入并使用现成的形式是不够的。发展与某个国家特定的环境相适应的新形式是必需的。”因此，他最终得出必须

---

① 曹韩，男，傈僳族，云南保山人，德宏师范高等专科学校经济管理系教师，管理学硕士。研究方向为产业经济学和文化产业。

"向农民投资"，"向人力资本投资"的坚定结论。

云南省少数民族众多，其中大部分属于贫困甚至是特困人口。要改善当前贫困、特困少数民族经济、文化、社会发展严重滞后的现状，必须要加大教育投入力度，从人力资源开发的角度入手，将贫困人口转变为人力资本。傈僳族是德宏州世居的五个少数民族之一，贫困程度高，劳动力文化水平低，生产力低下。傈僳族聚集地现有人力资源的相对匮乏以及人力资源开发中存在的突出矛盾，决定了其在发展过程中必须从战略高度来考虑人力资源开发的问题，实施人力资源开发战略。

二、人力资源理论综述

（一）人力资源的相关概念

人力资源是指一个国家或地区范围内的人口总体具有的劳动能力总和，或者说是在生产过程中投入的人自身的力量，即人在劳动活动中运用体力和脑力的总和。人力资源的数量是指一国或一个地区拥有劳动能力的人口的数量。包括实际就业人口、劳动年龄（我国男性16～60岁，女性16～55岁）内的就业人口、家务劳动人口、正在谋求职业的人口等。人力资源质量是指一国或一地区拥有劳动力的人口的身体素质、文化素质、思想道德素质及（职业）劳动技能水平的统一。影响人力资源质量的因素有人类体质与智能遗传；营养状况；教育状况（国民教育发展水平、成人教育、早期教育等）；文化观念；经济与社会环境等。

人力资源开发是以发掘、培养、发展和利用人力资源为主要内容的一系列有计划的活动和过程，是对劳动者进行投资、动员、组织，使之具备适应现实经济发展过程所需要的素质、能力，从而达到劳动力的充分动员、利用，实现资源的有效配置，提高人民的素质和能力，挖掘人的潜力，力求人尽其才，才尽所能，促进经济和社会的发展。人力资源开发是转变经济增长方式的重要途径之一，并日益为世界各国所重视，它在一定意义上决定了一个地区经济发展的速度和后劲。相对于经济发展处于落后状态的民族地区，更应该切实落实人力资源开发的相关战略，尽可能发挥人力资源在该地区经济发展中的作用。

（二）教育与人力资源开发

纵观世界各国，都将发展教育视为促进经济发展、摆脱贫困的重要途径。日本、德国等众多国家和地区，二战后依靠教育和科技，迅速提高了本国综合国力，人民生活水平得到显著改善，并逐步发展成为发达国家。我国少数民族地区要发展，要进步，同样要依靠教育、依靠科技力量来进行人力资源开发。通过教育可以提升人力资源的整体素质，培养出合格的科技、经济、文化等方面的人才，人才的提供可以促进农业由传统粗放型向集约型转变；促进传统落后的农业耕作方式向现代科技农业发展；促进包括旅游服务、民族工艺品加工在内的第三产业的迅速发展，并最终达到摆脱贫困、促进社会和经济繁荣的目标。

（三）人力资源开发与经济发展

促进经济发展的因素很多，但是人力资源开发是经济发展过程中最重要的因素。世界银行在1990年的世界发展报告中明确指出，劳动力接受教育的年限同GDP增长成正比关系，劳动力的教育程度每增加一年，GDP将会增加9%，这是指前三年的教育即受三年教育与不受三年教育相比，能使GDP提高27%，尔后增加的学年收益衰减为每年使GDP增加4%，或者说，后三年的教育总共可使GDP提高12%。可以说人力资源开发同经济的发展是密不可分的，其本质是对劳动人口的劳动能力进行投资、培育和开发，为经济社会发展提供足够数量和质量的现实与潜在的劳动力资源储备。

三、德宏州傈僳族人力资源开发现状

德宏傣族景颇族自治州地处祖国西南边陲、云南省西部，国境线长503.8公里，总面积11526平方公里，总人口118万人。拥有5个世居少数民族，其中傈僳族、景颇族被列为全省4个特困少数民族。截至2010年，傈僳族总人口达3万余人，占全国傈僳族总人口的4.3%，占德宏州总人口的2.51%。德宏州傈僳族主要集居在盈江县西北苏典一带，人口4417人，其余散居于全州

3县2市的32个乡镇中的75个行政村187个村民小组，呈大分散、小集中，大杂居、小聚居特点。德宏州是边疆农业州，经济发展落后于全国平均水平，即使是在云南省省内，人均GDP排名也是靠后的，属较为落后地区。2008年底，德宏州农村居民人均纯收入2439元，傈僳族聚居区农民人均纯收入1386元，比全州农村居民人均纯收入低1053元，比全省农村居民人均纯收入低1214元；农民人均有粮329公斤，比全州农民人均有粮低61公斤。

德宏州傈僳族受教育程度较低，文盲率较高。由于当地经济发展速度滞后，教育基础设施、师资队伍建设严重不足，导致傈僳族人口文化素质总体处于低水平状态。截至2010年，德宏州有各类、各级学校451所，其中普通高等学校1所，职业学院1所，职业高中和中专7所。县市乡镇傈僳族聚居区有傈僳族初中毕业生1539人，高中毕业生133人，大专毕业生61人，本科毕业生13人；有学校138所（其中小学92所，初中37所，普通高中5所，职业高中4所），在校生2841人（其中小学生1999人，初中生669人，普通高中生90人，职业高中生28人，中专生30人，大专生17人，本科生8人）。另外，从业人员所占人口比重远远低于全国平均水平，只有极少数人员从事服务性第三产业。农业人口比重过高、人力资源质量低下、产业结构严重不合理，导致人力资源开发乏力，严重制约当地经济文化的发展。

四、德宏州傈僳族人力资源开发面临的困境

（一）聚居地自然条件恶劣，基础设施落后

德宏州傈僳族聚居地属于边远地区，平均海拔为2000米，自然条件恶劣。这里山高坡陡，交通闭塞，耕地以陡坡地（坡度在25度以上）为主。自古以来，这里的人们通过在有林地毁林开荒、毁林火燎播种和在次生灌丛地轮歇耕作三个开垦模式进行粮食生产，加之德宏地区常年降水量大，岩石疏松，构造复杂，滑坡、泥石流灾害突出，其结果是土壤养分逐年减少，粮食减产，生态环境遭到严重破坏。另外，基础设施建设严重滞后。在现有的638个村民小组中，有近30%的村民小组没有通公路，其余的虽然已经通了公路，但是路况极差，中断现象时有发生；电力设施落后，采用竹竿、木头作为电

杆的现象较为普遍；许多村寨依然存在人畜饮用水困难的问题，饮用水设施严重不足；电视、无线广播接收转发设备更新滞后，普通家庭无力购买相应的终端设备，导致电视、广播等外界信息传播渠道不畅；乡级文化站、村级文化室设施落后，无法起到文化传播的作用。此外，医疗卫生、基础教育等方面的设施也严重不足。基础设施建设的滞后已经成为影响傈僳族发展的重要因素之一。

（二）思想观念和意识落后

德宏州傈僳族聚居地属典型的“直过区”。“直过区”特指党和人民政府对边疆还处在原始社会末期、阶级分化不明显、土地占有不集中的少数民族聚居区，采取特殊方式——“不进行土地改革，不划分阶级成分”，依靠当地广大人民群众，发展互助合作社，逐步改造其原始落后状态和旧的生产关系，直接从原始社会末期和阶级社会初期过渡到社会主义社会的地区。“直过区”鲜与外界交流，生产方式落后，民族生存环境封闭，思想观念和意识落后于社会的发展。由于缺乏自主意识、竞争意识，生活计划性差，商品意识淡薄，自我发展意识和能力弱，难以和时代、社会制度、生产关系跨越式的变革同步，并成为新时期新阶段生产力解放、经济发展、社会进步的一大障碍。

落后的生活条件使得当地民众对物质生活和精神生活的期望较低，更多的是满足于眼前的温饱和快乐，更有甚者，将大部分收入用于各种方式的娱乐，而很少用于对知识的追求。近年来，傈僳族毕业生在结束各种等级的教育后，由于各方面综合素质的差距，很难找到理想的工作，而又很少有人愿意到发达地区去打拼，更多的是选择回到家乡，继续务农。这样的境况导致大部分人产生了读书无用的想法，这就使得原本的贫困制约了教育的发展，而落后的教育又无法为经济发展注入新鲜的血液。

（三）生活陋习是脱贫的重要障碍

德宏州毗邻缅甸，拥有长达 503.8 公里的国境线，优越的地理位置，丰富的物产，使得德宏州成为我国改革开放面向东南亚、南亚的重要贸易集散地。同邻国之间往来日益频繁，经济上有了一定的改善，但同时也增加了许多不安定的因素，一些生活中的恶习成为了脱贫的重要障碍。首先是毒品的危害。包括傈僳族在内的特困民族聚居地，毒品和艾滋病的危害已经严重影响了当地经济的发展，威胁社会的安定。其次是赌博盛行。由于生活的贫乏和枯燥，以及受到当前社会不良行为的影响，部分傈僳族以打麻将、打牌、拉老道①打发闲暇时间。赌博活动的盛行，给傈僳山寨带来了不稳定因素，因为赌博导致倾家荡产、妻离子散，甚至是为了筹集赌资而进行盗窃、抢劫的违法行为比比皆是。第三是酗酒较为普遍。喝酒对于傈僳族是十分重要的，不仅可以表达喜悦、欢乐之情，同时也是交流感情的重要方式，但是喝酒演变成酗酒，却成为当前傈僳山寨里又一不良生活习惯。酗酒会损伤大脑神经细胞，导致记忆力减退，还可能引发脂肪肝、肝硬化等肝脏疾病，影响当地劳动力的健康，从而影响人力资源的开发。

（四）境内外宗教影响自我发展

德宏地区傈僳族普遍信仰原始宗教、基督教和南传上座部佛教（俗称小乘佛教）。其中基督教是在20世纪初由外国传教士传入，而信仰上座部佛教则是受到相邻的傣族、德昂族的信仰影响。随着基督教传入，一个多世纪以来，傈僳族逐渐改变了传统的鬼神信仰，转而接受来自西方的基督教教义。但仍有相当数量的人，在生病或者是遇到大灾大难的时候，如果祈求上帝不灵，再祭献鬼神，耗财费时。

宗教作为傈僳族文化的基本内容之一，已经深深地融入了傈僳族的物质生活和精神生活的领域，在人伦关系、道德意识和思维方式、行为模式等方面，无不渗透着宗教的影响和作用。但是对宗教的信仰，如果投入大量人力物力，势必影响傈僳族对科学文化知识的学习和接受，这是当前德宏傈僳族聚居地民众普遍缺乏科学技术知识以及同外界交流甚少的重要因素。另一方面，盲目崇拜宗教，不相信科学，放弃学习先进文化知识，将幸福生活的愿望寄托于宗教，导致正常的生产活动受到干扰，当地资源得不到合理的开发和利用，生活水平得不到提高，社会发展受到了严重的影响。

（五）地方财政困难，教育投入不足

由于经济发展缓慢，地方政府财力有限，导致各级、各类教育的投入严

① 拉老道：流行于德宏地区的民族博彩活动。拉老道由鸡、金鱼、虾子、乌龟、大象、老虎六个图案组成，将绘有这六个图案的三个大骰子放在一特制木箱的高处，由参加博彩的人手持绳索将三个骰子拉下滚落在木箱内，骰子面上的图案与博彩者面前胶垫上预先放上钞票的图案一致即赢，反之即输。

重不足，教育总支出占国民生产总值比重较低，人力资本投资存在严重不足。按国际惯例，经济不发达地区，教育投资重点应是基础教育，应优先保证对初等教育投入，然而整个云南省对初等教育的投入一直紧缺，使得中小学教育经费长期不足，妨碍了师资队伍的建设，制约了中小学校教育办学条件的改善，影响了基础教育质量的提高。在职业培训方面，德宏州开展得较早，早在20世纪90年代初就有相应的科技工作者进行科普知识、劳动技能知识的传播，但由于劳动者整体素质以及存在相关部门的重视程度不够、政策执行能力弱等问题，导致职业培训工作效果不明显。进入21世纪，政府为了解决农村剩余劳动力转移问题，进行了多种尝试。其中针对傈僳族聚居区剩余劳动力开展了大量的短期就业技能培训，同时联合相关的企业进行对口培训和招聘，确实解决了一部分傈僳族剩余劳动力的就业问题，但由于存在语言障碍、生活习惯和生活环境无法适应的问题，短时间内他们便放弃外出就业而回到当地。

五、促进德宏州傈僳族人力资源开发对策

（一）人力资源开发的原则

适量的人口总量、较高的劳动力素质以及合理的就业结构是德宏州傈僳族聚居区人力资源开发的目标。要实现这个目标，必须遵循“以人为本”、“重点扶持”以及“坚持可持续发展”的原则。

长期以来，各级政府工作的重点是寄望于依靠资源禀赋争取国家和具有一定实力的企业进行开发和投资，寄望于依靠外力寻找到立竿见影的经济增长点，摆脱贫困。这样不仅忽略了摆脱贫困的目的，也忽略了摆脱贫困中人的重要作用。只有贫困人口确实获得生存技能，依靠自身力量真正改变生存状况，才是真正的脱贫。否则，资源禀赋终究会耗尽，依靠外力获得短暂的脱贫而自身无力发展，贫困也将重现。所以，更多的还是要以培养贫困人口生存能力为突破口，坚持“以人为本”的发展思路。

傈僳族聚居区贫困的现状是一种历史的积淀，如果仅仅依靠该地区自身力量改变这种积淀，难度是巨大的。另一方面，人类社会人人都应该享有均

等的接受教育、医疗以及其他公共资源的权利，但如今的现状是贫困地区人口无法享受理应属于他们的权利。“重点扶持”少数民族贫困地区，这不仅是一个成熟社会的责任，更是人类发展和进步的重要内容。

原始的、粗放的、掠夺式的发展方式，是当前贫困地区经济发展的特点。人力资源开发要坚持可持续发展的原则，目的正是要改变传统的发展模式，使傈僳族贫困地区经济、文化、社会以及自然资源协调发展，使传统的经济发展方式向知识型经济、文化型经济、绿色旅游型经济发展。

（二）增加教育投入，提高教育水平

人力资源开发应教育先行，教育是解决贫困的重要手段和措施。《中国农村贫困监测报告》（2000），对我国500多个贫困县进行的调查显示，贫困地区劳动力文化水平无一例外地低于全国平均水平。报告同时还指出，劳动力文化程度的高低同家庭收入的高低有着密切的关系，学历高，家庭收入高，反之则较少。傈僳族聚居区普遍财政困难，所以教育投入应采取各种措施给予保障，同时还要多方筹措资金，向上级主管部门争取政策性的倾斜，争取国际、国内相关机构支持。总之要尽可能地保障现有教育投入能够逐年稳步提高。同时要注意，在教育投入增加的同时，各方面必须统筹兼顾、按计划和规定实施，教育投资必须按照经济开发原则和智力开发原则办事，注重投资的长期效益。

在增加教育投入的同时，要注重教学质量的提高。教育主管部门可以组织傈僳族聚居区教师到教育发达地区挂职、进修、代课，让这些老师能够尽可能地接触先进的教学方法和先进的教学理念。启动“教师对口支援计划”和“教师继续教育计划”，组织和鼓励城镇教师到对口学校任教，开展中小学教师全面培训和继续教育，给予对口支援的城镇老师物质上和精神上的奖励，对做出相应成绩的老师要给予晋升和职称等方面的政策倾斜。

在教育结构方面，应避免重基础教育而忽视职业技术教育、成人函授教育的倾向，同时要尽可能地开展职业培训。基础教育每年都会培养数量稳定的中小学毕业生，但真正能够适应傈僳族聚居区发展需要的人力资本却非常缺乏。要缓解这一矛盾，必须下大力气开展职业技术教育和成人函授教育。职业培训能够在短期内让劳动力掌握某种技能，是提高劳动力技术水平和整体素质的又一重要方面。针对傈僳族聚居区的特殊情况，各有关部门和教育

培训机构要做好劳动力技能就业培训项目的实施工作。要围绕市场需求开展订单培训和定向培训，提高劳动力择业竞争能力；围绕农业现代化、产业化开展农村实用技术培训；对青年劳动力开展劳动预备制培训，适当延长培训期限，强化职业技能实训，使其至少熟练掌握一项职业技能。

（三）改善健康和营养状况，提高身体素质

健康因素是构成人力资源的重要组成部分。良好身体素质可以保证：第一，延长人口平均寿命，增加人口的劳动年限，这等于廉价生产出人力资源；第二，保护和提高人民的体力和智力，提高同量活劳动的产出率；第三，减少患病率，减少劳动者患病导致的工作日减少的经济损失和患病后的数额巨大的治疗费用。结合傈僳族聚居区实际情况，可以从以下几个方面提高劳动力身体素质：首先，加快发展公共卫生，解决基本健康问题，各级政府和整个社会有责任和义务帮助该地区建立低成本、社会收益高、覆盖面广的公共卫生服务；其次，在具备基础医疗条件的情况下，通过政府或非政府组织医疗救济基金来扶助该地区贫困人群，补贴贫困人口的临床服务支出，使得他们在大病面前能够有机会获得救治；第三，通过文化站、广播、电视以及培训班等多方式、多渠道积极宣传科学、健康的公共卫生知识，以期形成讲卫生、爱健康的知识文化氛围；第四，要加快基层医疗队伍的建设和完善农村合作医疗机制。

（四）合理调整产业结构，完善人力资源市场

长期以来，傈僳族贫困家庭收入来源主要依靠传统农业，进行产业调整，实行产业扶贫政策是解决边境贫困群众温饱，增加农民收入，摆脱贫困，增强自我发展能力的根本措施。人力资源开发首先要立足当地，要培植增收产业，把人力资源开发与产业发展紧密结合起来。促进传统农业耕作方式向现代农业发展，不仅有利于节约资源，保护生态，同时可以大大提高产量，实现农民收入的增加；结合当地特有的自然条件和资源禀赋，发展有比较优势的特色经济；充分利用特有的民族文化和民族风情，发展文化创意旅游；支持发展民族手工艺加工产业，充分调动老、弱、妇等劳动力的积极性，不仅有利于民族文化的传承，也有利于扩大就业。

（五）推动工业化和城镇化发展，促进富余劳动力就业

富余劳动力向非农产业和城镇转移，是工业化和现代化的必然趋势。傈僳族聚居区城镇化水平低，对劳动力的吸纳能力较低，不能有效地实现富余劳动力向城镇转移。要采取相应措施，借助周边城镇的工业化、城市化发展，在城乡经济共同发展的基础上实现农村剩余劳动力的高效、合理流动。现阶段，包括德宏州在内的西部地区还处于工业化初期，甚至有的地方还处于工业发展的雏形阶段，工业基础相当薄弱，工业信息化严重滞后，工业发展面临着诸如资金、人才、技术等方面的困难，所以要实现工业化、城镇化大踏步发展，有效吸纳劳动力，还需要多方努力，多方配合，实现这一目标任重而道远。

（六）加强傈僳族干部的培养

把培养和任用少数民族干部作为贯彻执行党的民族区域自治政策，保障各民族政治上平等，行使自治权利，实现民族平等、团结、进步，促进民族经济发展，维护边疆稳定的一项重要工作。一是选送优秀民族干部到各级党校、民族干部学校、各类大中专院校进行学历培训或系统接受马列主义、毛泽东思想、邓小平理论和“三个代表”重要思想的政治理论教育和党的各项方针政策教育，提高干部职工、科技人员的政治思想和理论水平；二是将优秀民族干部选派到中央国家机关、发达省区的有关部门跟班挂职学习锻炼，开阔视野，增长才干；三是将有培养前途的中青年干部选派到乡镇一级担任领导工作，在基层进行锻炼，增长基层工作能力，积累基层工作经验；四是从州到县、县与县、乡与乡、村与村之间，在州内实行异地交流干部，在不同的环境和岗位上培养和锻炼干部，让干部拓宽视野，提高干部的综合素质。

参考文献

[1] 欧文福．西南民族贫困地区的教育与人力资源开发．西南大学学报，2006

[2] 刘树成．现代经济词典．南京：凤凰出版社，2004

[3] 谷书堂．社会主义经济学通论．北京：高等教育出版社，2000

[4] 姚艳红．人力资源管理．长沙：湖南大学出版社，2003

［5］ 于秀芝等．人力资源管理．北京：经济管理出版社，2003

［6］ 世界银行．1991年世界发展报告：发展面临的挑战．北京：北京财政经济出版社，1991

［7］ 李有升．德宏景颇族和傈僳族脱贫与发展调查研究．德宏师范高等专科学校学报，2009

［8］ 德宏州傈僳族聚居地区农村经济社会发展规划。http：//www. arasor. net. cn/content. asp？id＝442，2010－12－18/2011－06－03

［9］ 白琳、于楣、陈越明．云南民族"直过区"社会主义新农村建设的难点及基本思路．新西部，2010（6）

［10］ 温国政．西部民族地区人力资源开发现状、制约因素及对策分析．内蒙古师范大学学报，2006

［11］ 杨东萱．西南边境民族地区扶贫与和谐社会建设：以云南省德宏傣族景颇族自治州为个案．经济问题探索，2010（8）

［12］ 怒江傈僳族自治州 努力实现各民族共同繁荣进步，http：//www. mzb. com. cn/html/report/99862－1. htm，2009－06－08 /2011－06－30

学术交流与学术活动

首届中国傈僳学学术研讨会会议综述

张　健[①]

2011年8月3—6日，由云南民族大学傈僳学研究中心主办，丽江傈僳文化研究会资助承办的首届中国傈僳学学术研讨会，在云南丽江隆重召开。来自北京、云南、四川等地的专家学者及傈僳族同胞330多人参加了本次研讨会。本次会议的主题是探讨傈僳学的体系构建以及《傈僳族史料丛刊》和《丽江傈僳族志》的编纂问题。本次研讨会共收到论文55篇，会议交流12篇。

8月4日上午开幕式上，云南民族大学副校长王德强教授，丽江市委常委、宣传部部长郭华，丽江傈僳文化研究会会长和文琴女士分别致欢迎词。国家民委民族理论政策研究室、民族问题研究中心副主任、巡视员、中国人类学民族学研究会秘书长黄忠彩先生作重要讲话，对傈僳学研究提出四点建议。云南民族大学傈僳学研究中心主任鲁建彪教授作专题报告。鲁教授指出："解放后对于傈僳族的研究取得了许多的成果，在某些领域更是取得了历史性的突破，我们在今后的研究中必须贯彻的工作方针是多层次地、全方位地、深入系统地做好研究工作。我们今后的工作任务就是努力完善和拓展傈僳学学科体系，做好《傈僳族史料丛刊》的编纂工作，以提高傈僳族文化自觉、自信和自强。"

---

① 张健，男，山东青岛人，云南大学公共管理学院讲师、博士，兼任云南民族大学傈僳学研究中心副主任。

8 月 4 日下午的研讨会由鲁建彪教授主持。会上有 12 位专家做专题发言。

中央民族大学马克思主义学院、民族理论与政策研究院院长，博士生导师金炳镐教授从研究傈僳族的现实问题（经济、社会发展差距问题），研究傈僳族历史文化，增强民族自豪感、自尊心、自信心，尊重历史事实，注重走入生活、生产，力求获得原汁原味的资料，研究本民族结构、素质情况，解决全民发展问题等方面提出了自己的观点。

中国社会科学院哲学所何成轩研究员肯定了傈僳学学科是成立的，可以发展的，能够深入研究的。因为本学科具备独特的研究方法、研究对象、理论体系以及概念范畴。同时，作为一个年轻的学科，在短短几年内，就形成了研究平台、研究队伍，研究工作有声有色、学术活动丰富多彩，虽然起步较晚，但大有后来者居上之势。同时也勉励为傈僳学研究做出贡献的人们，傈僳学更加规范的系统学科之路任重而道远，只有坚持不懈，才能更上一层楼。

云南民族大学杨国才教授，从少数民族女性的视角看到了傈僳族女性在生产、生活中的独特性，体现在女性地位、文化传承方面都具有不可替代的作用。她同时强调，傈僳族传统文化的传承要注意将教育放在重要位置，除了社会教育（公共教育）以外，要关注家庭教育对于民族文化传承的特殊作用。同时，她也为傈僳族具有丰厚的历史文化基础，强烈的民族凝聚力和认同感感到欣慰，认为这为傈僳学学科发展奠定了坚实的基础。

云南民族大学何叔涛教授，从节日文化的角度指出，傈僳族“阔时节”对提升民族认同感和民族凝聚力都具有重要的作用。当前虽然官方规定每年 12 月 20 日为傈僳族春节即“阔时节”，但很多傈僳族地区在过节的时间上有很大区别。他就能否进一步规范、统一时间过阔时节的问题提出了自己的看法。

北京师范大学谭五昌教授，一方面为能够成为傈僳学研究的一分子感到荣幸，并深感肩负责任；另一方面，也希望能够为傈僳族优秀的民族文化在收集整理和强化民族符号，进而向外界推广交流方面贡献自己的一份力量。

云南大学民族研究院高志英教授的发言饱含感情，她为自己作为一名生于怒江、长于怒江的学者而感到自豪，但也为目前以傈僳族为代表的民族文化、社会发展现状感到一丝忧虑。主要是：第一，民族文化自觉与民族发展程度不高；第二，现有民族历史文字史料、资料的欠缺与失真；第三，民族迁徙、发展过程缺乏系统整理和研究；第四，基督教历史记忆掩盖了民族历史记忆，以及傈僳族文字诞生晚，造成民族历史记录在口耳相传过程中的失真；第五，民族教育落后导致整个民族在发展过程中的滞后，进而降低了傈僳族民族在国家和社会中的声音和影响，加剧了民族发展的困境；第六，傈僳族自身对于历史问题的争论影响民族团结、发展和进步等。

北京师范大学万建中教授在发言中，一方面为傈僳学学科的建立感到高兴，另一方面为傈僳族长期以来在民族影响力、文化感召力方面的欠缺感到扼腕。他建议提高傈僳学研究的学术数量和质量，抓紧时间解决历史资料整理、口述历史挖掘、博物馆建设、资料共享等问题。同时，对《丽江傈僳族志》的编写提出了宝贵的修改意见。

民族出版社汉文编辑室欧光明主任在发言中，首先感谢鲁建彪教授为傈僳学学科发展搭建了一个良好的平台，同时也希望以此平台为基础，支持研究编撰《傈僳族史料丛刊》，倡议对傈僳族非物质文化遗产进行抢救和保护；加强对傈僳族现状与发展问题的调查研究。

云南大学古永继教授首先表示愿意为傈僳学发展共享自己前期的成果，同时，对下一步研究傈僳族历史提出了两个方面中肯的意见：第一，对傈僳族历史的划分要清晰，明确广义、狭义等划分标准；第二，对于傈僳族本身的局限性要客观认识，敢于在对历史的记录、阐述过程中还原历史的客观性、真实性。

北京师范大学岳永逸教授希望通过傈僳学的研究，帮助傈僳族明确自身文化的定位，尊重傈僳族劳动人民的传统生活、传统文化、传统民俗，在挖掘整理过程中注意“活”文化的重要性。同时，反对以牺牲文化、环境的方式发展经济、社会，如水电站的修建等。最后，他为傈僳族独具魅力的民族文化感到骄傲。

杨树高立足于纳西族的文化整理、文化传承发展和丽江地区经济社会发展的成功经验，指出傈僳学学科建立、发展对傈僳族人民的重要性。

会议现场气氛十分热烈，各地学者以及傈僳族同胞都从傈僳学的各方面多层次交换了彼此的意见。中心主任鲁建彪对傈僳学未来的发展展望引起了大家热烈的讨论，其精辟的发言，独特的视角，引得全场掌声不断。

8 月 5 日，会议全体人员前往迪庆州香格里拉县虎跳峡镇史跨迪村做调研。史跨迪村淳朴的民风、浓厚的民族特色更是让与会专家学者们切实感受到了傈僳族的传统文化。

8月6日，会议全体人员前往丽江玉龙县黎明傈僳族村寨进行学术考察。黎明独特的丹霞地貌让各地专家学者领略到了傈僳族奇特的生存环境。

首届中国傈僳学学术研讨会意义重大，是全国研究傈僳族的专家学者的首次交流盛会，更是傈僳族同胞开阔视野，系统全面了解本民族文化的首次盛会。本次研讨会对于傈僳族文化的传承、引导、保护更是具有极其深远的影响。

首届中国傈僳学学术研讨会在丽江和香格里拉隆重举行

为庆祝云南民族大学建校60周年，进一步探讨傈僳族地区经济社会发展和构建傈僳学学科体系，由云南民族大学傈僳学研究中心和云南省民族学会傈僳族研究委员会主办，丽江傈僳文化研究会承办的云南民族大学校庆系列学术活动之一“首届中国傈僳学学术研讨会”于2011年8月4—6日在丽江隆重举行。

来自国家民委、中国社会科学院、民族出版社、中央民族大学、北京师范大学、云南民族大学、云南大学、云南师范大学、西南民族大学、曲阜师范大学、昆明学院、云南中医学院、云南艺术学院、保山学院、德宏师范学院、台湾大学、德宏民族出版社、云南省人民广播电台以及云南省怒江、迪庆、维西、保山、楚雄、昆明、德宏、大理、丽江和四川盐边、德昌等州市县专家学者和傈僳族同胞330多人参加了会议。

出席本次研讨会的领导有国家民委民族理论与政策研究室（民族问题研究中心）巡视员、副主任，中国人类学与民族学研究会副会长兼秘书长黄忠彩；中央民族大学马克思主义学院院长、中国民族理论与民族政策研究院院长，博士生导师金炳镐教授；迪庆州人大常委会党组书记、迪庆州政法委书记李灿光；丽江市委常委、宣传部部长郭华；怒江州人大副主任朱发德；迪庆州副州长余胜祥；丽江市副市长杨一奔和丽江市政协副主席杨红。

中国文联党组成员、书记处书记，国际纳西学学会会长白庚胜教授，国务院法制办政法司姚茂斌博士，云南民族大学党委副书记李秀泉女士和副校长和少英教授发来贺电。

8 月 4 日上午举行了开幕式，开幕式由云南省民族学会傈僳族研究委员会常务副会长（原保山市政协主席）胡应舒主持。云南民族大学副校长王德强教授代表校党委、校行政及全校两万名师生致欢迎辞并向与会专家学者介绍了云南民族大学建校 60 年来取得的成就和新校区建设的基本情况；丽江市委常委、宣传部部长郭华代表丽江市委市政府致欢迎辞；丽江傈僳文化研究会会长和文琴代表承办单位及丽江 12 万傈僳族同胞致欢迎辞；国家民委民族理论与政策研究室（民族问题研究中心）巡视员、副主任，中国人类学与民族学研究会秘书长黄忠彩先生作重要讲话，对傈僳学研究提出了四点建议；云南民族大学傈僳学研究中心主任鲁建彪教授作了《增强傈僳族“文化三自”[①]意识，做好傈僳族史料收集整理工作》的主题发言。

8 月 4 日下午，云南民族大学傈僳学研究中心主任鲁建彪教授主持了学术研讨会。中心常务副主任秦丽辉副教授，副主任张健博士、侯兴华博士、王朝强董事长出席研讨会。在研讨会上中心聘请国家民委黄忠彩巡视员为中心总顾问；聘请中央民族大学金炳镐教授、中国社科院何成轩研究员为中心学术总顾问，聘请中央民族大学中国民族理论与民族政策研究院肖锐博士为中心研究员，并向受聘专家学者颁发了聘书。中央民族大学马列学院院长并中国民族理论与政策研究院院长金炳镐教授、中国社会科学院哲学所何成轩研究员、北京师范大学民俗学与文化人类学研究所所长万建中教授、云南省民族伦理学会会长、云南民族大学少数民族女性与社会性别研究中心主任杨国才教授、云南大学民族研究院边疆学所所长高志英教授、民族出版社汉文编辑室主任欧光明编审等 12 位专家学者，先后进行了专题发言。大家还就丽江傈僳文化研究会正着手编纂的《丽江市傈僳族志》提出了建议和意见。本次会议共收到与会专家学者论文 55 篇。

傈僳族是祖国西南古老的少数民族之一，属古氐羌人的后裔，最迟于唐朝初年已顺四川的雅砻江南下，广泛分布于今云南、四川金沙江两岸河谷地带，明朝特别是清朝中后期，由于土地被强占等原因爆发了四次大规模的农民起义，傈僳族被迫从金沙江迁往澜沧江、怒江，并随后沿怒江、澜沧江南

---

① 文化三自：文化自觉、文化自信、文化自强。

下缅甸、泰国、越南等国，形成如今主要分布于云南省怒江傈僳族自治州，其他散居于云南丽江、迪庆、楚雄、大理、保山、德宏等州市，少量仍散居四川西昌、攀枝花的“大分散、小聚居”的国内外分布格局。全世界现有傈僳族人口120多万，其中国内70万，国外50多万。

傈僳族属汉藏语系藏缅语族彝语支，有自己的语言，但很晚才出现自己的文字。因为文字不成熟，汉唐以来，有关傈僳族的汉文文献记载十分稀少，傈僳族的历史文化主要靠口耳相传，濒临消失的危机；又因为历史和地理等原因，傈僳族生活贫困、经济滞后，是国家民委确定的全国六个“特困民族”之一，因而，尽快建立独立的“傈僳学”专门学科，系统研究傈僳族的历史文化和现代社会经济，已成为广大学者的共识以及所有傈僳族群众的迫切愿望。

5—6日，会议安排与会专家学者到香格里拉县虎跳峡镇金星村史跨迪小组和玉龙纳西族自治县黎明傈僳族乡，就两地的种养殖业、文化建设、民族文化如何促进旅游发展等，进行了两天的实地学术考察。

本次学术研讨会对傈僳族地区经济社会发展、弘扬傈僳族文化以及构建傈僳学学科体系具有积极作用和重要意义。（文/周荣新）

中国第一个傈僳族文化传承基地
在丽江东巴谷挂牌

2011年2月19日，由云南民族大学傈僳学研究中心设立的中国第一个傈僳族文化传承基地在丽江东巴谷隆重举行挂牌仪式。中心聘请丽江东巴谷生态文化旅游有限公司董事长王化新担任基地主任。

会议由云南民族大学傈僳学研究中心主任、硕士生导师、云南省民族学会傈僳学研究委员会常务副会长鲁建彪教授主持。参会的领导和来宾有西南大学兼职教授、云南民族大学傈僳学研究中心法律总顾问姚茂斌博士，丽江市政协民宗委主任、丽江傈僳文化研究会会长、云南民族大学傈僳学研究中心政策顾问和文琴，中共玉龙县委常委、副县长木志英，玉龙县人大常委会副主任、丽江傈僳文化研究会名誉副会长和云飞，丽江东巴谷生态文化旅游有限公司董事长、丽江傈僳文化研究会名誉副会长王化新，丽江市民间艺人联谊会会长、云南民族大学傈僳学研究中心学术顾问、纳西民歌世家第三代传人和文光，云南民族大学傈僳学研究中心常务副主任秦丽辉副教授，华坪县朝强工贸有限公司董事长、云南民族大学傈僳学研究中心副主任王朝强以及来自云南民族大学、北京师范大学、玉龙县民族宗教局、云南经济日报社、云南耗材网以及东巴谷部分员工等一百多人参加了挂牌仪式。姚茂斌博士、和文琴会长、木志英副县长以及王化新董事长分别在会上作了热情洋溢的讲话。

中心主任鲁建彪教授在会上介绍了云南民族大学傈僳学研究中心的基本情况，并向与会人员阐述了中心在丽江东巴谷设立全国第一个傈僳族文化传承基地是鉴于以下三个方面的考虑：首先，丽江是云南傈僳族先民最早到达和居住的地方。现有 11 个傈僳族乡，傈僳族人口近 13 万人，保存着傈僳族灿烂的传统文化。其次，东巴谷已经成为宣传和弘扬傈僳族文化的重要窗口。丽江东巴谷生态文化旅游公司于 2004 年建立傈僳山寨以来，已向 800 多万中外游客展示了丰富多彩的傈僳文化。最后，丽江东巴谷聚集了众多傈僳族民间艺人，对传承和保护傈僳族文化提供了人才支持。会上中心聘请了和文琴、阿石才等 20 多人为基地顾问及传承人。

云南民族大学傈僳学研究中心是全国高校第一个也是目前唯一一个以傈僳族为研究对象的专门学术研究机构。中心以整合资源、合力为民族做事为原则，以研究傈僳文化、服务傈僳族经济社会发展为宗旨，以傈僳族经济、政治、文化及社会发展等问题为研究对象，以通过文化研究、加强民族感情、增强民族认同感和凝聚力、促进傈僳族全面发展为目标。

傈僳族文化传承基地（东巴谷基地）将进一步整合丽江各方优势，致力于傈僳族优秀传统文化的传承、保护、开发和发展，以促进傈僳族的团结进步和繁荣。

中国第一个傈僳学学术网站（www. lisuxue. com）建成开通

由云南民族大学傈僳学研究中心创建的中心网站即傈僳学网站（www. lisuxue. com）于2011年6月10日正式开通。本网站是研究中心对外宣传和交流的学术平台。傈僳学网站的建成开通标志着国内第一个傈僳学学术网站的诞生，也标志着傈僳学研究有了同国内国际学术舞台接轨和交流的平台。

傈僳学网站设有学术性栏目（“学术动态”、“学术交流”、“学术研究”、“学术成果”和“中心刊物”等），宣传性栏目（中心设立的“研究基地”、“传承基地”以及“各地傈僳族研究会概况”、“各地傈僳族研究会动态”、“各地傈僳族研究会会刊”、“傈僳族服饰”、“傈僳族图库”），介绍性栏目（“顾问风采”、“研究员风采”、“傈僳族领导干部”、“傈僳族专家学者”、“傈僳族民间艺人”、“傈僳族企业家”）以及娱乐性栏目“傈僳族视听”。

傈僳学网站把国内傈僳族研究机构及相关研究情况全面展现给专家学者，以更好地开展傈僳学研究，并通过网站倡导“天下傈僳是一家”的和谐理念。傈僳学网站用稿将尽量确保学术性和原创性。

中心主任鲁建彪教授带队到武定傈僳族村寨进行田野调查

2011年7月1日至7月3日，云南民族大学傈僳学研究中心主任鲁建彪教授、副主任张健博士和办公室主任李徽老师带领5位研究生一行8人，前往武定县进行傈僳族村社治理研究的调研活动。

调研队伍于7月1日驱车从昆明出发赶往调研的目的地——云南武定。到达武定县插甸乡后，在当地乡政府人员陪同下，一行8人到了插甸乡的老木坝村委会，参观了当地的村庄、小学及卫生所等，并到村委会搜集相关的资料，还与村委会的工作人员进行了深入的访谈。访谈后又向村民发放调查问卷，并与村民一起聚餐庆祝中国共产党的90岁生日。通过一天的调研后，研究中心的老师与同学对傈僳族的政治、经济、社会及文化等，如自然环境、行为方式、风俗习惯、民族宗教等都有了深入的了解与认识。

7月2日，在鲁建彪教授的带领下，调研队伍来到发窝乡，并参观了沿途中小学和当地的傈僳族村社。

武定傈僳族调研之行对了解当前傈僳族发展现状，探索傈僳族发展途径，推进傈僳学研究，具有重要的意义。

中心主任鲁建彪教授应邀参加第二届中国人类学民族学学科负责人联席会议

由中国人类学民族学研究会主办，北方民族大学资助承办的第二届中国人类学民族学学科负责人联席会议于8月26—30日在宁夏银川举行。

来自中国社会科学院、中国人民大学、中央民族大学、中山大学、兰州大学、南京大学、云南大学、西南大学、宁夏大学等多所高校的近70余名相关人类学民族学研究所（中心）的负责人参加会议。云南民族大学傈僳学研究中心主任鲁建彪教授应邀参加本次盛会。

出席本次会议的领导有全国政协民宗委副主任、中国人类学民族学研究会常务副会长周明甫，三峡大学副校长、中国人类学民族学研究会副会长谭志松，中央民族大学民族学与社会学学院院长、中国人类学民族学研究会副会长杨圣敏，国家民委民族政策研究室副主任、中国人类学民族学研究会秘书长黄忠彩、宁夏社科联主席徐永富及北方民族大学赵杰副校长等。

会议讨论了中国人类学民族学研究会年会（2011年底由广西民族学院承办）和第三届中国人类学民族学学科负责人联席会议（2012年底由吉首大学承办）事宜。会上周明甫常务副会长提出研究会准备做的重大研究课题《民族团结进步百年纲要》引起了与会专家学者的关注与支持。

鲁建彪教授代表云南民族大学傈僳学研究中心及中国70余万傈僳族同胞

在分组讨论中作了重点发言，向与会专家学者介绍了傈僳族、傈僳学研究及傈僳学研究中心的基本情况，就如何解决当前傈僳族的贫困问题和傈僳学研究面临的困难及中心研究思路等作了介绍和阐述，提出国家在制定民族政策时不仅要以人口数量为依据，而且还要考虑各民族的实际发展情况。周明甫主任亲自参与讨论，并回顾了他在担任国家民委副主任期间对怒江傈僳族自治州提出的一些政策和建议，并号召与会专家学者以后多关注傈僳族的发展和傈僳学的研究。

中心主任鲁建彪教授应邀出席《丽江市傈僳族志》编写工作会议

2010年12月17—20日，由丽江傈僳文化研究会主办的2010年丽江傈僳族阔时节（相当于汉族的春节）分别在永胜县六德傈僳族彝族乡和丽江东巴谷民族生态园隆重举行。

本次活动有来自云南民族大学、四川省盐边县、云南省怒江福贡县、大理永平县、丽江华坪县、玉龙县、永胜县、宁蒗县和丽江市直机关的专家学者和政府工作人员以及当地傈僳族同胞近千人参加狂欢。除了欢度傈僳族阔时节外，本次活动重点研究探讨了《丽江市傈僳族志》的编写工作。云南民族大学傈僳学研究中心主任鲁建彪教授应邀出席并给与会人员做了《史与志的区别及其写作要求》的学术报告，为《丽江市傈僳族志》在两年内能够按质按量完成编写提供了理论指导。

中心主任鲁建彪教授应邀参加云南省民族学会第五届会员代表大会

云南省民族学会第五届会员代表大会于2011年8月15日在昆明楚雄大厦举行。本次会议主要议题是云南省民族学会第四届理事会届满5年，举行换届选举产生第五届理事会。通过选举产生了以郭大烈为会长的云南省民族学会第五届领导班子。中心主任鲁建彪教授以云南省民族学会傈僳族研究会常务副会长的身份参加了本次会议，并在本次会上当选为云南省民族学会第五届学术委员会委员。

中心主任鲁建彪教授应邀出席和文光原创歌曲作品专著《梦中的香格里拉》发行仪式暨研讨会

2011年7月26日，由云南省文联主办，云南省音乐家协会、云南省文艺评论家协会承办的纳西族音乐家、作曲家“和文光原创歌曲作品专著《梦中的香格里拉》发行仪式暨研讨会”在昆明连云宾馆隆重举行。

出席会议的有省级宣传、文联文化、教育部门和丽江市领导、专家学者及媒体记者近100人。中心主任鲁建彪教授作为特邀专家应邀出席并在会上做了题为《和文光——“文化三自”的践行者》的发言，高度评价了和文光先生为纳西文化的发展所付出的辛劳和取得的成就。

中心主任鲁建彪教授应邀出席华坪傈僳族文化研究会成立大会

2010年11月12日，100多名专家学者和傈僳族同胞相聚丽江市华坪县，共祝华坪傈僳族文化研究会成立。中心主任鲁建彪教授应邀出席此次大会，并在大会上作了《傈僳族文化研究会的性质、主要职责及其研究方向》的报告，鲁教授结合目前各地傈僳族研究会存在的问题和取得的成绩，对傈僳族研究会应该有所为，怎么为；应该有所不为，为什么不该为以及如何开展研究工作等大家关心的问题，从理论到实践，深入浅出地作了论述分析，给新成立的傈僳族研究会的领导班子和会员做了一堂生动的学术报告。华坪县全县16万余人，傈僳族近3万人。华坪傈僳族文化研究会是中国第11个傈僳族民间学术团体。

中心承接并制定《通达傈僳族乡傈僳族文化发展中长期规划》

云南民族大学傈僳学研究中心受华坪县通达傈僳族乡政府委托，为该乡制定《傈僳族文化发展中长期规划（2011—2125）》。通过规划，今后把通达傈僳族乡打造成傈僳族文化发展示范乡。

通达傈僳族乡位于华坪县西部，东面与本县新庄乡接壤，南面与永胜县六德乡相连，西面与宁蒗县永宁坪乡毗邻，北面与中心镇、新庄乡相连。全乡幅员面积151.7平方公里。乡政府驻地通达村，距华坪县城50公里。全乡辖通达、维新、双龙、白姑河、丁王村5个村委会，48个村民小组，总人口8562人，其中农业人口1988户8222人。乡内居住有傈僳族、彝族（他留人）、傣族、回族、纳西族等少数民族，少数民族占全乡人口的73.6%，主体民族为傈僳族，占全乡总人口的62%。是一个多民族杂居的山区农业乡。

该课题由鲁建彪教授担任组长，胡帮彬（中共通达傈僳族乡党委书记）、熊友富（通达傈僳族乡人民政府乡长）担任副组长，成员有秦丽辉（云南民族大学傈僳学研究中心常务副主任，副教授）、张健（云南民族大学傈僳学研究中心副主任，博士）、李徽（云南民族大学傈僳学研究中心办公室主任，硕士）和聂丽君（云南民族大学傈僳学研究中心研究员，博士）。

中心主任鲁建彪教授当选中国民族理论学会理事

由中国伦理学会主办，宁夏大学承办的“民族伦理文化”学术研讨会暨中国伦理学会民族伦理学专业委员会成立大会，于2011年8月22—25，在宁夏银川召开。

此次会议上，云南民族大学傈僳学研究中心学术总顾问、云南民族大学伦理学硕士点负责人杨国才教授当选为中国民族伦理学会副会长，伦理学硕士生导师、中心主任鲁建彪教授当选为中国民族伦理学会理事。任期四年。

中心副主任侯兴华博士荣获2011年国家社科基金西部项目

云南民族大学傈僳学研究中心副主任（保山学院讲师）侯兴华博士申报的“跨境民族基督教信仰与云南边境民族地区文化建设研究”荣获2011年度国家社科基金西部项目立项（项目批准号11XZJ022）。

国家社科基金项目分为重大项目、年度重点项目、一般项目、青年项目和西部项目，代表着我国哲学社会科学的研究方向和最高水平。

中心主任鲁建彪教授入选首届中国人类学民族学中青年学者高级研修班

2011年11月8－15日，首届中国人类学民族学中青年学者高级研修班在三峡大学举办。研修班由国家民委主管的中国人类学民族学研究会主办，三峡大学承办。来自中央民族大学、中国人民大学、中山大学、浙江大学、云南大学、西南大学、首都师范大学、中南民族大学、北方民族大学、云南民族大学、吉首大学、湖北民族学院、三峡学院和四川省民族研究所等16所高校和科研机构的30余位中青年学者（50岁以下从事人类学民族学研究并取得一定成就的教授或具有博士学位的副教授）参加了此次高级研修班。云南民族大学傈僳学研究中心主任、硕士生导师，云南省民族学会傈僳族研究委员会常务副会长鲁建彪教授入选参加首届研修班学习。

研修班开学典礼由中国人类学民族学研究会秘书长、国家民委政策研究室副主任黄忠彩主持，全国政协民族宗教委员会副主任、中国人类学民族学研究会常务副会长周明甫作重要讲话。周主任在讲话中指出，举办此次研修班的目的，是为国家的学科建设服务，为构建和谐社会提供政策服务，为培养高端人才服务。为办好本次培训班，他要求研修班研讨内容要符合国家需要，符合广大中青年学者的需要，从国家建构的角度探索国家需要，以积极的建设性的态度进行研究，做到看问题做研究有新度。

研修班课程主要分主旨报告、学员讨论和学术考察三个部分。主旨报告主要由国内外知名的人类学民族学专家主讲，包括国际人类学与民族学联合会副主席萨黑拉教授、英国皇家人类学会专家、伦敦大学汤姆教授、中国社会科学院郝时远研究员、北京大学马戎教授、中山大学周大鸣教授，各位专家对当今世界和中国的人类学民族学所关心的热点、难点、学科发展等问题进行分析，并与学员进行热烈的探讨。

在研修班讨论期间，鲁建彪教授根据各位专家讲课内容，结合傈僳族研究的现状，向研修班学员介绍和阐述了傈僳学研究中心的基本情况以及构建傈僳学面临的机遇和挑战，并希望各位专家学者在以后的研究工作中，多关注傈僳族的发展和傈僳学的研究。

本期研修班由中国人类学民族学研究会副会长、三峡大学副校长谭志松教授担任班主任。

后 记

云南民族大学傈僳学研究中心系列出版物《傈僳学研究》（二）正式出版了，本书主要内容来自首届中国傈僳学学术研讨会参会论文。

首届中国傈僳学学术研讨会能够顺利举办并取得圆满成功，首先要感谢丽江傈僳文化研究会及其会长和文琴大姐的全力支持和精心准备；其次，要感谢云南省民族学会傈僳族研究委员会及其会长邱三益先生和常务副会长胡应舒先生的大力支持。在筹备期间，胡应舒主席为此次会议的顺利召开，不顾身患重病，亲自到怒江与邱会长商谈相关事宜，让我十分感动，再表谢意；最后，感谢所有论文作者不吝赐稿以及在会议中付出辛勤劳动的所有工作人员。

首届中国傈僳学学术研讨会能够圆满成功，是各级领导的关心帮助以及其他各民族专家学者支持的结果。在此，我谨代表傈僳人民感谢国家民委民族理论政策研究室副主任、正厅级巡礼员黄忠彩，中央民族大学民族理论与政策研究院院长、博士生导师金炳镐教授，云南民族大学副校长长王德强教授，中国社会科学院哲学所何成轩研究员，云南民族大学杨国才教授，云南大学高志英教授以及北京师范大学万建中教授、谭五昌教授、岳永逸副教授。

会议与会专家学者在香格里拉县史跨迪傈僳族村和玉龙县黎明傈僳族乡进行学术考察期间，得到了地方党委政府的大力支持，尤其是迪庆州人大主任李灿光，中共迪庆州委常委、香格里拉县委书记余胜祥等傈僳族领导，全程参与并给予研讨会极大的帮助。在组织研讨会和编辑出版《傈僳学研究》（二）期间，我们还得到了维西傈僳族自治州人民政府蔡武成县长，四川省盐边县金谷煤业有限责任公司总经理谷万全先生和监事贺得芬女士，昆明上度商贸有限公司总经理白艳美女士，丽江东巴谷生态文化旅游有限公司董事长王化新先生和丽江朝强工贸有限公司董事长王朝强先生等党政领导和企业家的慷慨解囊和鼎力支持，余春梅和余香两姐妹多方筹集，为研讨会筹集了两万元资金。同时，我们还得到民族出版社汉文编辑室欧光明主任和张义军副主任的真诚帮助。对此，我谨代表云南民族大学傈僳学研究中心表示崇高的敬意和真诚的谢意！

如书中有疏漏和不足之处，请予批评并见谅。

鲁建彪

2011 年 9 月 22 日于昆明